C H I N E S E   E C O N O M Y

중국경제의 이해

허 흥 호

비앤엠북스

중국경제는 체제와 구조 등 다양한 영역에서 중국만의 특징을 가지고 있다. 사회주의 시장경제라는 경제체제를 비롯하여 도·농 간의 이중구조(城乡分离), 단위(单位)제도 등은 모두 중국만이 가지고 있는 독특한 특징이다. 또한 토지소유제도와 주식시장구조 등에서도 일반국가들의 그것과는 사뭇 다르다. 따라서 중국경제를 이해하는 데는 경제학의 일반적 이론의 숙지만으로는 한계가 있다고 판단되며, 중국경제만이 가지고 있는 다양하고 독특한 특징을 반드시 이해해야 할 필요가 있다고 생각된다.

본서는 이러한 점을 인식, 경제학의 이론적 관점에서 중국경제를 조망하기보다 중국경제의 특성을 이해하는 데 중점을 두었다. 즉, 이론적 분석보다는 중국경제를 이해하는 데 기초가 되는 특성을 사실적으로 서술하는 데 중점을 두었다. 그렇다 보니 학술적 수준은 물론 내용면에서도 부족한 면이 많을 수밖에 없었다. 그럼에도 불구하고 필자가 중국경제의 특성을 사실적으로 서술하는 데 중점을 두고 본서를 집필하게 된 동기는 중국경제를 심도 깊게 분석하는 데는 무엇보다 중국경제의 특성 이해가 전제되어야 한다는 개인적인 판단 때문이다.

본서는 크게 4부로 나누어 서술하였다. 1부에서는 중국경제의 기초적 환경을 서술하였다. 국토, 지형, 기후 등 중국의 지리적 환경과 자연자원은 물론 중국의 경제체제와 운영메커니즘을 이해할 수 있는 국가체제와 행정체계를 서술하였다. 그뿐 아니라 인구와 민족 등 중국경제의 내면적 기초가 되는 부분도 함께 서술하였다. 2부에서는 중국경제의 특징을 가장 잘 드러내고 있는 경제체제와 발전전략에 관하여 서술하였다. 경제체제 부분은 계획경제에서 시장경제로 전환되는 과정과 중국경제의 특징을 가장 잘 드러내고 있는 사회주의시장경제체제의 의미와 특징 그리고 향후의 발전방향을 서술하였다. 발전전략 부분에서는 개혁개방 이전과 이후의 발전전략을 모두 서술하였을 뿐만 아니라 최근에 제기된 '일대일로'(一带一路)와 'AIIB'(아시아 인프라 투자은행) 등 향후의 발전전략에 관해서도 소개하였다. 3부에서는 중국 경제개혁의 핵심인 농촌개혁과 국유기업개혁 그리고 금융개혁의 현황과 발전상황을 서술하였다. 마지막으로 4부에서는 중국 경제개혁의 성과와 세계경제에서의 위상 그리고 향후의 발전과정에서 직면할 수 있는 문제 등에 관하여 서술하였다.

한편 본서는 필자가 국내외 학술지에 이미 발표했던 글은 물론 다양한 자료를 참고하였다. 특히 중국의 자료를 가장 많이 참고하였다. 지나친 중국자료의 참고는 자칫 중국경제를 바라보는 객관성을 해칠 수 있다는 비판이 있을 수 있지만, 중국경제의 특성을 파악하는 데는 중국자료가 가장 적합하다는 필자의 판단 때문이다. 그리고 본서는 학술논문이나 전문 이론서로 집필된 것이 아니라 중국경제를 개괄적으로 소개하는 데 중점을 둔 개론서로 집필되었기 때문에 학술저서처럼 일일이 인용주를 표기하지 않았다. 그러나 필자가 직접 작성하지 않은 그림과 표는 모두 출처를 밝혀 자료의 신빙성을 갖추도록 했으며, 인용된 자료는 모두 참고문헌에 제시하였다. 인용되었거나 참고하였음에도 불구하고 참고문헌에 언급되지 않았다면 그것은 전적으로 필자의 잘못이다. 또한 본서는 인용주를 표기하지 않았지만 보충적 설명이 필요한 부분은 설명주로 내용의 이해를 돕도록 하였고, 설명주보다 더 자세한 설명이 필요한 부분은 본문에 별도의 설명공간을 마련하여 더욱 자세한 설명을 하고자 노력하였다.

끝으로 본서가 출판되기까지는 많은 이의 도움이 있었음을 밝히지 않을 수 없다. 우선 이 책이 출판될 수 있도록 도와주신 비앤엠북스의 사장님과 부장님 그리고 편집과 교정 심지어 교열까지 수고를 아끼지 않은 비앤엠북스 편집부에 무엇보다 먼저 감사드린다. 또한, 2016년 연구년 기간 중국에 체류하며 본서를 집필할 수 있도록 물심양면으로 도와주신 세종화학(주) 陸根世 사장님과 朴熙億 朴熙億교수님 그리고 李泰洙 상무님께도 감사드린다. 그리고 중국체류 1년 동안 동고동락하던 朴炳千님, 朱金萍님, 马成美님, 郁婷婷님과 安徽省 滁州市 苏滁产业园의 많은 중국 관료들에게도 감사를 드린다. 이 분들의 도움과 격려가 없었다면 아마 본서는 출판되지 못했을 것이다. 특히 陸根世 사장님과 朴熙億 교수님께는 감사의 내용을 지면으로 모두 설명할 수 없지만 재차 진심으로 감사드린다. 그럼에도 불구하고 본서의 부족함에 한없이 부끄러움을 느낀다. 따라서 앞으로 어떠한 질타와 질정도 모두 수용하고 지속적으로 보완하고자 하며, 마지막으로 한없이 부족한 졸저이지만 중국경제를 처음 이해하고자 하는 이들이 이 책을 통해 조금이라도 도움이 되었으면 하는 마음 간절하다.

2017년 8월

許 興 鎬

차례

P/A/R/T

01

중국경제의 기초 환경

제1장 중국의 지리적 환경과 자연자원

제1절 지리적 위치와 국토면적

중국은 아시아의 동부와 태평양 서안에 위치하고 있다. 그림 1-1 중국의 국토면적은 약 960km²로 러시아, 캐나다, 미국에 이에 세계에서 네 번째로 크다.[1)] 또한 유럽대륙의 전체 면적과 비슷하며, 한반도 면적의 약 44배(남한의 약 88배)에 이른다.

그림 1-1 중국의 위치도

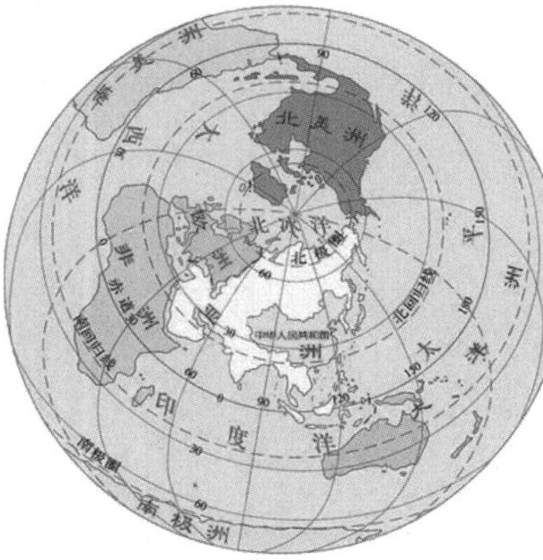

자료: 百度图片(http://image.baidu.com/)

1) 중국의 국토면적은 최소한 1997년 이전까지는 세계 3위로 지칭되었다. 그러나 1997년 미국 CIA에서 5대호 중 미국의 영토부분과 하구, 항만, 내해 등 연해수역을 국토면적에 포함시키면서 미국이 중국보다 크게 되었다. 하지만 이러한 순위가 아직 국제적으로 공인된 것은 아니다. 그러나 한 나라(一国)의 국토총면적은 국제관례에 따라 토지면적에 담수수역의 면적(호수 수면과 강 그리고 하천의 수면)을 포함시킨 개념으로 사용하고 있다. 지금까지 중국의 국토면적은 토지면적에 담수수역 면적을 포함시켜 959.69만km²이다. 여기에는 대만(台湾)과 파미르고원의 인도와의 분쟁지역까지도 포함시키고 있다. 그러나 미국의 국토면적은 1997년 이전까지 5대호지역의 미국영토부분이 제외된 상태에서 937만km²였다. 따라서 5대호지역의 미국영토부분인 약 25만km²를 포함시킬 경우, 미국의 영토는 962.9만km²로 중국보다 약 3.21km² 크게 된다.

중국 국토의 남북 간 길이는 남쪽 난사군도(南沙群岛)의 정무안사(曾母暗沙)에서부터 북쪽의 헤이룽장성(黑龙江省) 모허(莫河)까지 5,500km에 이르고, 동서 간의 길이는 동쪽의 흑룡강(黑龙江)과 우수리강(乌苏里江)이 합류하는 지점에서부터 서쪽의 파미르고원까지 5,200km에 이른다. 그림 1-2 한편 중국은 동아시아지역의 대부분을 차지하고 있으며, 육지로는 북한, 러시아, 몽골, 카자흐스탄, 키르기스스탄, 타지키스탄, 아프가니스탄, 파키스탄, 인도, 네팔, 부탄, 미얀마, 라오스, 베트남 등 14개 국가와 국경을 이루고 있다. 중국의 국경선 길이는 2만 2,800km에 이른다. 또한 해안선은 발해만(渤海湾)으로부터 황해, 동중국해, 남중국해에 이르기까지 1만 8,000km에 달하며 한국, 일본, 필리핀, 브루나이, 말레이시아, 인도네시아 등과 바다를 사이에 두고 마주보고 있다. 그리고 영해는 해안기선으로부터 12해리를 정하고 있으며, 발해(渤海)와 징저우해협(琼州海峡)은 내해(内海)로 분류되고 있다.[2] 연해에는 하이난도(海南岛), 충밍도(崇明岛), 저우산군도(舟山群岛), 남해제도(南海诸岛) 등을 비롯한 5,000여 개의 크고 작은 섬들이 분포되어 있다.

그림 1-2 중국의 4단

자료: 百度图片(http://image.baidu.com/)

2) 징저우해협(琼州海峡)은 중국 광둥성(广东省) 뢰이저우반도(雷州半岛)와 하이난도(海南岛) 사이의 해협이다.

제2절 지형과 기후

1. 지형과 지세

중국의 국토는 산지와 고원 그리고 구릉이 육지 전체 면적의 67%를 차지하고 있고, 분지와 평원은 33%에 불과하다. 따라서 중국의 국토는 규모에 비해 효용성이 그리 크지 않은 편이다. 역사적으로 농경국가였음에도 불구하고 토지의 일부만이 경작 가능한 상태이다. 한편 중국의 지형은 서고동저형(西高东低型)으로 서쪽에서 동쪽으로 점점 낮아지는 3단계의 계단 형태를 띠고 있다. 그림 1-3 그림 1-4

그림 1-3 중국 지형의 단계도

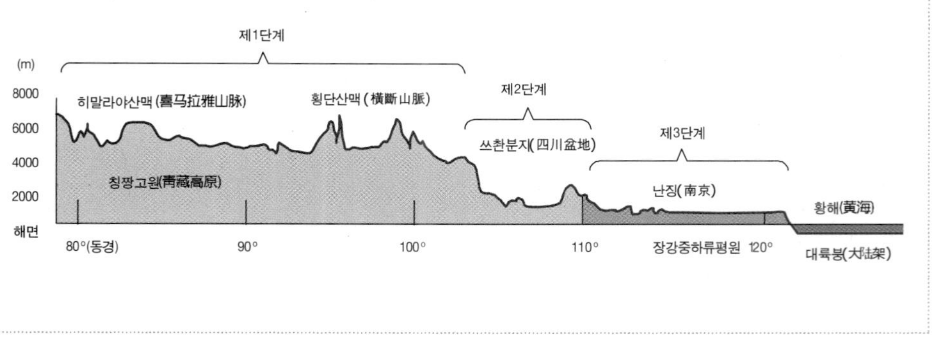

자료: 百度图片(http://image.baidu.com/)

1단계지역은 칭짱고원(青藏高原)을 중심으로 평균해발고도가 4,500m 이상인 지역이며, 북부와 동부의 쿤룬산맥(昆岺山脉), 치롄산맥(祁连山脉), 헝뚜안산맥(横断山脉)이 2단계 지역과 경계를 이루고 있다.

2단계지역은 평균 해발고도가 1,000~2,000m인 지역으로 대형의 분지와 고원이 집중 분포되어 있다. 타리무분지(塔里木盆地), 준거얼분지(准噶尔盆地), 투루판분지(吐鲁番盆地), 쓰촨분지(四川盆地) 그리고 네이멍구고원(内蒙古高原), 황투고원(黄土高原), 윈꾸이고원(云贵高原) 등이 이 지역의 대표적 분지와 고원이다. 동쪽의 따싱안링(大兴安岭), 타이

항산맥(太行山脉), 우산(巫山), 쉐펑산(雪峰山)이 3단계지역과 경계를 이루고 있다.

3단계지역은 해발고도가 500m 이하인 지역으로 중국의 3대평원인 동북평원(东北平原), 화북평원(华北平原), 장강중하류평원(长江中下游平原)과 약간의 구릉 및 낮은 산들이 분포되어 있다.

그림 1-4 중국지형의 단계별 계단식 분포도

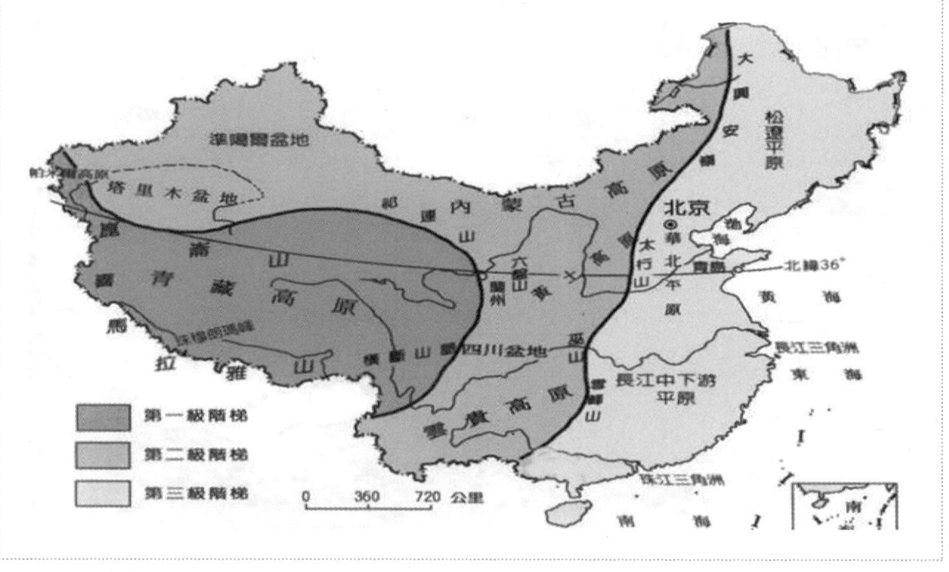

자료: 百度图片(http://image.baidu.com/)

중국의 이러한 서고동저형의 지형은 태평양의 난습윤(暖湿润) 기류를 내륙지역으로 이동시키는 역할과 북쪽의 차가운 공기를 남쪽으로 이동시키는 역할을 하고 있어서 강수에 유리한 영향을 주고 있다. 그뿐만 아니라 중국의 강과 하천을 서쪽에서 동해로 유입되게 하여 중국의 동부와 서부, 연해와 내륙의 교통을 연결시켜 주고 있기도 하다.

중국의 지형은 이러한 3단계지역 외에 바다로 뻗은 대륙붕이 있다. 일반적으로 대륙붕은 수심이 200m 이하인 지역으로 경사도가 완만하여 해양자원이 풍부하다. 중국의 대륙붕은 발해와 황해 전체지역과 동중국해의 대부분 지역 그리고 남중국해의 일부지역 등에서 광대하게 발달해 있으며 해양자원이 풍부하다.

중국의 주요 산맥

중국의 산맥은 전국적으로 분포되어 있지만 대체로 동서주향, 남북주향, 동북서남주향, 서북동남주향 등 일정한 방향으로 뻗은 주향(走向)을 띠고 있는 가운데 히말라야 산맥같이 활 모양인 호형주향(弧型走向)도 있다.

그림 1-5 중국 산맥의 주향

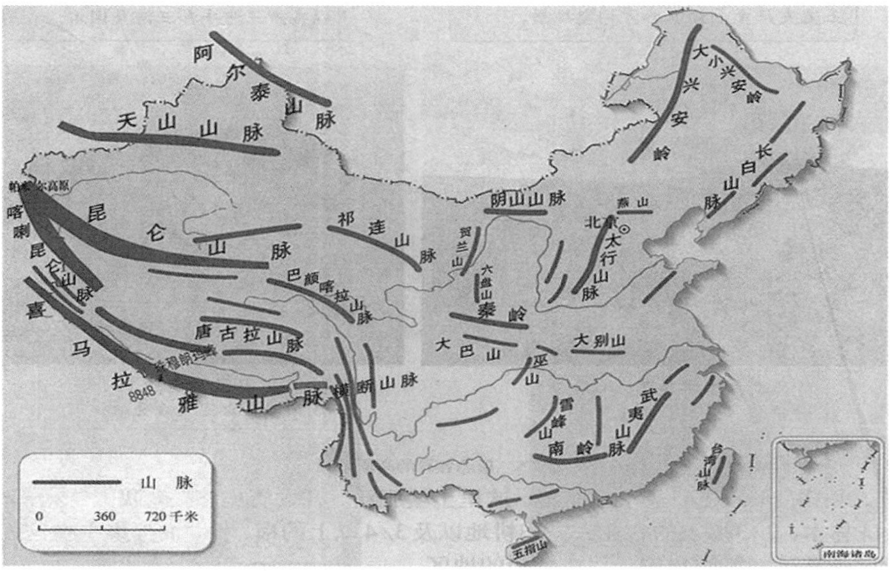

자료: 百度图片(http://image.baidu.com/)

- 동서주향: 텐산(天山), 인산(阴山), 쿤룬산(昆仑山), 친링(秦岭), 난링(南岭)
- 남북주향: 허란산(贺兰山), 뤼우판산(六盘山), 헝뚜안산구(横断山区)
- 동북서남주향: 따싱안링(大兴安岭), 타이항산(太行山), 우산(巫山), 쉐펑산(雪峰山), 창바이산(长白山), 우이산(武夷山), 타이완산맥(台湾山脉)
- 서북동남주향: 알타이산(阿尔泰山), 치롄산(祁连山)
- 호형주향: 히말라야산맥(喜马拉雅山脉)

중국의 주요 고원

중국의 대표적 고원인 4대고원은 모두 1단계지역과 2단계지역에 분포되어 있으며, 고도와 위치 그리고 생성요인과 침식작용의 차이에 따라 외형적 특징이 각각 다르게 나타나고 있다.

표 1-1 중국 4대 고원의 위치와 특징

고원 명칭	위치	특징
칭짱고원 (青藏高原)	서남부	① 지세가 높고 설산과 빙하가 많음 ② 면적이 큼 ③ 큰 산이 많음
네이멍구고원 (内蒙古高原)	북부	① 산맥이 적음 ② 고원 ③ 초원, 고비, 사막이 많음
황투고원 (黄土高原)	중부	① 지표가 황토로 두껍게 덮여 있음 ② 지표가 조각남 ③ 나무가 적고, 토양이 유실
윈꾸이고원 (云贵高原)	서남부	① 지세의 굴곡이 심함 ② 골짜기와 분지가 많음 ③ 석회암이 많음

그림 1-6 중국 4대 고원의 위치도

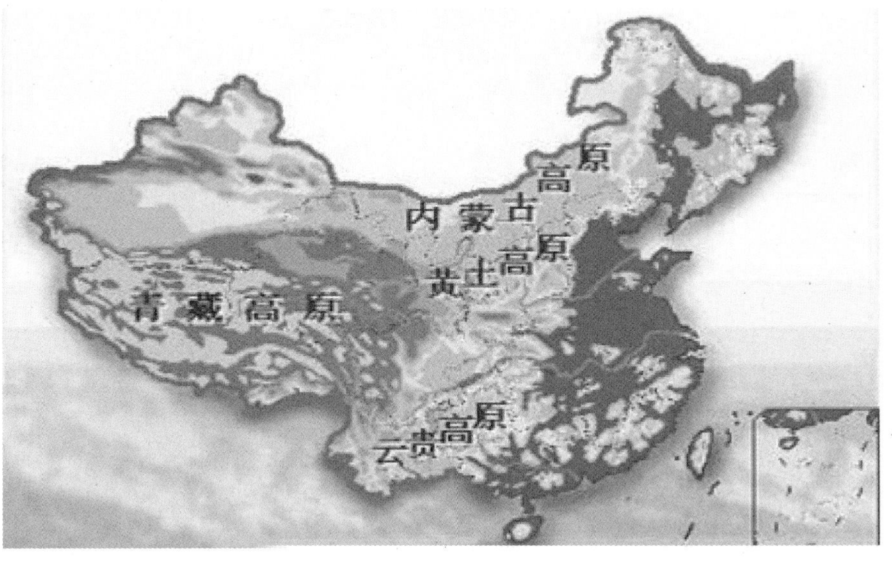

자료: 百度图片(http://image.baidu.com/)

중국의 주요 분지

중국의 대표적 분지는 4개가 있는데, 대부분 2단계지역에 분포되어 있으며 지리적 위치에 따라 서로 다른 특징을 나타내고 있다. 특히 투루판(吐鲁番)분지는 중국에서 지세가 가장 낮은 -155m 지역에 위치하고 있다.

표 1-2 중국 4대 분지의 위치와 특징

분지 명칭	위치	특징
타리무분지 (塔里木盆地)	신장(新疆) 남부	① 면적이 큼 ② 사막이 광대함 ③ 서고동저로 오아시스가 있음
준거얼분지 (准噶尔盆地)	신장(新疆) 북부	① 중국의 두 번째 분지 ② 풍식지형이 많음 ③ 동고서저형
차이다무분지 (柴达木盆地)	칭하이성(青海省) 서북부	① 지세가 높음 ② 동남지역에 염호와 소택이 많음
쓰촨분지 (四川盆地)	쓰촨성(四川省) 동부	① 북고남저형의 평원과 구릉과 낮은 산이 분포

그림 1-7 중국 4대 분지의 위치도

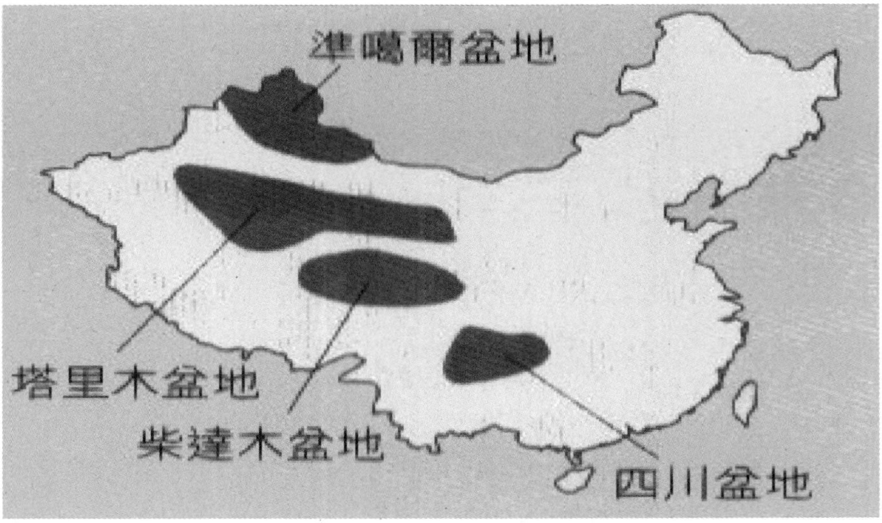

자료: 百度图片(http://image.baidu.com/)

중국의 주요 평원

중국의 대표적 평원은 동북평원(东北平原)과 화북평원(华北平原) 그리고 장강중하류평원(长江中下游平原) 등의 3대 평원이며, 모두 3단계지역에 분포되어 있다. 특히 이들 3대평원은 위치와 생성 요인 그리고 기후 등의 차이로 각각 고유의 특징을 나타내고 있을 뿐만 아니라 남북으로 상호 연결되어 있다. 또한 토지가 비옥하여 중요한 농경지로서 평가받고 있기도 하다. 중국은 3대평원 외에 청두평원(成都平原), 펀웨이평원(汾渭平原), 주강삼각주(珠江三角洲) 등의 중요한 농경지가 있다.

표 1-3 중국의 주요 평원의 특징과 구성

평원 명칭	위치	특징	주요 구성평원
동북평원 (东北平原)	북부	① 중국 최대 평원 ② 대부분 해발 200m 이하 지역	산장평원(三江平原), 쑹는평원(松嫩平原), 랴오허평원(辽河平原)
화북평원 (华北平原)	동북부	① 중국 2대 평원 ② 지형이 평탄	하이허평원(海河平原), 황화이평원(黄淮平原)
장강중하류평원 (长江中下游平原)	중동부	① 지형이 평탄 ② 하천이 많고 호수가 밀집	장한평원(江汉平原), 뚱팅후평원(洞庭湖平原), 판양후평원(鄱阳湖平原), 장화이평원(江淮平原), 장강삼각주(长江三角洲)

그림 1-8 중국의 3대평원 위치도

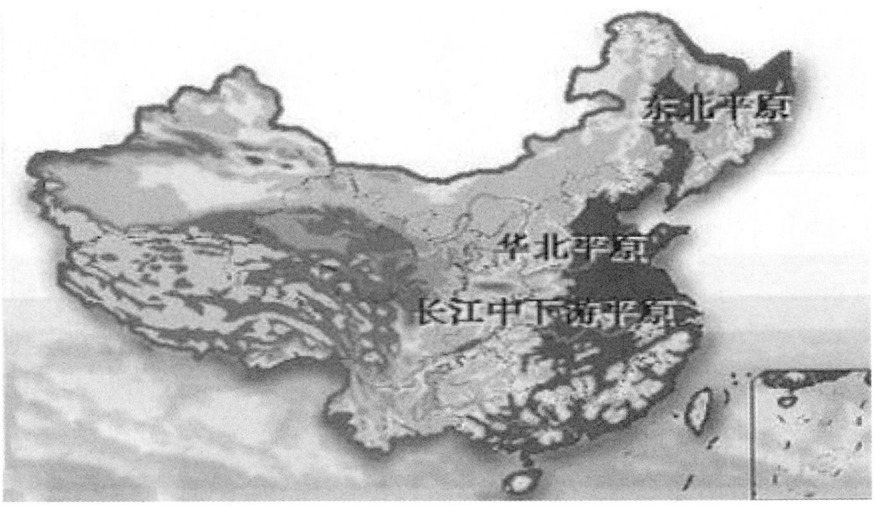

자료: 百度图片(http://image.baidu.com/)

중국의 주요 하천

중국은 유역면적이 1,000km^2 이상인 하천만 1,500여 개가 있을 정도로 세계에서 하천이 가장 잘 발달되어 있다. 중국의 하천은 해양으로 흘러들어가는 외류하천(外流河川)과 해양과는 상관없이 흐르는 내류하천(内流河川)이 있다. 중국에서 가장 긴 강은 장강(长江)으로 6,300km나 되며, 아프리카의 나일강과 남미의 아마존강에 이어 세계에서 세 번째로 길다. 황하(黄河)는 중국의 두 번째 하천으로 전장이 5,464km이다. 장강유역과 황하유역은 모두 중화민족의 발원지이다.

표 1-4 중국 5대 하천

하천명	길이(km)	유역면적(km^2)
장강(长江)	6,300	1,807,199
황하(黄河)	5,500	752,443
흑룡강(黑龙江)	3,420	1,620,170
주강(珠江)	2,210	452,616
란창강(澜沧江)	2,153	161,430

그림 1-9 중국의 주요 하천 분포도

자료: 百度图片(http://image.baidu.com/)

중국의 주요 호수

중국의 호수는 하천 못지않게 많다. 중국에는 2만 4,800여 개의 호수가 있으며, 그중 면적이 10,000km²인 천연호수는 2,800여 개가 있다. 중국의 호수는 전국적으로 분포되어 있는 가운데 장강중하류지역에 집중 분포되어 있으며 최대의 호수군을 이루고 있다. 서부지역의 칭짱고원(青藏高原)에도 호수가 밀집되어 있지만, 이 지역의 호수는 대부분 염호(盐湖)이다.

표 1-5 중국의 주요 호수 소재지와 면적

호수명	소재지	면적(km^2)
청해호(青海湖)	칭하이(青海)	4,583
판양호(鄱阳湖)	장시(江西)	3,583
동정호(洞庭湖)	후난(湖南)	2,740
태호(太湖)	장쑤(江苏)	2,425
호룬지(呼伦池)	네이멍구(内蒙古)	2,315

그림 1-10 중국의 주요 호수 분포도

자료: 百度图片(http://image.baidu.com/)

2. 기후와 강수

중국의 기후는 국토의 크기만큼이나 복잡하고 다양하다. 중국의 기후를 유형별로 분류하면 동부의 계절풍 기후(이는 다시 아열대 계절풍 기후와 온대 계절풍 기후 그리고 열대 계절풍 기후로 구분됨)와 서북부의 온대 대륙성 기후 그리고 칭짱고원의 고한(高寒) 기후가 있다. 그림 1-11 또한 온도대에 따라서는 열대, 아열대, 난온대, 중온대, 한온대 그리고 칭짱고산대가 있다.그림 1-12 그리고 습도에 따라서는 습윤지역, 반습윤지역, 반건조지역, 건조지역 등이 있다. 특히 중국은 동일 온도대 내에 각기 다른 건습지역이 있기도 하고, 또한 동일한 건습지역에 각기 다른 온도대가 있기도 하다. 따라서 중국은 같은 유형의 기후라도 온도와 건습에 따라 많은 차이가 있다.

그림 1-11 중국 기후의 유형

자료: 百度图片(http://image.baidu.com/)

그림 1-12 중국의 주요 온대도

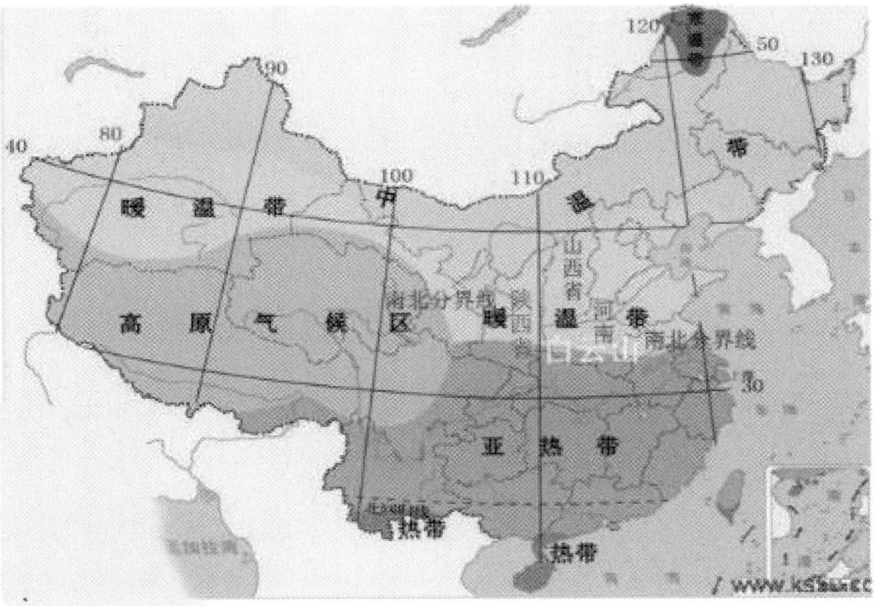

자료: 百度图片(http://image.baidu.com/)

표 1-6 중국 온도대의 구분과 경작

온도대	≥적산온도	생장기일	분포지역	경작형태(벼)	주요 농작물
열대	>8000°C	365	하이난성(海南省) 전체와 윈난성(云南省) 그리고 광둥(广东) 남부지역	1년 3모작	벼, 사탕수수, 천연고무
아열대	4500~8000°C	218~365	친링(秦岭)-화이허(淮河) 남부와 칭짱고원(青藏高原) 동부	1년 2~3모작	벼, 가을밀, 면화, 유채 등
난온대	3400~4500°C	171~218	황하(黄河) 중하류 대부분지역과 신장(新疆) 남부	1년 1모작 2년 3모작	겨울밀, 옥수수, 면화, 땅콩 등
중온대	1600~3400°C	100~171	뚱베이(东北)와 네이멍구(内蒙古) 대부분과 신장(新疆) 북부	1년 1모작	봄밀, 옥수수, 아마, 대두, 사탕무 등
한온대	<1600°C	<100	헤이룽장성(黑龙江省) 북부와 네이멍구(内蒙古) 동북부	1년 1모작	봄밀, 고구마 등
칭짱 고산대	<2000°C (大部分地区)	0~100	칭짱고원	일부지역 1년 1모작	쌀보리 등

자료: 张雪芹·,孙杨·毛炜峄·刘芸芸·任雨(2010)에서 필자 정리.

중국 기후의 두 번째 특징은 계절풍 기후라는 것이다. 중국은 유라시아 대륙의 동부에 위치하고 있을 뿐만 아니라 태평양 서안에 위치하고 있다. 따라서 대륙과 대양의 영향을 뚜렷하게 받고 있다. 겨울철에는 대륙에서 해양으로 편서풍이 불고, 여름철에는 해양에서 대륙으로 편남풍이 불고 있다. 겨울 계절풍은 아시아 내륙에서 발생하여 춥고 건조한데, 그 영향으로 중국은 겨울에 강수가 적고 기온이 낮다. 특히 북방지역은 더욱 심하다. 여름 계절풍은 동남쪽의 태평양과 서남쪽의 인도양에서 불어와 따뜻하고 습기가 많아 강수가 많다. 중국은 겨울 계절풍과 여름 계절풍의 영향을 번갈아 받는 지역이 많은 전형적인 계절풍 지역이다. 따라서 같은 위도에 있는 국가들과 비교하여 겨울철 기온은 낮은 편이고, 여름철 기온은 상대적으로 높은 편이다. 또한 기온의 연교차가 크고 강수의 대부분이 여름에 나타나고 있다. 이는 대륙성 기후의 전형적인 특징이다. 따라서 중국의 계절풍 기후는 대륙성 기후의 성격이 강해 대륙성 계절풍 기후라고 부른다.

한편 중국의 복잡하고 다양한 기후는 농작물과 동식물의 성장에 유리하게 작용하고 있다. 예컨대 옥수수의 원산지는 멕시코지만 중국에 들어온 이후 많은 지역에서 재배되고 있어 중국의 중요 식량작물이 되었다. 고구마도 저장성(浙江省) 일대에 처음으로 들어 왔으나 지금은 중국 전역에서 보편적으로 재배되고 있다. 뚜렷한 계절풍 기후의 특징을 가지고 있는 중국의 기후는 농업생산에 유리한 조건을 제공하고 있다. 여름철의 고온과 풍부한 일조량은 벼농사에 영향을 주어 같은 위도상에 있는 국가들에 비해 재배면적이 크다. 예컨대 북위 52° 에 위치한 헤룽장성 후마현(呼玛县)에서까지 재배되고 있다. 여름철의 많은 비는 고온기와 다우기가 일치하여 농작물 생장발육에 유리하게 작용하고 있다. 예를 들어 장강(长江)중하류지역의 기후는 온난하고 습윤한 아열대계절풍 기후로 농작물이 풍부하다. 그러나 동일 위도의 아프리카 북부와 아라비아 반도 등은 건조와 반건조 기후의 황막한 상태를 나타내고 있다.

중국의 기후는 농업생산에 유리하게 작용하는 점도 있지만, 불리하게 작용하는 점도 적지 않다. 중국은 재난성 날씨가 빈번하게 나타나 경제활동과 국민의 생활에 많은 불편을 주고 있기도 하다. 그중 가뭄, 홍수, 태풍 등은 대표적 재난성 날씨이다. 중국의 가뭄과 수재는 평균 매년 1회 발생하고 있다. 북방지역은 가뭄재해가 많고, 남방지역은 가뭄과 수재가 동시에 나타나고 있다. 여름과 가을에는 중국 동남 연해지역에서 열대성 폭풍과 태풍의 피해가 자주 나타나기도 한다. 태풍은 6~9월 사이에 빈번하게 발생하고 있다. 중국의 가을과 겨울에는 몽골과 시베리아로부터 한랭한 공기가 내려오며, 한랭한 공기는 기온을 급강하시켜 한파를 일으키고 있다. 한파는 저온, 강풍, 모래폭풍, 서리 피해 등으로 나타난다.

제3절 자연자원

1. 자연자원 현황

1) 토지자원

중국의 토지자원은 육지면적이 약 960만km²로 아시아 대륙의 22.1%, 세계면적의 6.4%를 차지하고 있을 정도로 풍부하다. 중국의 풍부한 토지자원은 다음과 같은 지리적 특징을 가지고 있다.

① 해발고도가 높고 기복이 심한 산지(구릉, 산지, 고원)의 면적이 전 국토의 2/3를 차지할 정도로 평지보다 크다.
② 초원의 면적이 전 국토의 37.4%를 차지할 정도로 크지만, 경지면적과 임지면적은 10.4%와 12.7%에 불과하며 사막, 고비(戈壁), 고한황막(高寒荒漠), 석산, 빙하, 만년설 등 이용이 어려운 토지면적도 약 20.5%에 이른다. 그림 1-13

그럼에도 불구하고 중국의 토지자원은 이용 잠재력이 큰 것으로 평가되고 있다. 왜냐하면 중국은 초원과 경지 그리고 임지 외에 전국적으로 약 3,300만 헥타르의 경작 가능한 황무지와 6,000여만 헥타르의 산악초원지대 그리고 9,000여만 헥타르의 조림 가능한 황무지가 있는 것으로 알려져 있기 때문이다.

2) 수자원

중국에는 유역면적이 1,000km² 이상인 하천 1,500여 개와 호수면적이 10,000km² 이상인 천연호수 2,800여 개를 포함한 약 2만 4,800개의 호수가 있지만, 수자원이 부족한 국가이다. 즉 중국의 수자원은 세계 1인당 평균 경유량(径流量=강수량-증발량)의 25% 수준인 2,200m³ 정도이며 지역적 편차도 심하다. 예컨대 중국의 하천 중 수자원이 가장 풍부한 지역은 주강(珠江)유역으로 1인당 평균 경유량이 4,000m³이나 장강(长江)유역은 전국 평균보다 약간 높은 2,300~2,500m³이다. 그리고 하이란허(海滦河)유역은 중국에서 수자원이 가장 부족한 지역으로 1인당 경유량이 250m³에도 못 미치고 있다.3)

그림 1-13 중국의 토지자원 분포도

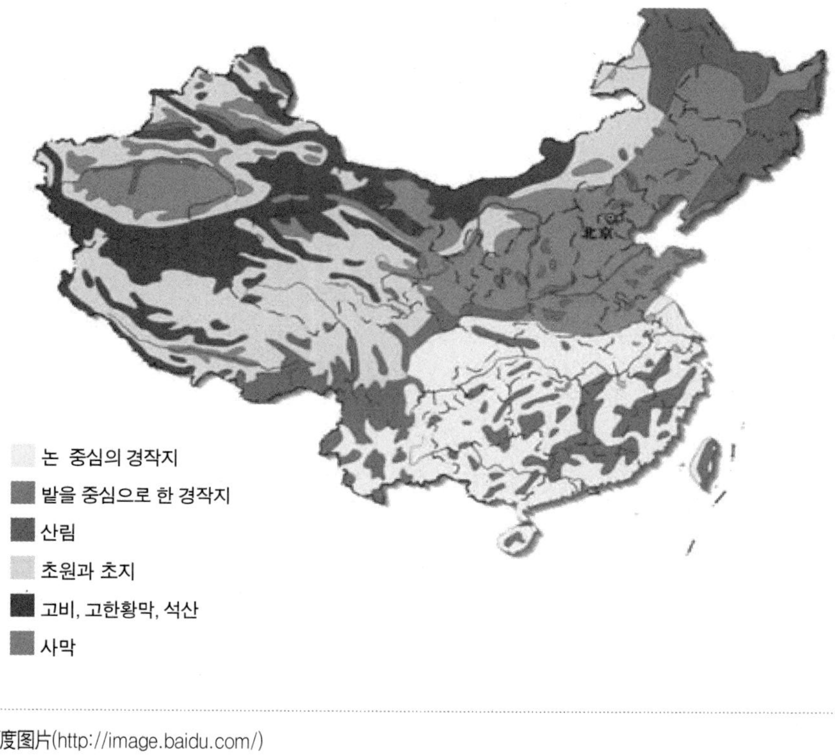

자료: 百度图片(http://image.baidu.com/)

중국의 수자원 분포는 남쪽이 많고 북쪽이 적지만, 경지의 분포는 남쪽이 적고 북쪽이 많다. 예컨대 중국의 소맥과 면화의 주 생산지인 화북평원(华北平原)의 경지면적

3) 란허(滦河)는 보하이(渤海)에 독립적으로 흘러들어가는 하류로 일반적으로 하이란하수계(水系)의 란허 수계이다.

은 전국의 40%를 차지하지만 수자원은 전국의 6%에 불과할 정도로 부족하다.

한편 중국의 수력에너지는 이론적 잠재량이 6.8kW로 세계에서 가장 많다. 그러나 약 70% 정도가 서남부와 티베트 자치구지역에 편중되어 있다. 중국의 수력에너지는 장강수계가 가장 많은 가운데 야루짱뿌강(雅鲁藏布江)수계가 그 뒤를 잇고 있으며, 황하수계와 주강수계도 비교적 큰 수력에너지를 가지고 있다. 현재 중국에서 수력에너지를 개발하여 사용하고 있는 지역은 장강과 황하 그리고 주강의 상류지역이다.

3) 동식물자원

중국은 세계에서 동물자원이 풍부한 국가 중의 하나이다. 중국국가통계국 자료에 의하면, 중국에는 전 세계의 9.8%에 해당하는 약 2,070종의 척추동물이 서식하고 있는 것으로 알려지고 있다.

중국은 동물자원뿐만 아니라 식물자원도 대단히 풍부한 것으로 조사되고 있다. 우선 종자식물만도 2만 4,500종에 달하여 말레이시아와 브라질에 이어 세계 3위를 차지하고 있고, 경제식물도 2,411종에 달하여 각종 식재료와 약재 그리고 섬유 및 다양한 공업원료로 사용되고 있다.

4) 광산자원

지금까지 중국에서 발견된 광산자원의 매장량은 세계 매장량의 12% 수준이다. 이는 미국과 러시아 다음의 매장량이다. 그러나 중국의 1인당 평균 광산자원은 세계 평균수준의 58%에 불과할 정도로 부족한 실정이다.

중국에서 지금까지 발견된 광산자원은 171종이며, 그중 158종이 경제성이 있는 것으로 평가되고 있다. 이 가운데 10종은 에너지 관련 자원이고, 41종은 유색금속이다. 그리고 8종은 흑색금속, 91종은 비철금속, 3종은 액체와 기체상태의 광산자원이다. 특히 바나듐, 몰리브덴, 희토류, 티타늄, 안티몬 등은 세계에서 가장 많은 매장량을 가지고 있다. 석탄, 철, 납, 아연, 동, 은, 수은, 주석, 니켈, 인회석, 석면 등도 적지 않은 매장량을 보유하고 있다.

한편 중국의 광산자원 분포는 지역적으로 불균형을 이루고 있다. 예컨대 철은 랴오닝성(辽宁省)과 허베이성 동부 그리고 쓰촨성 서부에 주로 분포되어 있고, 서북(西北)지역에는 거의 없다. 석탄은 화북(华北), 서북, 동북, 서남(西南)지역에 주로 분포되어 있다. 그중 산시(山西)와 네이멍구, 신장(新疆) 등의 성에 가장 많이 분포되어 있다. 그러나 동남 연해지역은 적다. 그림 1-14

그림 1-14 중국의 광산자원 분포도

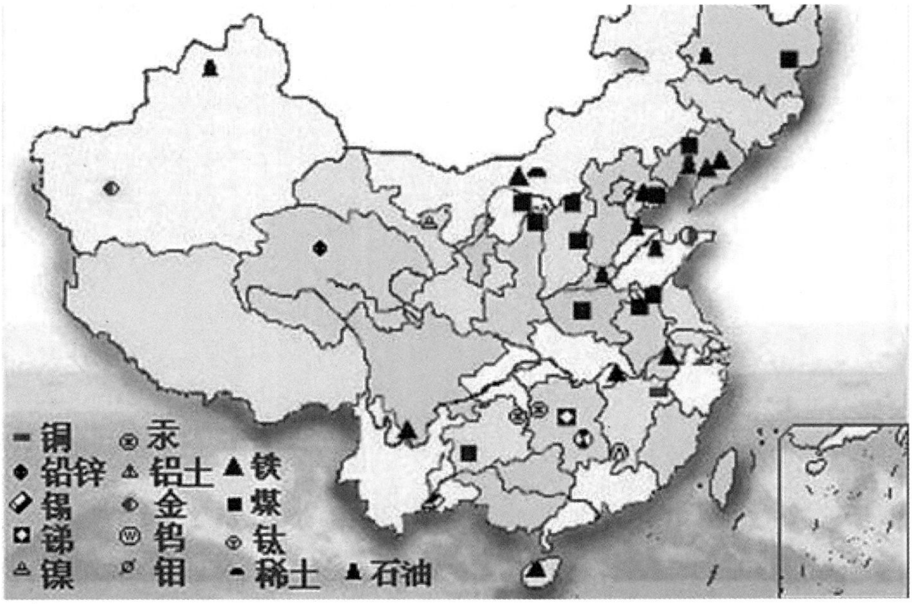

자료: 百度图片(http://image.baidu.com/)

2. 지역별 자연자원 분포

1) 동북지구

동북지구는 다양한 종류의 자연자원이 풍부할 뿐만 아니라 조화를 이루고 있다. 특히 경작할 수 있는 면적은 헤이룽장성(黑龙江省) 1개성만 하더라도 전국 경지면적의 9.23%를 차지할 정도로 크며, 경작지로 활용할 수 있는 황무지도 상당히 넓다. 산림자원도 풍부하여 중국 전체의 33%를 차지하고 있고, 야생동물 또한 상당히 풍부하다. 에너지 자원 중 석유는 중국에서 가장 많으며, 중국 전체의 45~50%가 매장되어 있다. 석탄은 상대적으로 적어 중국 전체의 9%를 차지하고 있다. 철광의 매장량은 중국 전체의 1/4을 차지하고 있는데, 동북3성 중 헤이룽장성과 랴오닝성에 집중되어 있고 지린성(吉林省)은 많지 않다.

2) 화북지구

화북지구는 중국에서 석탄생산량이 많은 지역이다. 네이멍구와 산시성(山西省) 그리고 허베이성이 주요 생산지이다. 화북지구 3개성의 석탄과 석유의 매장량은 각각 중국 전체의 1/2과 1/3을 차지하고 있다. 화북지구는 석탄 외에 철광의 매장량 또한 풍부하며, 네이멍구의 희토류는 세계적으로 유명하다. 그러나 수자원과 산림자원은 심각하게 부족하다.

3) 화동지구

화동지구는 중국에서 인구밀도가 가장 높은 지역으로 경제가 발달되었다. 경지면적은 중국 전체의 1/5을 차지하고 있으며, 농업생산수준도 높다. 에너지자원은 석탄이 중심이며, 주로 산둥성(山东省)과 안후이성(安徽省) 그리고 장쑤성(江苏省) 접경지역에 분포되어 있다.

4) 중남지구

중국의 중남지구는 경지면적이 중국 전체의 22.82%를 차지할 정도로 농경지가 넓은 지역이다. 산림과 수산자원도 일정수준을 갖추고 있다. 중남지구는 유색금속이 풍부하며 후난성과 장시성 남부의 중석, 후난성 중부의 안티몬, 후난성 서부의 흑연과 아연 그리고 장시성 동북지역의 동이 유명하다. 에너지자원 중에서는 수력이 풍부하여 중국 전체의 13.8%를 차지하고 있다.

5) 서남지구

중국 서남지구는 금속광산과 수력 그리고 산림자원이 주력 자원이다. 금속광산, 예컨대 철, 망간, 동, 주석, 흑연, 아연 등은 서남지구에서 상당량 생산되고 있는 광물이다. 비철금속 중에는 소금과 염이 생산되고 있다. 수력은 중국 전체의 68%를 차지하고 있다. 또한 꾸이저우성(贵州省)과 윈난성(云南省) 그리고 쓰촨성(四川省) 접경지역에는 상당규모의 석탄광산이 있다. 그중 꾸이저우성은 강남 제1의 석탄생산지이다. 쓰촨성과 꾸이저우성은 천연가스도 풍부하다.

6) 서북지구

서북지구는 경지면적이 적은 지역이다. 그러나 개척 가능한 황무지가 많아 중국의 중점 개간지 중의 하나이다. 또한 초원이 발달하여 중국의 주요 목축업 기지이기도 하다. 에너지자원도 풍부한 편이다. 칭하이성(青海省)을 제외한 나머지 성은 모두 풍부한 석탄을 가지고 있다. 그중 신장(新疆)은 가장 많은 매장량을 가지고 있다. 수력자원은 중국 전체의 10% 정도이며, 황하상류의 칭하이성, 깐수성(甘肃省), 닝샤회족자치구(宁夏回族自治区)는 수력자원이 풍부하다. 내륙의 분지에는 유전도 있다. 알타이산과 치롄산에는 다종의 금속광산이 있으며, 차이다무분지(柴达木盆地)의 염호(盐湖)는 광물의 종류와 매장량이 풍부하다.

제2장 중국의 국가체제와 행정구역

제1절 중국의 국가체제

중국의 헌법과 중국공산당당장(中国共产党党章)을 살펴보면, 중국은 개혁개방 이후에도 사회주의체제를 강력하게 견지하고 있을 뿐만 아니라 중국공산당이 국가경영을 핵심적으로 주도하고 있음을 알 수 있다. 따라서 중국을 이해하는 데는 무엇보다 중국이 사회주의 국가라는 사실과 중국공산당의 역할이 중요하다는 것을 먼저 인식할 필요가 있다.

중화인민공화국헌법/中华人民共和国宪法

제1장 총강

제1조

- 중화인민공화국은 노동자계급이 영도하고, 공농연맹(工农联盟)을 기초로 하는 인민민주전정(人民民主专政)의 사회주의 국가이다.
- 사회주의제도는 중화인민공화국의 근본제도이며, 어떠한 조직이나 개인도 사회주의를 파괴할 수 없다.

제2조

- 중화인민공화국의 모든 권력은 인민에게 있다.
- 인민이 행사하는 국가권력의 기관은 전국인민대표대회와 지방각급의 인민대표대회이다.
- 인민은 법률규정에 따라 각종 경로와 형식을 통해 국가업무와 경제문화 그리고 사회업무를 관리한다.

제3조

- 중화인민공화국의 국가기관은 민주집중제 실시를 원칙으로 한다.
- 전국인민대표대회와 지방각급인민대표대회는 민주적 선거에 의해 선출되고, 인민에 대한 책임과 인민의 감독을 받는다.
- 국가의 행정기관과 사법기관 그리고 검찰기관은 모두 인민대표대회에서 결정되며 책임과 감독을 받는다.
- 중앙과 지방의 국가기구 직권구분은 중앙의 통일된 영도하에 지방의 자율성과 적극성이 충분히 발휘되게 하는 것을 원칙으로 한다.

주: 중국의 헌법은 서론과 제1장 총강, 제2장 공민의 기본 권리와 의무, 제3장 국가기구, 제4장, 국기·국가·국장·수도 등 138조로 구성되어 있다.
자료: 중화인민공화국헌법에서 일부 발췌.

중국공산당당장/中国共产党党章

총강

중국공산당은 중국노동계급의 선봉대임과 동시에 중국인민과 중화민족의 선봉대이다. 중국특색의 사회주의 사업의 영도 핵심으로 중국의 선진생산력의 발전 요구를 대표하고, 중국선진문화의 전진방향을 대표하고, 중국의 광대한 인민의 근본이익을 대표한다. 당의 최고이상과 최종목표는 공산주의의 실현이다.(이하 중략)

주: 최초의 중국공산당당장(이하, 당장)은 중국공산당 제2차 전국대표대회(이하, 전대)에서 제정되었다. 1차 전대에서는 당장이 제정되지 않고 중국공산당 강령(中国共产党纲领)이 제정되었다. 2차 전대에서 제정된 당장은 형세와 임무의 변화에 따라 역대 전대(5차 전대 제외)마다 수정되어 왔다. 5차 전대에서는 당시의 특수한 상황으로 인해 당장을 수정하지 않고 전대 이후 중앙정치국에서 수정하였다. 현재 사용되고 있는 당장은 1982년 9월 12차 전대에서 수정 제정된 것으로 30여 년간 당장의 기본내용을 유지하는 전제하에, 형세와 임무의 발전변화에 따라 수정되어 왔다. 2012년 11월 14일 18차 전대에서 수정된 당장에 따르면, 총강과 11장 53조로 구성되어 있다. 제1장은 당원, 제2장은 당의 조직제도, 제3장은 당의 중앙조직, 제4장은 당의 지방조직, 제5장은 당의 기층조직, 제6장은 당의 간부, 제7장은 당의 규율, 제8장은 당의 기율검사기관, 제9장은 당조, 제10장은 당과 공산주의 청년단의 관계, 제11장은 당장(党章)당기(党旗)에 관한 내용으로 구성되어 있다.
자료: 중국공산당당장의 총강 부분에서 일부 발췌.

제2절 중국의 정치제도와 체계

중국의 근본적 정치제도는 인민대표대회이다. 인민대표대회가 중국의 근본적 정치제도인 이유는 첫째, 인민대표대회제도가 인민민주전정(人民民主专政)의 국가적 성격을 나타내고 있고, 둘째는 인민대표대회가 국가관리제도의 기초 위에 건립되어 있기 때문이다.[4)]

4) 중국 인민대표대회의 조직 형식은 마르크스(Karl Marx)의 국가론에 근거하는 가운데 중국의 국가적 상황을 고려하여 노동자 계급의 영도와 공농연맹(工农联盟)에 기초로 하는 '인민민주전정(人民民主专政)'의 사회주의 국가 건립에 부합하도록 하고 있다. 따라서 중국의 인민대표대회는 중국인민이 자신의 국가를 관리하는 조직이자 중국의 근본적인 정치제도라고 할 수 있다. 한편, 인민민주전정(人民民主专政)은 중화인민공화국헌법에서 사용된 어휘로 마오쩌둥(毛泽东)이 제기하였다. 마오쩌둥은 '인민민주

한편 중국의 정치체계는 중국공산당조직과 국가기관 그리고 인민정치협상회의로 구성되어 있다.

1. 중국공산당

중국공산당은 중국의 집권당이다.[5] 1921년 창당하여 1949년에 중화인민공화국을 건립한 중국공산당은 2016년 말 기준으로 약 8,944여만 명의 당원과 451.8만 개의 기층조직을 가지고 있다. 그뿐 아니라 정부와 사회 각계각층에 정규조직(당내 선거방식을 통해 건립) 또는 비정규조직(당의 상급조직의 명령에 의해 건립)을 가지고 있다.

1) 당의 중앙조직

그림 2-1 중국공산당 중앙조직 기구도(18대)

자료: 百度图片(http://image.baidu.com/)

전정' 은 곧 '인민민주독재다' 라고 하였다. 그러나 중국정부는 '전정(专政)' 을 독재라는 부정적 의미로 보지 않고, 특수한 국가적 상황에 적합한 정치적 틀의 형식으로 보았다. 중국에서 사용하고 있는 인민민주전정은 중국공산당과 중화인민공화국이 광대한 중국인민의 이익을 위해 적대세력의 대응방식으로 전제(专制 / 独裁)적인 방법을 사용할 수 있다는 의미로 사용되고 있다.

5) 중국에는 중국공산당 외에 중국국민당혁명위원회(中国国民党革命委员会), 중국민주동맹(中国民主同盟), 중국민주건국회(中国民主建国会), 중국민주촉진회(中国民主促进会), 중국농공민주당(中国农工民主党), 중국치공당(中国致公党), 구삼학사(九三学社), 대만민주자치동맹(台湾民主自治同盟) 등 8개의 민주당파(民主党派)가 있다. 이들 정당은 야당으로 분류되지만, 실제로는 '중국공산당' 과 밀접한 협력관계를 갖고 있는 어용정당에 불과하다.

(1) 전국대표대회와 중앙위원회

중국공산당의 중앙영도기관은 당의 전국대표대회(이하, 전대)와 중앙위원회가 있다. 중앙위원회는 당의 전대에 책임과 공작 보고를 한다.

당의 전대는 5년마다 1회 개최되며 중앙위원회에서 소집한다. 중앙위원회의 필요 혹은 성급조직의 2/3 이상 요구가 있을 경우 전대 개최일정을 앞당길 수도 있다. 그러나 비상 상황이 아닐 경우 연기는 할 수 없다. 전대 대표의 인원과 선출방법은 중앙위원회에서 결정한다. 당의 중앙위원회의 임기는 5년이며, 전대 일정이 앞당겨지거나 연기될 경우 임기는 자동적으로 이에 따라 조정된다. 당 전대의 직권은 다음과 같다.

- 중앙위원회 보고 청취 및 심의
- 중앙기율검사위원회 보고 청취 및 심의
- 당의 중대문제 토론 및 결정
- 당장(党章) 수정
- 중앙위원회 선출
- 중앙기율검사위원회 선출

한편 중앙위원회는 전대 폐회기간 전대 결의의 집행과 당의 전반적 업무지도 외에 대외적으로 중국공산당을 대표한다. 중앙위원회 위원과 후보위원은 반드시 5년 이상 당 근무경력이 있어야 하며, 중앙위원회 위원과 후보위원의 수는 전대에서 결정한다. 중앙위원회 위원의 궐위는 중앙위원회 후보위원 중 득표율 순서에 따라 보궐한다. 또한 중앙위원회 전체회의는 중앙정치국이 소집하며 매년 최소 1회 개최한다.

(2) 정치국, 정치국상무위원회, 총서기, 중앙군사위원회와 서기처

당의 중앙위원회 영도기구는 당의 중앙정치국, 중앙정치국 상무위원회 그리고 중앙위원회 총서기가 있다. 중앙정치국과 중앙정치국 상무위원회 그리고 중앙위원회 총서기는 중앙위원회 전체회의에서 선출한다. 중앙위원회 총서기는 반드시 중앙정치국 상무위원회 위원 중에서 결정한다. 중앙정치국과 중앙정치국 상무위원회는 중앙위원회 전체회의 폐회기간에 중앙위원회의 직권을 행사한다. 중앙위원회 총서기는 중앙정치국 회의와 중앙정치국 상무위원회 회의를 소집하고 중앙서기처의 업무를 관장한다.

당의 중앙군사 영도기구는 중앙군사위원회이다. 중앙군사위원회의 구성원은 중앙위원회에서 결정한다. 중앙서기처는 중앙정치국과 중앙정치국 상무위원회의 사무기구이다. 구성원은 중앙정치국 상무위원회의에서 제청하고 중앙위원회 전체회의에서 통과시켜 결정한다.

2) 당의 지방조직

당의 지방조직은 성, 자치구, 직할시, 구가 설치되어 있는 시와 자치주, 현(기(旗): 네이멍구의 행정구역), 자치현, 구가 설치되어 있지 않은 시와 시 직할구의 대표대회로 5년마다 1회 개최된다.

당의 지방 각급대표대회는 동급 당의 위원회가 소집하며, 특수한 상황하에서는 상급 위원회의 비준을 받아 회의일정을 앞당기거나 연기할 수 있다. 지방 대표대회의 직권은 다음과 같다.

- 동급 위원회 보고 청취 및 심의
- 동급 기율검사위원회 보고 청취 및 심의
- 본 지역범위 내의 중대문제 토론과 결의 결정

2. 국가기관

중국의 국가기구는 전국인민대표대회, 국가주석, 국무원, 중앙군사위원회, 지방 각급 대표대회와 각급 인민정부, 민족자치지방의 자치기구, 인민법원 그리고 인민검찰원이 있다. 그림 2-2

1) 전국인민대표대회

중국의 전국인민대표대회(이하, 전인대)는 최고 국가권력기관이다. 전인대의 상설기관은 전인대상무위원회이다. 전인대와 전인대상무위원회는 국가의 입법권을 행사한다. 전인대는 성, 자치구, 직할시, 특별행정구 그리고 군대에서 선출한 대표들로 구성되며, 각 소수민족도 적당수가 대표로 구성된다.

그림 2-2 중국의 국가기관(중앙)

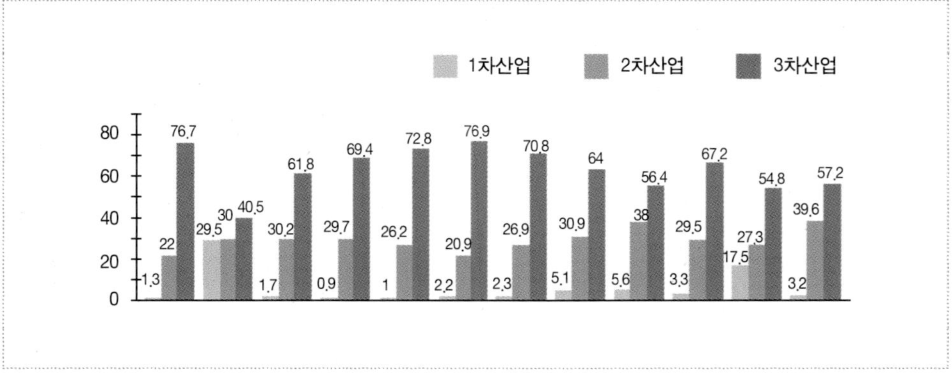

자료: 百度图片(http://image.baidu.com/)

전인대는 5년 임기로 매년 1회 회의를 개최한다. 전인대는 전인대상무위원회의 회의 개최 필요성 인식과 전인대 대표 1/5 이상이 제의하면, 임시 전인대를 개최할 수 있다. 한편 전인대는 다음과 같은 직권을 가지고 있다.

- 헌법의 수정 및 개정
- 헌법준수 감독
- 형사, 민사, 국가기구 혹은 기타기구의 기본법률 제정 및 개정
- 국가주석과 부주석 선출
- 국가주석의 지명에 근거하여 국무원 총리 인선을 결정하고, 국무원 총리의 지명에 근거하여 국무원 부총리, 국무위원, 각부부장, 각위원회 주임, 심계장(审计长), 비서장을 인선
- 중앙군사위원회 주석을 선출하고 중앙군사위원회 주석의 지명에 근거하여 중앙군사위원회 기타조직 인원을 인선
- 최고인민법원 원장 인선
- 최고인민검찰원 검찰장 인선
- 국민경제와 사회발전계획 및 사회발전계획집행 상황보고 심사 및 비준
- 국가의 예산과 예산집행 상황보고를 심사 및 비준
- 전인대상무위원회의 부당한 결정에 대한 수정 및 철회

- 성과 자치구, 직할시 설치 비준
- 특별행정구의 설립과 제도 결정
- 전쟁과 평화 문제 결정
- 최고 국가권력기관으로서의 기타직권 행사

2) 국가주석

중화인민공화국의 주석과 부주석은 전인대에서 선출한다. 중국공민 중 선거권과 피선거권이 있고 만 45세 이상이면 국가주석과 부주석에 선출될 수 있다. 중국의 국가주석은 전인대 및 전인대상무위원회에서 제정한 법률을 공포하고 국무원 총리, 부총리, 국무위원, 각부 부장, 각 위원회 주임, 심계장, 비서장 임면과 국가의 훈장과 영예칭호를 수여한다. 또한 특사명령 하달과 국가의 긴급사태 및 전쟁상태 그리고 동원령을 반포한다.

3) 국무원

중국 국무원은 중앙인민정부로서 최고 국가권력기관의 집행기관이자 행정기관이다. 총리, 부총리, 국무위원, 각부 부장, 각 위원회 주임, 인민은행장, 심계장, 비서장 등의 조직으로 구성된다. 국무원은 총리책임제 실시를 중심으로 각부 각 위원회는 부장과 주임책임제를 실시한다.

4) 중앙군사위원회

중국의 중앙군사위원회는 전국의 무장역량을 영도한다. 중앙군사위원회는 주석과 약간 명의 부주석 그리고 약간 명의 위원으로 구성된다. 중앙군사위원회는 주석책임제를 실시하고 있으며, 중앙군사위원회 주석은 전인대와 전인대상무위원회에 책임을 진다.

5) 인민법원

중국 인민법원은 사법권을 행사하는 국가기관이다. 중국은 최고 인민법원, 지방 각급인민법원, 군사법원 등 전문 인민법원을 설립하고 있다. 최고 인민법원은 최고심

판기관으로 지방 각급인민법원과 전문 인민법원의 심판 업무를 담당하고 상급 인민법원은 하급 인민법원의 심판 업무를 담당한다. 최고 인민법원은 전인대와 전인대상무위원회에 책임을 진다.

6) 인민검찰원

중국 인민검찰원은 국가의 법률 감독기관이다. 중국은 최고 인민검찰원과 지방 각급 인민검찰원 그리고 군사검찰원 등 전문 인민검찰원을 설치하고 있다. 최고 인민검찰원은 최고 검찰기관으로 지방 각급 인민검찰원과 전문 인민검찰원을 영도하고, 상급 인민검찰원은 하급 인민검찰원의 업무를 영도한다. 최고 인민검찰원은 전인대와 전인대상무위원회에 책임을 진다.

7) 지방기관

성, 직할시, 현, 시, 시직할구, 향(乡), 민족향(民族乡), 진(镇)에 인민대표대회와 인민정부를 설립한다. 지방 각급 인민대표대회와 지방 각급 인민정부의 조직은 법률로 규정하고, 자치구, 자치주, 지치현은 자치기관을 설립한다.

8) 자치기관

민족자치 지방의 자치기관은 자치구, 자치주, 자치현의 인민대표대회와 인민정부이다. 자치구, 자치주, 자치현의 인민대표대회 중 지역자치의 민족자치의 대표를 제외하고, 본 행정구 내에 거주하고 있는 민족도 일정수의 대표가 있다. 자치구의 주석, 자치주의 주장, 자치현의 현장은 지역자치 민족의 공민이 담당한다.

3. 인민정치협상회의

중국의 인민정치협상회의(人民政治协商会议, 이하 정협)는 중국공산당 영도의 다당 합작과 정치협상의 중요기구이며, 중국의 정치생활 중 사회주의 발전의 중요한 형식이다. 즉 중국의 주요 정치협상제도이다. 정협제도의 특징은 다음과 같다.

첫째, 다당 합작의 정치적 기초로 4개항의 기본원칙을 견지하며, 중국공산당은 사회주의 사업의 영도적 핵심으로 집권당이고, 각 민주당파는 중국공산당과 합작하여 사회주의 사업을 함께 노력하는 우당이자 참여정당이다.

둘째, 다당 합작의 기본방침은 공존과 상호 감독이다.

셋째, 각 민주당파는 국가의 영도자 선출과 국정 및 정책방침 결정 그리고 법률의 제정과 집행에 참여한다.

넷째, 중국공산당과 각 민주당파는 모두 헌법의 존엄성을 유지시키고 국가와 사회 안정 그리고 단결에 책임을 진다.

제3절 중국의 행정 및 경제구역

1. 행정구역의 획정

중국의 행정구역은 기본적으로 성급(省级), 현급(县级), 향급(乡级)의 3급체계를 이루고 있다. 그러나 경제가 비교적 발달한 지역에서는 '도시와 농촌의 결합(城乡结合)'과 '공업과 무역의 결합(工贸结合)'을 위해 중앙과 지방의 분할관리(条块分割)를 타파하고 도시와 농촌 모두 적극성을 충분히 발휘할 수 있도록 시(市) 아래에 현(县)을 두고 관리하는 행정체제를 실시하고 있다. 시가 현을 관리하는 지역은 성과 현 사이에 1급의 행정구를 증설하는 것으로 4급체제가 되고 있다. 또한 일부 자치구(自治区)에서도 자치주(自治州)를 관할하고 자치주 이하에는 현이 있어 4급체제가 되고 있다. 따라서 중국의 현행 행정구획과 지방행정체계는 3급과 4급이 병존하는 체제를 띠고 있다. 그림 2-3

그림 2-3 중국의 행정구역체계

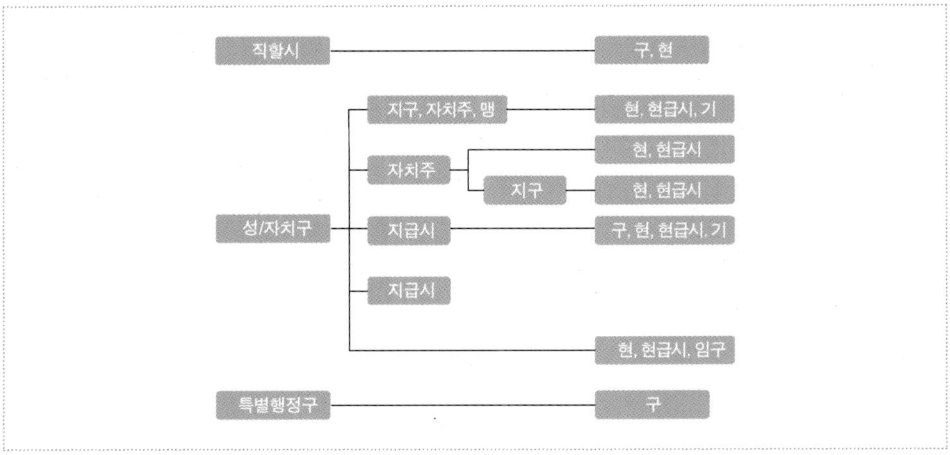

자료: 百度图片(http://image.baidu.com/)

1) 성급 행정단위

중국의 성급 행정단위는 중앙인민정부가 직접 관할하는 최고 1급의 지방행정구역으로 성, 자치구, 직할시 그리고 특별행정구가 있다. 그림 2-4 표 2-1

그림 2-4 중국의 행정구획도

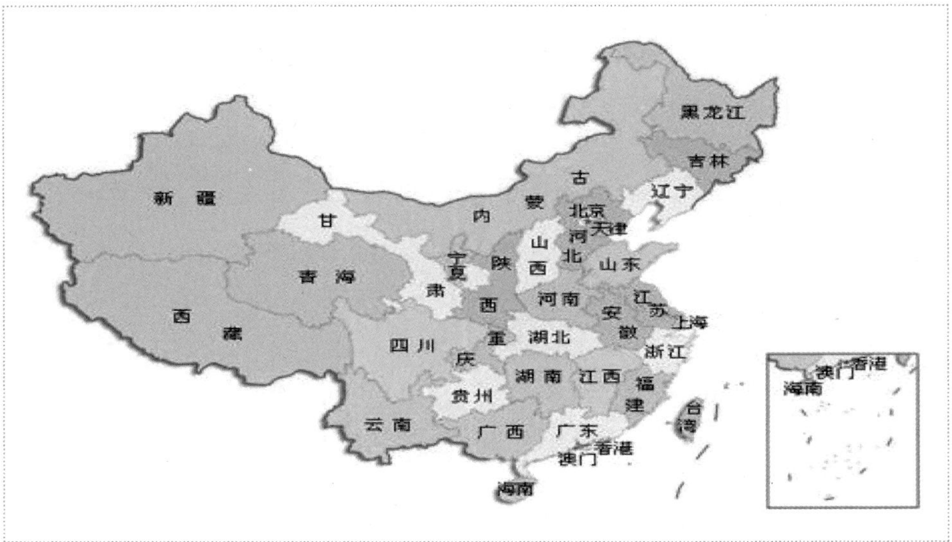

자료: 百度图片(http://image.baidu.com/)

표 2-1 중국의 성급 행정구역

명칭	약칭	면적(만km²)	인구(만 명)	성(省) 소재지
베이징(北京)	징(京)	1.7	1,262	베이징(北京)
톈진(天津)	진(津)	1.2	990	톈진(天津)
허베이(河北)	지(冀)	19	7,288	스자좡(石家庄)
산시(山西)	진(晋)	16	3,474	타이위안(太原)
네이멍구(内蒙古)	멍(蒙)	118	2,470	후허하오터(呼和浩特)
랴오닝(辽宁)	랴오(辽)	15	4,252	선양(沈阳)
지린(吉林)	지(吉)	19	2,724	창춘(长春)
헤이룽장(黑龙江)	헤이(黑)	46	3,843	하얼빈(哈尔滨)
상하이(上海)	후(沪)/선(申)	0.634	1,412	상하이(上海)
장쑤(江苏)	쑤(苏)	10	7,467	난징(南京)
저장(浙江)	저(浙)	10	4,748	항저우(杭州)
안후이(安徽)	완(皖)	14	6,825	허페이(合肥)
복건(福建)	민(闽)	12	3,530	푸저우(福州)
장시(江西)	깐(赣)	17	4,694	난창(南昌)
산둥(山东)	루(鲁)	16	9,536	지난(济南)
허난(河南)	위(豫)	17	10,800	정저우(郑州)
후베이(湖北)	어(鄂)	19	6,149	우한(武汉)
후난(湖南)	샹(湘)	21	7,069	창사(长沙)
광둥(广东)	위에(粤)	18	8,522	광저우(广州)
광시(广西)	꾸이(桂)	24	5,331	난닝(南宁)
하이난(海南)	징(琼)	3.4	896	하이커우(海口)
충징(重庆)	위(渝)	8.2	3,303	충칭(重庆)
쓰촨(四川)	촨(川)/수(蜀)	49	9,001	청뚜(成都)
꾸이저우(贵州)	꾸이(贵)/친(黔)	18	4,189	꾸이양(贵阳)
윈난(云南)	윈(云)	39	4,528	쿤밍(昆明)
시장(西藏)	짱(藏)	123	294	라싸(拉萨)
산시(陕西)	산(陕)/친(秦)	21	3,874	시안(西安)
깐수(甘肃)	롱(陇)	43	2,712	란저우(兰州)
칭하이(青海)	칭(青)	72	550	시닝(西宁)
닝샤(宁夏)	닝(宁)	6.6	643	인촨(银川)
신장(新疆)	신(新)	166	2,164	우루무치(乌鲁木齐)
홍콩特别行政区	깡(港)	0.1104	703	홍콩
마카오特别行政区	아오(澳)	0.00292	54	마카오

주: 인구는 2010년 말 기준 호구등기 인구 기준임(홍콩과 마카오 제외).

자료: 中华人民共和国民政部(2012)에서 필자 정리.

(1) 성(省)

성은 중국의 지방 1급 행정구역으로 원대(元代)부터 시작되었으며, 현재 타이완성(台湾省)을 포함하여 23개의 성이 있다.

(2) 자치구(自治区)

자치구는 중국 소수민족이 집거하는 지역에서 민족자치를 위해 설립된 성급의 행정구역이다. 신중국 성립 후 중국은 네이멍구자치구(内蒙古自治区), 신장위구르자치구(新疆维吾尔自治区), 광시장족자치구(广西壮族自治区), 닝샤회족자치구(宁夏回族自治区), 시장자치구(西藏自治区) 등 5개의 자치구를 설립하였다.

(3) 직할시(直辖市)

직할시는 중앙정부 직할시로 국무원이 직접 관할한다. 인구가 집중되어 있고, 정치, 경제, 문화 등에서 중요한 위치에 있는 대도시이다. 1997년 3월 충칭시(重庆市)가 직할시로 승격되면서 중국은 2016년 말 기준으로 베이징(北京), 톈진(天津), 상하이(上海), 충칭(重庆) 등 4개의 직할시가 있다.

(4) 특별행정구(特别行政区)

특별행정구는 일국양제(一国两制)의 실시와 중국 헌법 제31조에 규정된 '국가는 필요시 특별행정구를 설치할 수 있다' 라는 조문에 따라 설치되었다. 특별행정구는 성, 자치구, 직할시와 함께 중앙정부에서 직접 관할하는 지역이다. 중국의 특별행정구는 1997년 7월 1일 회귀된 홍콩특별행정구와 1999년 12월 20일 회귀된 마카오특별행정구 등 2개가 있다.

2) 지급 행정단위(地级 行政单位)

지급 행정단위는 성급과 현급 사이의 지방행정구역으로 지구(地区), 자치주(自治州), 행정구 그리고 맹(盟)을 포함하고 있다.

(1) 지구

지구는 성과 자치구에서 만들어진 기구로 몇 개의 현과 자치현 그리고 시를 관리한다. 그러나 1급 지방행정기구는 아니며, 1975년 이전에는 전구(专区)라는 명칭을 사용하였다.

(2) 자치주

자치주는 중국 소수민족이 집거하는 지역에 민족자치를 위해 설립한 성급과 현급 사이에 설치한 행정구역이다. 인민대표대회와 인민정부가 설치된 1급행정기관으로 자치주 하부에는 현과 자치현 그리고 시가 있다.

(3) 맹(盟)

맹은 네이멍구자치구 지급행정구역이다. 원래 몽고족 기(旗)의 회맹(会盟)조직으로 인민대표대회와 인민정부가 설치되어 있는 1급행정기구이다. 맹에는 몇 개의 현과 기 그리고 시를 포함하고 있다.

3) 시급 행정단위(市级 行政单位)

1급행정구역으로서의 중국의 시는 인구가 밀집되어 있고, 정치·경제·문화적 수준이 비교적 높은 도시이다. 중앙정부의 직할시를 제외한 성직할시(지급시), 지급직할시(현급시), 현급시 등이 있다.

4) 현급 행정단위(县级 行政单位)

(1) 현

현은 중국의 기초 행정단위로 전국시대부터 시작되었다. 현 하부에는 향(乡)과 진(镇)이 있다.

(2) 자치현

자치현은 중국 소수민족이 집거하는 지역에서 민족지역자치를 실행하는 현급행정구역이다.

(3) 기·자치기 행정단위(旗·自治旗 行政单位)

기는 현 1급에 해당하는 소수민족(주로 몽고족) 집거지역의 행정구역이다.

(4) 특구

특구는 공업광산이 특별히 집중되어 있는 현 1급행정구역이다.

(5) 임구(林区)

임구는 현 1급 행정구획이다.

5) 현급 이하 기층 행정단위(县级以下 基层行政单位)

현급 이하의 기층 행정단위는 향(乡)과 진(镇)이 있으며, 지방 3급행정단위이다. 진은 현과 자치현 관할의 기층행정구역이고, 향(민족향)은 중국 농촌의 기층행정구역이다.

2. 경제구역의 구분

중국에서 전통적으로 가장 많이 사용된 경제구역의 구분은 '7·5계획' 기간에 제기된 동부와 중부 그리고 서부의 3개 권역이다. 그러나 이렇게 큰 구분법은 지역의 차별성 분석과 지역정책 제정의 어려움으로 일괄적이고 일률적인 정책이 불가피한 상황이었다. 이러한 상황에서 중국은 '11·5계획' 기간에 지역협조발전(区域协调发展战略) 전략에 맞는 경제구역을 구분하기에 이르렀다. 중국이 11·5계획 기간에 구분하고 있는 경제구역의 기본 틀은 '4대 경제권역(四大板块)' 에 '8대 경제권(八大经济圈)' 이다.
그림 2-5 그림 2-6

1) 4대 경제권역

(1) 동북지구(东北地区)

랴오닝성(辽宁省), 지린성(吉林省), 헤이룽장성(黑龙江省)

(2) 동부지구(东部地区)

베이징시(北京市), 텐진시(天津市), 허베이성(河北省), 상하이시(上海市), 장쑤성(江苏省), 저장성(浙江省), 푸젠성(福建省), 산둥성(山东省), 광둥성(广东省), 하이난성(海南省)

(3) 중부지구(中部地区)

산시성(山西省), 안후이성(安徽省), 장시성(江西省), 허난성(河南省), 후베이성(湖北省), 후난성(湖南省)

(4) 서부지구(西部地区)

네이멍구자치구(内蒙古自治区), 광시장족자치구(广西壮族自治区), 충칭시(重庆市), 쓰촨시(四川省), 꾸이저우성(贵州省), 윈난성(云南省), 시장자치구(西藏自治区), 산시성(陕西省), 깐수성(甘肃省), 칭하이성(青海省), 닝샤회족자치구(宁夏回族自治区), 신장위구르자치구(新疆维吾尔自治区)

그림 2-5 중국의 4대 경제권역

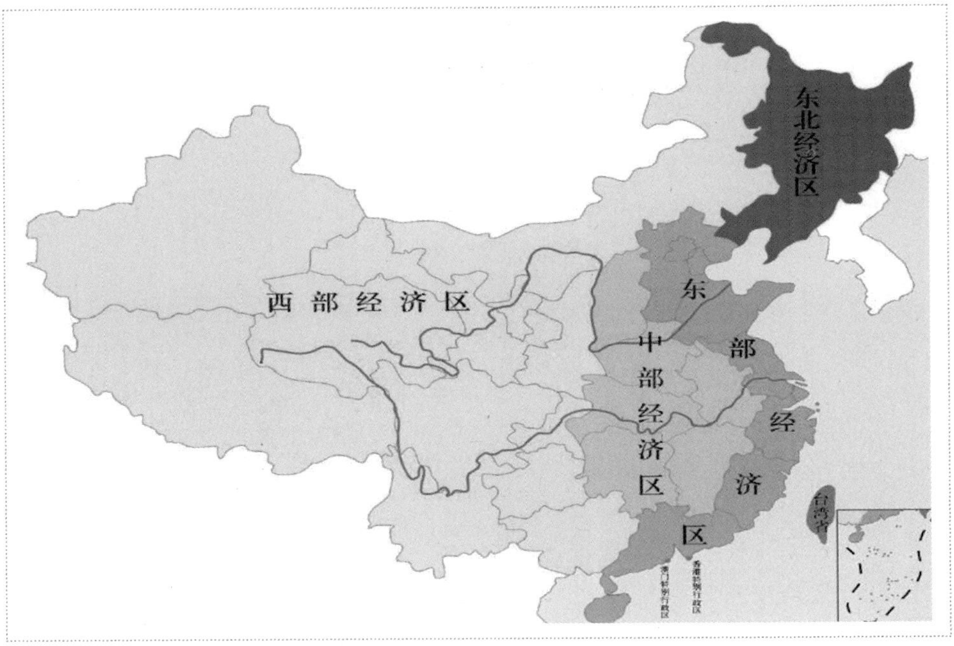

자료: 百度图片(http://image.baidu.com/)

2) 8대 경제권

그림 2-6 중국의 8대 경제권

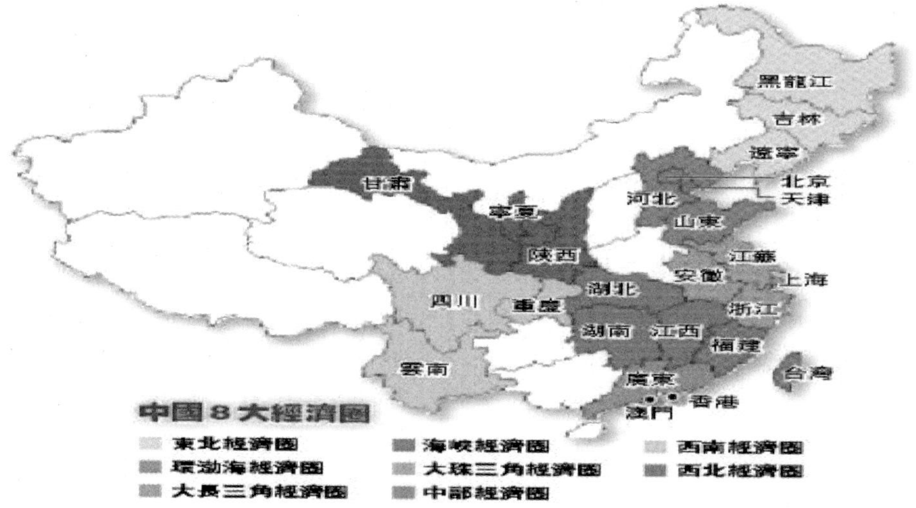

자료: 百度图片(http://image.baidu.com/)

(1) 대장강삼각주경제권(大长三角经济圈)

대장강삼각주경제권(大长三角经济圈)은 장강삼각주 도시군을 중심으로 한 지역으로, 장강삼각주도시군(长三角城市群)과 장화이도시군(江淮城市群)을 포함하고 있다.

(2) 범발해경제권(泛渤海经济圈)

범발해경제권(泛渤海经济圈)은 징진기(京津冀)와 산둥반도(山东半岛)를 중심으로 한 지역으로, 과거 제기되었던 환발해경제권(环渤海经济圈)에는 랴오닝성(辽宁省)이 포함된다. 그러나 과거 랴오닝성(辽宁省)은 길림성(吉林省)과 헤이룽장성(黑龙江省) 그리고 네이멍구(内蒙古) 동부와 밀접하게 연계되어 있으나, 산둥반도(山东半岛) 및 징진기(京津冀)와는 연계가 그리 밀접하지 않아 범발해경제권(泛渤海经济圈)에는 랴오닝성(辽宁省)이 포함되지 않았다. 산시성(山西省)은 비록 중부지역으로 분류되나 징진기(京津冀)와의 연계가 밀접하다. 또한 네이멍구(内蒙古) 동부도 징진지(京津冀)와 산둥반도(山东半岛)와의 연계가 밀접하다. 따라서 범발해경제권(泛渤海经济圈)에 산시성과 네이멍구 동부를 포함시키고 있다. 한편 범발해경제권(泛渤海经济圈)은 환발해경제권(环渤海经济圈)과 구별하기 위해서 제기되었다.

(3) 대주강삼각주경제권(大珠三角经济圈)

대주강삼각주경제권(大珠三角经济圈)은 주강삼각주경제권(珠三角经济圈)을 핵심으로 하는 지역이다. 주강삼각주경제권은 2003년 범주강삼각주경제권(泛珠三角经济圈)으로 확대 제기 되었으나, 여전히 대주강삼각주경제권이 핵심이다. 한편 주강삼각주경제권은 광저우(广州), 선전(深圳), 주하이(珠海), 포산(佛山), 장먼(江门), 동관(东莞), 중산(中山), 후이저우(惠州)와 자오칭(肇庆)시 등으로 구성되어 있고, 대주강삼각주경제권은 주강삼각주경제권에 홍콩과 마카오를 포함하고 있다. 그리고 범주강삼각주경제권은 광둥(广东), 푸젠(福建), 장시(江西), 후난(湖南), 광시(广西), 쓰촨(四川), 꾸이저우(贵州), 윈난(云南)에 홍콩과 마카오를 포함한 9+2지역이다.

(4) 동북경제권(东北经济圈)

요중남(辽中南)을 중심으로 한 동북경제권이다.

(5) 해협경제권(海峡经济圈)

해협서안 도시군과 타이베이(台北)를 중심으로 한 해협경제권(海峡经济圈)이다.

(6) 중부경제권(中部经济圈)

창장중류(长江中游)와 중원도시(中原城市) 그리고 후난성(湖南省) 중부 도시군을 중심으로 한 중부경제권이다. 중부경제권에는 안후이성(安徽省)이 포함되지 않으며 안후이성은 장화이도시군(江淮城市群)에 포함된다.

(7) 서남경제권(西南经济圈)

쓰촨(四川)과 충칭(重庆) 도시군을 중심으로 한 서남경제권이다.

(8) 서북경제권(西北经济圈)

관중(关中)을 중심으로 한 서북경제권이다.

제3장 중국의 인구와 민족

제1절 인구

역사 이래 지금까지 중국의 인구는 세계에서 가장 많았다. 특히 중국의 인구가 세계에서 가장 많은 비중을 차지했던 시기는 1850년이다. 이 시기 중국의 인구는 약 4억 3,000만 명으로 세계인구의 34%를 차지했다. 그 후에도 중국의 인구는 전쟁 등의 요인으로 세계에서 차지하는 인구의 비중이 감소하기는 했으나 신중국이 성립된 1949년 말에도 여전히 5억 4,167만 명으로 세계인구의 22%를 차지하고 있었다. 중국의 이러한 인구 비중은 1990대 말까지 계속되었으며, 2016년 말 기준 13억 6,800만 명으로 19%를 차지하고 있다.

그러나 2016년 말 기준으로 중국의 출생인구는 세계 출생인구의 12%에 불과하다. 이러한 중국의 출생률을 근거로 UN에서는 향후 중국의 인구는 지속적으로 감소하여 2100년도에는 세계 인구의 3.1% 수준으로 하락할 것으로 예측하고 있다. 표 3-1

표 3-1 중국의 인구증가 추이와 비중

연도	중국인구(억 명)	세계인구(억 명)	중국인구의 세계비중(%)
1950	5.44	25.25	21.5
1960	6.44	30.18	21.4
1970	8.09	36.82	22.0
1980	9.78	44.40	22.0
1990	11.55	53.10	21.7
2000	12.70	61.27	20.7
2010	13.41	69.30	19.4
2020	14.00	77.89	18.0
2040	13.71	96.95	14.1
2060	12.07	123.45	9.8

자료: 미래인구 예측치. 2015년 수정판(constant fertility variant) (http://www.unpopulation.org)

한편 중국은 폭발적으로 증가하는 인구를 억제하기 위해 1970년대부터 한 가정에 한 자녀로 제한하는 강력한 산아제한(计划生育)정책을 추진하여 출산율을 감소시켜 왔다. 그러나 이러한 산아제한정책은 노동력 감소와 인구의 노령화 문제 등을 해결하기 위해 2016년부터 한 가정에 두 자녀를 낳을 수 있는 정책으로 전환되었다.

1. 인구 현황

2010년 제6차 인구센서스 결과에 따르면, 중국의 인구는 2010년 11월 1일 기준 13억 3,972만 명이었다. 그러나 중국 국가통계국이 2016년 4월 20일 발표한 2015년 말 기준 중국의 인구는 13억 7,462만 명으로 5년 전보다 3,377만 명이 증가하였다. 중국의 이러한 인구(제6차 센서스 기준)는 중국대륙의 31개성, 자치구, 직할시 그리고 현역 군인만을 포함한 것이며, 홍콩특별행정구와 마카오특별행정구의 인구는 포함하고 있지 않다.[6] 제6차 인구센서스에서 나타난 중국의 인구는 제5차 인구센서스 때보다 5.8% 증가한 12억 6,583만 명이었다. 이는 10년간 7,390만 명 증가한 것으로 연평균 0.57%의 증가율이다. 그림 3-1

그림 3-1 중국의 인구 증가추이

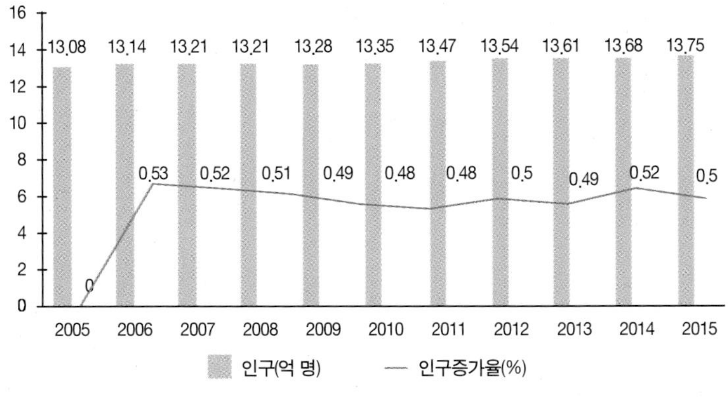

자료: 中国国家统计局(http://www.stats.gov.cn/)에서 필자 정리.

6) 중국의 인구센서스는 10년에 한 번씩 실시된다. 제6차 인구센서스는 2010년 11월 1일 실시되었고, 제7차 인구센서스인 다음 센서스는 2020년 11월 1일로 예정되어 있다.

2. 인구의 구성

2010년 제6차 인구센서스 기준으로 중국의 인구구성을 보면, 우선 성별구성에서 중국은 남성이 6억 8,685만 명으로 51.27%를 차지하고 있고, 여성은 6억 5,287만 명으로 48.73%를 차지하여 남성이 여성보다 많다.

둘째로 연령구성에서는 0~14세가 2억 2,246만 명으로 16.60%를 차지하고 있고, 15~59세는 9억 3,962만 명으로 70.14%를 차지하고 있다. 또한 60세 이상의 인구는 1억 7,765만 명으로 13.26%이다. 특히 이 가운데 65세 이상의 인구는 1억 1,883만 명으로 8.87%나 차지하고 있다. 이는 제5차 인구센서스와 비교하여 0~14세는 6.29%p 감소한 반면, 15~59세는 3.36%p 증가한 수치이다. 또한 60세 이상은 2.93%p 증가했고, 그중 65세 이상은 1.91%p 증가했다. 중국의 이러한 인구변화의 추이는 출산율 감소와 노령화 현상이 가속되고 있음을 나타내는 것이다.

셋째로 중국인구의 민족구성은 한족이 12억 2,593만 명으로 91.51%를 차지하고 있고, 소수민족은 1억 1,379만 명으로 8.49%를 차지하고 있다.

넷째로 중국인구 중 도시에 거주하고 있는 인구는 6억 6,558만 명으로 49.68%를 차지하고, 농촌에 거주하는 인구는 6억 7,415만 명으로 50.32%를 차지하고 있다. 중국의 도시거주인구는 2000년도 제5차 인구센서스보다 13.46%p 증가하여 빠른 도시화 현상을 나타내고 있다.

3. 인구의 분포

중국 인구분포의 가장 큰 특징은 헤이허(黑河)와 텅충(騰冲)을 잇는 사선(중국에서는 이를 인구지리경계선으로 불림)을 중심으로 동쪽이 서쪽보다 절대적으로 많다. 그림 3-2 구체적으로 중국의 인구분포는 해안에 가까울수록 인구밀도가 높고 내륙지역일수록 낮다. 즉 해안으로부터 200km 이내 지역에 35.9%가 집중되어 있으며, 이 지역의 인구밀도는 374.6명/km²이다. 해안으로부터 200~500km 사이 지역은 인구밀도가 182.9명/km²로 200km 이내 지역의 절반에도 못 미치고 있다. 또한 500~1000km 사이 지역의 인구밀도는 131.1명/km²이고 1,000km 이상인 지역의 인구밀도는 19.4명에 불과하다.

그림 3-2 중국의 인구분포도

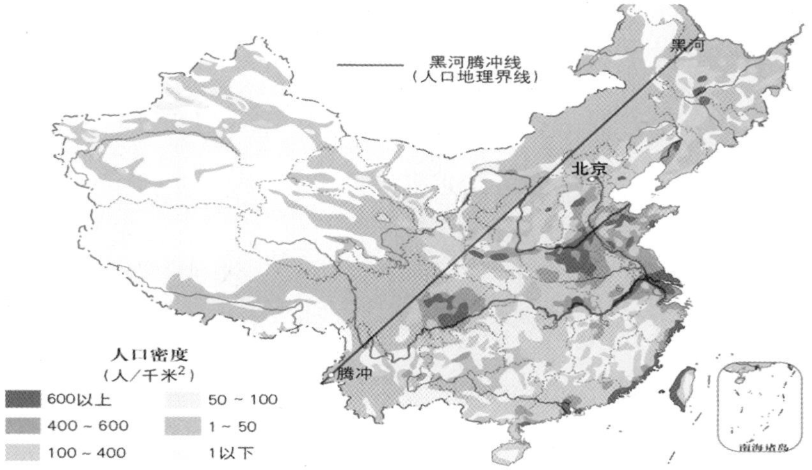

자료: 百度图片(http://image.baidu.com/)

이처럼 중국의 인구가 동남 연해지역에 집중되어 있는 이유는 지리적인 이유 외에 개혁개방 이후 동남 연해지역이 중국에서 경제가 가장 발달하여 많은 인구가 유입되었기 때문이다. 그러나 동남 연해지역으로 많은 인구가 유입되면서 환경오염을 가중시켜 심각한 환경문제뿐만 아니라 교통·의료·주거 문제 등을 야기시키고 있기도 하다.

4. 인구의 교육·문화적 수준

2010년도 제6차 인구센서스에 나타난 중국인의 교육적 수준은 10년 전인 제5차 인구센서스보다는 상당수준 개선되었지만 여전히 낮다. 구체적인 중국의 교육·문화적 수준은 첫째, 선진국의 문맹률은 2% 이하인 데 비해 중국은 5%에 육박할 정도로 상당히 높다. 둘째는 전문대학을 포함한 대학 이상의 학력자가 전체 인구의 10%도 되지 않는다. 표 3-2 한편 중국은 도시인구와 농촌인구의 교육정도가 차이를 보이고 있다. 2016년 기준으로 도시의 평균 교육연한은 10.1년인 데 비해 농촌은 7.8년이다. 그리고 도시의 문맹률은 7%인데, 농촌은 9% 수준이다.

표 3-2 중국의 교육수준

항목	6세 이상 총인구	대학원 (만 명)	대졸 (만 명)	전문대학 (만 명)	고교 (만 명)	중학 (만 명)	소학 (만 명)	무학	문맹 (만 명)
제6차 인구센서스	124,254 (100.00)	414 (0.33)	4,562 (3.67)	6,861 (5.52)	18,665 (15.02)	51,818 (41.70)	35,720 (28.75)	6,214 (5.00)	5,419 (4.88)
제5차 인구센서스	115,670 (100.00)	88 (0.08)	1,415 (1.22)	2,899 (2.51)	13,828 (11.95)	42,239 (36.52)	44,161 (38.18)	11,040 (9.50)	6,745 (11.55)

주: ( )안은 비율이며, 교육정도는 6세 이상 인구 기준이고, 문맹정도는 15세 이상 인구 기준임.
자료: 中国国家统计局(http://www.stats.gov.cn/)에서 필자 정리.

5. 인구정책

중국의 인구정책은 크게 3개 영역을 중심으로 실시되고 있다. 하나는 산아제한(计划生育)정책이고 또 다른 하나는 혼인정책이다. 그리고 마지막은 인구유동에 관한 정책이다. 중국의 인구정책의 가장 큰 핵심은 인구의 통제와 수준제고에 역점을 두고 있다.

1) 산아제한(计划生育)정책

중국의 산아제한에 관한 논의는 신중국 성립 초기부터 시작되었지만, 본격적인 정책추진은 1960년에 공포된 〈1956~1967년 전국농업발전강요(수정초안)(1956年到1967年全国农业发展纲要(修正草案))〉에서 "소수민족지역을 제외한 인구가 많은 지역에서 출산 절제를 홍보하고, 계획적 출산양육을 해야 한다"고 규정하면서 시작되었다. 특히 1962년 중공중앙과 국무원이 공동으로 제기한 〈계획출산양육의 성실한 제창에 관한 지시(关于认真提倡计划生育的指示)〉에서 "출산양육의 문제는 계획적으로 하여야 하며, 이는 중국의 사회주의 건설 중 이미 결정된 정책이다"라고 발표하면서 구체화되었다. 그 후 중국은 1964년 국무원 산하에 '산아제한 담당부서(计划生育办公室)'를 설치하고 인구정책을 추진해 나갔다. 그러나 당시의 산아제한정책은 1가정 1자녀 정책이 아니라 '하나는 적고, 둘이 적당하며, 셋은 많다(一个少, 两个正好, 三个多了)'라는 구상수준이었다.

1가정 1자녀 산아제한정책은 1970년대 말부터 시작되었다. 중국은 이러한 산아제한정책 실시를 강화하기 위하여 계획출산양육을 헌법과 혼인법에 포함시켜 강력하게 통제하였다. 구체적으로 1978년에는 헌법 제53조에 "국가가 계획출산양육을 추진한다" 고 규정하였고, 1980년에 반포한 혼인법과 1982년에 반포한 헌법 중에는 "부부는 모두 계획출산양육의 의무가 있다" 고 규정하였다. 그뿐만 아니라 중국은 1가정 1자녀 정책을 위반할 경우 직장에서 불이익을 주거나 벌금 등을 부과하기도 하였다.

그러나 중국은 최근 입장을 바꾸어 노동력 감소와 노령화 문제 등 다양한 사회적 문제를 해결하기 위해 2016년 1월 1일부터 1가정에 2명까지 자녀를 출산양육할 수 있도록 하였다.

2) 혼인정책

1980년에 반포한 중국의 혼인법은 산아제한정책과 연계된 내용을 담고 있다. 남녀 법정혼인연령을 각각 22세와 20세로 정하고, 만혼과 늦은 출산을 장려하고 있다. 또한 직계혈통과 3대 이내의 방계혈통 그리고 정신질환을 앓은 적이 있는 자와 치료되지 않은 자 혹은 그 밖의 의학상 결혼이 불가능한 질병을 가진 자는 혼인을 금지하고 있다. 그뿐만 아니라 중국은 혼전 건강검진을 의무화하고 있다.

3) 인구유동정책

중국의 인구유동정책의 가장 핵심적인 내용은 도시인구 증가의 통제이다. 중국은 1950년대 말부터 도시인구의 증가를 억제해 왔다. 대부분 호적을 통하여 도시인구 증가를 통제해 왔는데, 호적 관련 기관의 허가가 없으면 도시에 진입할 수 없었다. 1980년 도시공작회의에 제기된 "대도시 확대의 통제, 중등도시의 합리적인 발전 그리고 적극적인 소도시(小城镇)개발정책" 도 인구의 대도시 유입을 통제하기 위한 정책이었다. 중공중앙은 1984년 1호 문건에서 농민이 식량과 금전을 스스로 해결하면 소성진에서 일을 할 수 있도록 하였는데, 이는 인구유동 관대정책의 일환이다.

제2절 민족

1. 민족의 구성과 소수민족의 분포

1) 민족의 구성

중국은 한족과 55개의 소수민족으로 구성된 다민족 국가이다. 2010년 실시한 제6차 인구센서스 결과에 의하면, 중국은 56개의 민족 중 한족이 가장 많은 12억 2,593만 명으로 91.51%를 차지하고 있고, 소수민족은 1억 1,379만 명으로 8.49%를 차지하고 있다. 표 3-3

표 3-3 중국의 민족 현황(제6차 인구센서스 기준)

(단위: 천 명)

민족	총인구	남성	여성	남녀성비(%)
合计	1,332,811	682,266(51.19)	650,545(48.81)	104.90
汉族	1,220,845	625,072(51.20)	595,772(48.80)	104.90
壮族	16,926	8,690(51.34)	8,236(48.66)	105.49
回族	10,586	5,373(50.76)	5,213(49.24)	103.10
满族	10,388	5,402(52.00)	4,986(48.00)	108.34
维吾尔族	10,069	5,097(50.62)	4,972(49.38)	102.53
苗族	9,426	4,870(51.67)	4,556(48.33)	106.91
彝族	8,714	4,457(51.14)	4,258(48.86)	104.66
土家族	8,354	4,307(51.56)	4,047(48.44)	106.44
藏族	6,282	3,156(50.23)	3,127(49.77)	100.93
蒙古族	5,982	2,999(51.14)	2,983(49.86)	100.58
侗族	2,880	1,512(52.50)	1,368(47.75)	110.52
布依族	2,870	1,456(50.72)	1,414(49.28)	102.93
瑶族	2,796	1,459(52.18)	1,337(47.82)	109.10
白族	1,934	979(50.63)	955(49.37)	102.57
朝鲜族	1,831	911(49.73)	920(50.27)	98.93
哈尼族	1,661	863(51.98)	798(48.02)	108.25
黎族	1,463	757(51.74)	706(48.26)	107.21
哈萨克族	1,463	747(51.10)	715(48.90)	104.49
傣族	1,261	625(49.57)	636(50.43)	98.28
畲族	709	383(54.08)	325(45.92)	117.75

傈僳族	703	355(50.56)	347(49.44)	102.28
东乡族	622	317(51.08)	304(48.92)	104.43
仡佬族	551	289(52.54)	261(47.46)	110.71
拉祜族	486	248(50.96)	238(49.04)	103.93
佤族	430	216(50.37)	213(49.63)	101.49
水族	412	214(51.87)	198(48.13)	107.79
纳西族	326	163(49.84)	164(50.16)	99.37
羌族	310	157(50.57)	153(49.43)	102.29
土族	290	148(51.13)	142(48.87)	104.63
仫佬族	216	111(51.10)	106(48.90)	104.52
锡伯族	190	100(52.27)	91(47.73)	109.53
柯尔克孜族	187	95(50.69)	92(49.31)	102.80
景颇族	148	71(48.24)	77(51.76)	93.21
达斡尔族	132	65(49.14)	67(50.86)	96.63
撒拉族	131	66(50.75)	64(49.25)	103.04
布朗族	120	61(51.18)	58(48.82)	104.83
毛南族	101	53(52.21)	48(47.79)	109.26
塔吉克族	51	26(51.13)	25(48.87)	104.63
普米族	43	21(50.01)	21(49.99)	100.02
阿昌族	40	20(49.93)	20(50.07)	99.73
怒族	38	19(50.39)	19(49.61)	101.56
鄂温克族	31	15(47.51)	16(52.49)	90.50
京族	28	14(51.12)	14(48.88)	104.59
基诺族	23	12(50.75)	11(49.25)	103.03
德昂族	21	10(48.84)	11(51.16)	95.45
保安族	20	10(49.90)	10(50.10)	99.58
俄罗斯族	15	7(47.32)	8(52.68)	89.83
裕固族	14	7(50.95)	7(49.05)	103.86
乌孜别克族	11	6(53.68)	5(46.32)	115.87
门巴族	11	5(49.82)	5(50.18)	99.26
鄂伦春族	9	4(46.58)	5(53.42)	87.18
独龙族	7	3(48.33)	4(51.67)	93.52
赫哲族	5	3(49.51)	3(50.49)	98.08
高山族	4	2(50.61)	2(49.39)	102.47
珞巴族	4	2(48.97)	2(51.03)	95.96
塔塔尔族	4	2(53.40)	2(46.60)	114.60
미확인 민족	640	335(52.32)	305(47.68)	109.74

주: 괄호 안의 수치는 %임.
자료: 中国国家统计局(http://www.stats.gov.cn/)

한편 중국의 소수민족 중 100만 명 이상인 민족은 18개 민족이며, 그중 장족(壮族)이 1,690여만 명으로 가장 많다. 또한 10만 명 이상 100만 명 이하의 민족은 15개이고, 1만 명 이상 10만 명 이하의 민족도 15개나 된다. 그뿐만 아니라 1만 명 이하의 민족도 7개나 되며, 아직 확인되지 않은 인구도 60여만 명이나 있다.

2) 소수민족의 분포 현황

중국의 소수민족은 비록 중국 전체 인구의 10%도 못 되지만, 광범위한 지역에 거주하고 있을 뿐만 아니라 소수민족 자치지역의 면적 또한 전 국토의 60% 이상이나 되고 있다. 중국의 소수민족지역은 역사 및 지리적 요인 등으로 인해 인구밀도 면에서 연해내륙의 한족지역과 비교하여 많은 차이가 있다. 그림 3-3 예컨대 동부 연해지역의 인구밀도는 400명/km^2를 넘고 있지만, 소수민족이 집거하고 있는 티베트자치구의 인구밀도는 1.8명/km^2에 불과하다.

한편 중국의 소수민족 분포는 크게 다음 두 가지 특징을 나타내고 있다.

그림 3-3 중국의 소수민족 분포도

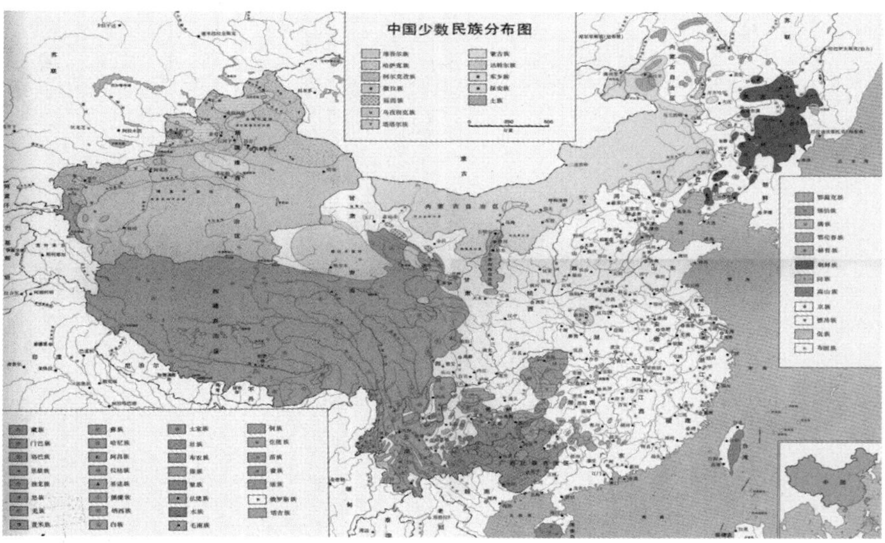

자료: 百度图片(http://image.baidu.com/).

첫째, 넓게 흩어져 모여 집거(集居)하거나 혼재하여 거주하고 있다. 서북과 동북 각 성 그리고 네이멍구(内蒙古), 신장(新疆), 티베트(西藏), 광시(广西), 닝샤(宁夏) 등 5개 자치구와 30개의 자치주, 120개의 자치현(旗), 1,200여 개의 민족향(民族乡) 등은 소수민족이 대표적으로 집거하는 지역이다. 그러나 이들 지역에는 한족(汉族)이 많이 거주하고 있기도 하다. 예를 들어 네이멍구, 광시, 닝샤 등 3개의 자치구는 인구의 절대다수가 한족이고, 신장 또한 한족이 40% 이상을 차지하고 있다. 한편 이와는 반대로 한족지역에도 많은 수의 소수민족들이 혼재하여 거주하고 있기도 하다. 이러한 현상은 특히 개혁개방 이후 소수민족들이 경제적 이익을 찾아 한족지역으로 이주하면서 나타났다.

둘째, 소수민족의 분포범위는 넓으나 서부 및 변경지역에 집중되어 있다. 2010년 제6차 인구센서스에 나타난 바에 의하면, 각 민족은 평균 30개성에 분포되어 있다. 특히 29개 민족의 경우 전국에 골고루 분포되어 있다. 56개 민족이 모두 거주하고 있는 성은 11개가 있다. 소수민족이 비록 넓은 지역에 분포되어 있지만, 대부분은 여전히 서부 및 변경지역에 집중되어 있다. 광시(广西), 윈난(云南), 꾸이저우(贵州), 신장(新疆) 등 4개성의 소수민족은 중국 전체 소수민족의 절반 이상이나 된다. 여기에다 랴오닝(辽宁), 후난(湖南), 네이멍구(内蒙古), 쓰촨(四川), 허베이(河北), 후베이(湖北), 티베트(西藏), 지린(吉林), 칭하이(青海), 깐수(甘肃), 충칭(重庆), 닝샤(宁夏) 등 16개성의 소수민족을 합치면 중국 전체 소수민족의 91.32%나 된다. 중국의 변경지역은 2만여km에 이르는데 대부분 소수민족이 거주하고 있다.

2. 민족정책

중국의 민족정책은 크게 두 가지에 중점을 두고 있다. 하나는 민족평등단결을 견지하는 것이고, 또 다른 하나는 소수민족지역의 자치제 실시이다.

1) 민족 평등단결의 견지

중국은 각 민족 간에 인구의 다소, 경제발전의 수준, 풍습과 종교의 차이 등에 관계없이 모두 중화민족의 평등한 일원으로 동등한 지위를 갖고 있음을 강조하고 있다. 또한 모든 민족은 법에 따라 동등한 권리와 의무를 가지며, 어떠한 형식의 민족억압과 차별도 금지하고 있다. 그뿐만 아니라 중국은 민족의 단결을 민족평등의 필연적 결과로 여기면서 각 민족의 공동번영은 민족문제 해결의 출발점이자 종착역으로 판단하며 민족의 평등보장을 강조하고 있다. 중국은 이러한 민족의 평등과 단결 보장을 위해

헌법에 다음과 같이 명문화하고 있다. "중화인민공화국의 각 민족은 모두 평등하다. 국가는 각 소수민족의 합법적 권리와 이익을 보장하고, 각 민족의 평등, 단결, 상호관계를 보호하고 발전시킨다. 그리고 어떠한 민족의 차별이나 억압도 금지한다."

2) 소수민족지역의 자치제 실시

중국정부는 소수민족지역의 자치제 실시를 민족문제 해결을 위한 기본정책으로 삼고 있다. 중국의 소수민족지역 자치제도는 크게 두 가지 핵심적인 내용을 담고 있다.

하나는 중국의 소수민족지역 자치는 국가의 통일적 영도하에 실시하며, 각 민족의 자치지역은 모두 중국과 분리될 수 없는 지역임을 강조하고 있다. 따라서 각 민족자치지역의 자치기관은 모두 중앙정부 영도의 1급 지방정권으로 반드시 중앙정부의 통일적 지도를 받고 있으며, 상급 국가기관은 정책과 계획 구상에 반드시 각 민족자치지역의 구체적인 상황과 필요를 반영하도록 하고 있다.

또 다른 하나는 중국의 민족지역자치는 단순한 민족자치 혹은 지방자치가 아니라 민족과 지역적 요소를 결합한 정치와 경제의 결합임을 강조하고 있다. 즉 소수민족지역의 자치는 국가의 통일과 사회안정 그리고 민족단결을 목표로 하고 있을 뿐만 아니라 민족의 발전과 국가건설을 동시에 강조하고 있다.

P/A/R/T

02

중국의 경제체제와 경제발전전략

제4장 중국의 경제체제: 사회주의시장경제체제

제1절 사회주의시장경제체제 형성의 이념적 기초

개혁개방 이전 중국의 경제정책은 과거 모든 사회주의권 국가들이 그랬던 것처럼 이념의 중요성을 강조해 왔다. 즉 이념을 실천을 지도하는 절대적 요소로 간주하고 모든 경제정책에 우선하여 결정하며, 이를 교조적으로 반영해 왔다. 그리고 중국은 이러한 이념적 기초를 사회주의 형성에 핵심적 역할을 한 마르크스, 엥겔스, 레닌, 스탈린 및 마오쩌둥(毛泽东)의 사상 등에서 그 근거를 찾아왔다.

그러나 1978년 중국공산당 '11기 3중전회' 이후 추진된 경제개혁에서는 개혁개방 이전과는 전혀 다른 모습이었다. 개혁개방 이전에는 이념을 경제정책 추진에 앞서 결정하였으나, 개혁개방 이후에는 개혁의 추진과정 중에서 찾고자 하였다. 또한 상술한 사상 등에서도 그 근거를 찾지 않았다. 1978년 이후 중국의 경제정책 이념은 덩샤오핑(邓小平)이 제기한 '중국적 특색의 사회주의 건설(有中国特色的社会主义建设)'과 자오즈양(赵紫阳)이 제기한 '사회주의 초급단계론(社会主义初级阶段论)'을 근거로 중국의 학자들이 해석하는 과정에서 나타났다.

1. 중국적 특색의 사회주의 건설

개혁개방 이후 중국의 경제정책 이념으로 자리 잡고 있는 '중국적 특색의 사회주의 건설'은 1982년에 개최된 '중국 공산당 제12차 전국대표대회(12대)' 개막식에서 덩샤오핑(邓小平)이 공식적으로 제기하면서 나타났다.[7] 그 후 중국은 '중국적 특색의 사회주

7) 덩샤오핑(邓小平)은 중공 12대 개막식 연설에서 '중국적 특색의 사회주의 건설'은 "마르크스의 보편적 진리를 우리나라의 구체적인 실제 상황과 결합하여 우리의 길을 걷는 것이며, 이는 장기간 역사경험을 통해 얻은 기본적 결론이다"라고 역설하였다.

의 건설'을 경제정책과 직접적으로 연계시키고 개혁의 기본목표로 삼았다.

그러나 무엇이 '중국적 특색의 사회주의'인지는 중국 내부에서조차 분명한 결론을 내리지 못하고 다양한 견해만이 제기되어 왔다. 예컨대 '중국적 특색의 사회주의'는 마르크스와 엥겔스가 구상하는 사회주의 및 소련과 동구의 사회주의모델과는 다른 개념으로 중국 사회에만 존재하고 있는 독특한 사회주의라는 견해가 있는 반면, 중국적 특색은 다른 국가에는 없고 오직 중국에만 있는 것은 아니라는 견해도 존재하였다. 즉 '중국적 특색'은 사회주의의 일반적 원리와 중국의 구체적인 실제 상황을 결합한 것으로서 '인민민주독재(人民民主专政)'와 같이 중국 특유의 것도 있고, 노동자 개체소유제경제와 같이 다른 국가에 있는 것도 있다는 것이다. 이밖에도 중국적 특색의 의미는 다양한 각도에서 논의되어 왔지만 앞에서 언급한 두 가지 견해와 마찬가지로 정론(定论)된 것은 하나도 없었다. 그래서 중국 내부에서는 심지어 '중국적 특색의 사회주의'에 대하여 분명한 개념정의를 내리지 말고, 종합적이고 절충적인 개념으로 남겨두자는 의견도 제기되고 있었다. 즉 '중국적 특색의 사회주의'를 하나의 발전과 변화 그리고 개선의 과정인 동태적인 명제로 간주하고 끊임없이 탐색하는 과제로서 남겨두자는 것이다. 이처럼 '중국적 특색의 사회주의'는 중국 내부에서조차 의견이 일치되지 않은 개념으로, 이데올로기와 노선 등의 영역과 관련된 관용적 범위의 원칙에서 추상적으로 설명되고 있을 뿐 정확한 결론은 내리지 못하고 있었다.

그러나 중국은 '중국적 특색의 사회주의 건설'을 생산력 발전을 통해 이룩해야 한다는 결론을 내리고 구체적인 임무목표를 설정하였다. '중국적 특색의 사회주의 건설'을 공식적으로 제기한 덩샤오핑은 중국적 특색의 사회주의 건설은 4항의 기본원칙, 즉 ① 사회주의노선 견지(持社会主义道路), ② 인민민주전정 견지(坚持人民民主专政), ③ 공산당 영도 견지(坚持共产党的领导), ④ 마르크스·레닌주의와 마오쩌둥 사상 견지(坚持马列主义,毛泽东思想) 등을 견지하면서 경제발전을 위해 대내개혁과 대외개방을 추진해야 하며, 특히 중국은 공산사회로 발전해 나가는 사회주의의 과도기적 단계에 처해 있기 때문에 과도단계인 현 단계에서는 주요 임무를 생산력 발전에 두고 공산사회의 물질적 기초를 창조해야 한다고 하였다.[8] 특히 중국은 인구가 많고 빈곤한 상황이기 때문에 반드시 실사구시(实事求是)의 입장에서 단계적으로 임무목표를 추진할 것을 강조하

8) 덩샤오핑(邓小平)은 중국의 이상(理想)은 공산사회를 건설하는 것이라고 말하고, 공산사회를 실현하기 위해서는 반드시 사회주의의 단계적 임무를 완성해야 한다고 지적하였다.

였다. 구체적으로 1980년부터 2000년까지를 1단계로 정하고 국민총생산액을 '4배 증가(翻两番)' 시켜 1조 달러를 달성하게 함과 동시에 1인당 국민소득도 250달러에서 800달러로 증가시켜 인민의 생활수준을 중류생활수준인 '소강수준(小康水平)' 을 달성하게 한다는 목표를 정하였다. 2단계는 2001년부터 2030년 혹은 2050년까지로 중진국 수준의 발전을 이룩하는 것을 목표로 하였다.

소강수준과 소강사회/小康水平·小康社会

소강수준(小康水平)의 사전적 의미는 '중등수준의 생활을 유지할 수 있는 가정경제 상황(可以维持中等水平生活的家庭经济状况)(现代汉语辞典)' 이다. 그러나 개혁개방 초기 제기된 소강수준의 의미는 물질과 문화적 생활이 풍요롭지는 않지만, 중등수준에 이르는 수준으로 따뜻하고 배부른 생활을 의미하는 온포(温饱)의 상황에서 생활의 질을 제고시키고 넉넉한 삶에 이르는 수준을 말하고 있다. 구체적으로 1984년 덩샤오핑(邓小平)이 제기한 '소강수준은 가난하지도 부유하지도 않고 비교적 좋은 생활을 유지하는 수준(达到小康水平, 就是不穷不富, 日子比较好过的水平)' 으로 1인당 국민소득이 800달러에 이르는 수준으로 정하고 있었다. 또한 소강수준은 물질과 문화적 생활수준의 개선 외에 개인의 소비수준 제고와 사회복지 그리고 노동환경의 개선도 포함시켜 왔다.

그러나 소강수준의 기준은 소강사회(小康社会)로 발전하는 과정에서 높아졌다. 소강수준이 처음 제기된 1980년대 초에는 당시의 '국가적 상황(国情)' 에 근거하여 소강건설의 중점을 '온포문제(温饱问题)' 해결에 중점을 둔 물질문명수준 제고였으나, 소강사회로 발전한 상황에서는 단순한 물질문명뿐만 아니라 정신문명과 정치문명까지를 포함하였다. 또한 2020년도 GDP수준이 2000년의 4배 증가(翻两番)될 경우, 소강사회의 1인당 GDP는 3,000달러 이상으로 세계은행이 각국의 소득수준을 4단계로 분류한 기준 중 중상수준의 국가로 정하고 있다.

한편 중국공산당 16대에서 규정하고 있는 전면적 소강사회의 기준은 다음과 같다.

① 1인당 GDP는 3,000달러 이상이어야 한다.
② 도시주민의 1인당 가처분소득은 1만 8천 위안이어야 한다.
③ 농촌주민의 가구 1인당 순소득은 8천 위안이어야 한다.
④ 엥겔계수는 40% 이하여야 한다.
⑤ 도시의 1인당 주거면적은 30m^2여야 한다.
⑥ 도시화수준은 50% 이상이어야 한다.
⑦ 가구당 컴퓨터 보급률은 20%여야 한다.
⑧ 대학진학률은 20%여야 한다.
⑨ 1,000명당 의사 수는 2.8명이어야 한다.
⑩ 도시주민 최저생활 보장이 95% 이상이어야 한다.

자료: 中国网(http://www.china.com.cn/)에서 필자 정리.

특히 덩샤오핑은 1단계의 목표를 달성하기 위해서 반드시 대내개혁과 대외개방을 동시에 추진해야 한다고 강조하였다. 대내개혁에서는 경제와 사회문제를 해결하기 위하여 우선적으로 경제체제를 개혁해야 하는데, 중국 인구의 80%를 차지하고 있는 농촌 문제 해결을 위해 우선적으로 농촌개혁을 실시하고 다음으로 도시개혁 추진과 함께 경제, 교육, 공업, 과학 등의 전반적인 개혁을 추진해야 한다고 하였다. 또한 인민의 적극적인 개혁 참여와 관료주의를 극복하기 위해서는 정치체제개혁이 필요한데, 정치체제개혁은 당정분리(党政分离), 권한하방(权力下放), 기구축소(精简机构), 효율제고(提高效率) 등에 역점을 두어야 한다고 강조하였다. 한편 대외개방에서는 다음과 같은 3가지 부문의 병행 추진을 강조하였다.

① 서방선진국에 개방을 추진하여 자본과 기술을 도입해서 생산구조를 개선함과 동시에 자본주의 사회의 장점을 받아들여 사회주의 생산력의 부족부분을 발전시킨다.
② 소련 및 동국 국가들에게도 지속적으로 개방하여 무역 및 기술합작을 추진한다.
③ 제3세계의 개발도상국에도 개방을 추진하여 전방위적 개방을 추진한다.

따라서 덩샤오핑이 제기한 '중국적 특색의 사회주의 건설'은 비록 그 의미가 확고하게 정해지지 않고 집권자의 의도에 따라 언제든지 변할 수 있는 개념으로 볼 수 있지만, 개혁개방 측면에서 볼 때는 중국의 '국가적 상황(国情)'에 근거하여 사회주의 중국화 방향으로 나아가도록 하는 일종의 지도사상임과 동시에 다음과 같은 목적이 있음도 알 수 있다.

첫째, 이데올로기적 측면에서 '중국적 특색의 사회주의 건설'은 기본적으로 마르크스·레닌주의와 마오쩌둥 사상을 추앙하고 있지만, 중국의 정치·경제·사회적 상황과의 직접적인 관련성을 단절시키고, 나아가 덩샤오핑 사상을 정책운영에서 주도적 역할을 하게 하는 구체적 실천의의를 갖춘 이데올로기의 주요 내용이 되게 하는 것이다.

둘째, 기타국가의 속박을 벗어버리고자 하는 목적이 있다. 즉 중국의 개혁과정 중 특정 사회주의모델이 주도적인 역할을 하는 것을 방지하고 있다. 이는 개혁 이전 중국이 고수하였던 소련모델의 한계성을 인정함과 동시에 어떠한 사회주의모델이더라도 중국의 현실적 상황을 뛰어넘어 그대로 실시할 수 없음을 분명히 한다고 볼 수 있다. 또한 사회주의모델의 보편적 효율성을 제한하고 어떠한 사회주의 국가든지 경험모델의 보편적 효율성을 통하여 그 밖의 사회주의 국가의 패권적 간여를 방지하려는 의도도 내포되어 있다고 볼 수 있다. 따라서 중국이 강조하고 있는 '중국적 특색의 사회주의 건설' 은 전략적인 개념인 동시에 구체적이고 실증적인 측면에서 마르크스의 보편적 효율성을 최소화하고자 하는 것이다. 다만 추상적인 형식주의와 세계관 그리고 역사관의 측면에서는 마르크스주의의 보편적 효율성을 유지하려 하고 있다.

셋째, '중국적 특색의 사회주의 건설' 은 기본적으로 현실적 이성을 사고의 논리로 삼고 있다. 즉 당면한 현실 문제를 현실적 상황에 입각하여 해결하고자 하는 것이다. 특히 문제해결수단의 선택은 목적 실현을 위해 결정하고, 수단선택의 정확성 여부는 목적의 실현 여부로 평가하고자 하고 있다. 구체적으로 정확하고 합리적인 문제해결수단 결정은 개혁의 목적을 가장 성공적으로 실현시킬 수 있는 것을 선택하고 장애가 되는 것은 최대한 배제하는 것이다. 이러한 입장은 덩샤오핑의 '고양이론(猫论)' 에 가장 잘 나타나 있다.[9)]

넷째, '중국적 특색의 사회주의 건설' 은 비록 현실적 이성을 기초로 하고 있지만, 종국적 목적은 반드시 사회주의의 총체적 가치이성을 완벽하게 하는 데 있다. 즉 중국은 '중국적 특색의 사회주의 건설' 과정 중 비록 개혁 이전에 전혀 사용하지 않던 자본주의적 생산수단을 채택하고 있지만, 이는 단지 생산력 발전과 사회주의의 발전을 위한 조치에 불과할 뿐 결코 사회주의와 자본주의 사이의 선택이 아니며, 개혁 또한 사회주의 견지 조건하에서 수단의 선택으로 보고 있다. 이러한 점에서 중국은 자산계급 자유화와 서화론(西化论)을 반대 기조로 삼고 있다. 그러나 중국은 수단 선택의 도구론적 각도에서는 교조주의 혹은 좌경적 노선을 비판하고 있기도 하다.

다섯째, '중국적 특색의 사회주의 건설' 은 일반적인 경험적 모델과 마르크스·레닌주의 사상에서 탈피할 것을 요구하고 있다. 이는 중국이 중국인 스스로 개혁의 역사적 필요성과 개혁진행과정 중 주체적 역할을 해야 한다는 것을 강조하는 것으로, 중국의

9) 고양이이론(猫论)은 덩샤오핑이 제기한 것으로 "흰 고양이든 검은 고양이든 관계없이 쥐를 잘 잡는 고양이가 좋은 고양이(不管黑猫白猫, 捉到老鼠就是好猫)" 라는 것으로 개혁개방의 목적 달성을 위해서는 사회제도가 문제가 되지 않는다는 의미이다.

정치·경제·사회의 현실적 상황을 토대로 중국인 스스로의 경험을 통해 개혁을 이룩하고자 하는 것이다. 이러한 개혁의 구체적 표현은 '돌다리도 두드려가며 건너자(摸著石头过河)'에 잘 나타나 있다.

여섯째, '중국적 특색의 사회주의 건설'은 중국의 '국가적 상황', 즉 국정(国情)을 구체적으로 분석하는 것을 출발점으로 하고 있다. 중국은 1987년 10월 정식으로 제기한 '사회주의 초급단계론'에서 기본적으로 사회주의 개조 후의 중국은 기껏해야 사회주의 초급단계에 진입한 상태이며, 이러한 단계의 기본적인 임무는 사회주의 방향 견지의 대전제하에서 생산력을 대대적으로 발전시키는 것이며, 전반적 생산방식과 생산관계의 구도는 생산력을 발전시키는 것을 기초로 해야 한다고 보고 있다. 따라서 '중국적 특색의 사회주의 건설'은 반드시 과거의 생산관계, 심지어 상부구조를 개선하는 전제조건하에 이루어져야 한다고 여기고 있다. 중국은 이러한 점에서 '중국적 특색의 사회주의 건설'을 일종의 혁명으로 보고 있고, 이러한 혁명은 생산력 해방 및 심지어 사회주의 초급단계와 상응하는 상부구조를 건립하는 것이라고 보고 있다.

2. 사회주의 초급단계론

중국은 '중국적 특색의 사회주의 건설'을 위한 개혁의 지도적 근거로 사회주의 초급단계론(社会主义初级阶段论)을 들고 있다. 사회주의 초급단계론은 1987년 10월에 당시 총서기였던 자오즈양(赵紫阳)이 중국공산당 13대에서 '중국적 특색의 사회주의 노선을 따라 전진하자(沿著有中国特色的社会主义道路前进)'라는 제목의 공작보고에서 공식적으로 제기되었다. 하지만 사회주의 초급단계론의 태동은 이보다 앞선 1981년 6월에 개최된 '11기 6중전회'로 거슬러 올라간다. 중국이 사회주의 초급단계에 처해 있다는 견해는 중국 공산당의 정식문건 중 11기 6중전회에서 통과된 〈건국 이후 당의 약간 역사문제에 관한 결의(关於建国以来党的若干历史问题的决议)〉[10]에서 처음으로 언급되었을 뿐 아니라, 1982년 9월 1일에 개최된 12대에서 당시 총서기였던 후야오방(胡耀邦)의 정치보고[11]와 1986년 9월의 12기 6중전에서 통과된 〈사회주의 정신문명 건설에 관한 지도

10) 11기 6중전회 문건에서 중국은 이미 사회주의제도를 건립했지만, 아직 초급단계에 처해 있기 때문에 사회주의제도를 완벽하게 하기 위해서는 반드시 오랜 시간이 필요하다고 언급하고 있다.

11) 당시 중국 공산당 총서기였던 후야오방(胡耀邦)은 12대의 정치보고에서 "우리나라의 사회주의 사회

방침 결의(关於社会主义精神文明建设指导方针的决议)〉에서도 나타났다.[12]

이러한 과정을 거치면서 나타난 사회주의 초급단계론은 13대 공작보고에서 자오즈양이 언급한 "기본적 국정(国情)의 분명한 이해와 우리나라 사회주의가 처해 있는 역사단계를 이해하는 것은 가장 중요한 문제다" 라는 내용으로 볼 때 국정인식과 상당히 밀접한 관계가 있음을 알 수 있다. 이는 국정과 공산당 유물사관의 이론구도에서만 역사단계의 문제를 검토할 수 있다는 의미일 뿐만 아니라 또한 그렇게 해야만 현 역사단계를 사회주의 초급단계로 정할 수 있다는 것이다. 따라서 기본국정론(基本国情论)은 중국공산당 12대에서 제기한 '중국적 특색의 사회주의' 부터 13대에 제기된 초급단계론의 과정 중 중요한 의미를 내포하고 있음은 물론 초급단계론이 포함하고 있는 사회주의 중국화의 의미 중 가장 중요한 기초가 되고 있다고 볼 수 있다.

그러면 중국이 언급하고 있는 국정(国情)의 의미는 무엇인가? 중국은 '중국적 특색의 사회주의' 와 마찬가지로 국정에 대해서도 구체적이고 명확한 정의를 내리고 있지 않다. 하지만 중국의 일부 논의에서 제기되고 있는 견해에 의하면, 국정의 의미가 무엇인지 충분히 이해할 수 있다.

우선 종합적인 개념으로 이해하는 국정관이다. 중국은 기본적으로 국정의 의미를 다양한 요소가 종합적으로 결합된 상태라고 보고 있다. 구체적으로 국가의 사회제도, 경제발전수준, 역사발전, 지리적 위치, 인구, 자연조건, 자원상황, 문화연원 및 국제환경 등을 국정의 주요 구성요소로 보고 있다. 또한 중국은 이러한 국정의 요소 속에서 공통된 인식, 즉 총체적인 개념으로 전면적인 인식이 있어야만 정확한 국정을 파악할 수 있다고 여기고 있다.

둘째는 발전적 관점에서 이해하고 있는 국정관이다. 발전적 관점에서 이해할 수 있는 중국의 국정은 종적인 것과 횡적인 것 두 가지로 보고 있다. 종적인 것은 역사발전 측면에서 이해하는 것으로 작금의 국정과 역사적 국정의 차이를 통해서 이해할 수 있다는 것이다. 횡적인 것은 중국의 자연적 조건 및 사회적 조건의 각 부문에서

는 현재 여전히 초급발전단계에 처해 있다" 고 언급하였을 뿐 아니라 "공산주의는 일종의 사회제도로 우리나라가 이를 완전히 실현하기 위해서는 장기간의 노력이 필요하다" 고 하였다.

12) 이 결의에서는 "우리나라는 아직 사회주의 초급단계에 처해 있기 때문에 반드시 노동에 따른 분배를 실시하여 사회주의 상품경제를 발전시켜야 하며, 상당기간 공유제를 주체로 하는 전제하에 다양한 경제성분을 발전시켜 공동부유의 목표하에 일부인을 우선 부유하게 하는 것을 격려해야 한다" 라고 제기하였다.

국외의 정치, 경제, 문화 등의 요소가 중국에 미치는 영향을 통해 이해할 수 있다는 것이다. 특히 중국은 상술한 국정의 인식을 통해야만 정확하게 중국의 국정을 파악할 수 있다고 보고 있다.

상술한 국정의 인식하에 중국의 국정을 귀납하면 다음과 같이 요약할 수 있다.

① 중국은 인구가 방대한 국가이다.
② 중국은 자원이 부족하며 환경적 기반이 약한 국가이다.
③ 중국은 대륙형 국가로서 자연지리적 배경에서 볼 때 지리적 위치가 결코 우월하지 않을 뿐 아니라 광활한 국토로 인해 자연환경과 기후조건이 복잡 다양하여 생태환경이 선천적으로 열악한 국가이다.
④ 중국은 개발도상국으로 발전수준이 낙후되어 있는 국가이다.
⑤ 중국은 교육과 과학기술이 낙후되어 있는 국가이다.
⑥ 중국은 경제발전에서 상당히 불균형을 이루고 있는 국가이다.
⑦ 중국은 제도적으로 상당히 미비한 국가이다.

따라서 중국의 사회주의 초급단계론은 국정을 토대로 분석하면, 다음과 같이 요약할 수 있다.

1) 사회주의 초급단계론의 기본적 의미

중국이 현 단계를 사회주의 초급단계로 확정하고 있는 것은 두 가지 의미가 있다. 첫째, 중국은 이미 사회주의 국가이기 때문이 사회주의를 반드시 견지하여야 하며, 절대로 포기할 수 없다는 것이다. 둘째는 중국의 사회주의는 아직 초급단계에 처해 있기 때문에 반드시 현실적 입장에서 출발해야 한다는 것이다. 특히 초급단계는 모든 국가가 사회주의 진입에 있어서 반드시 거치는 단계를 지칭하는 것이 아니라 낙후된 생산력과 미성숙한 상품경제의 조건하에서 사회주의 추진과정 중 거치는 특수단계로 여기고 있다. 또한 사회주의 초급단계는 사회주의 경제기초가 아직 성숙되지 않은 과도기적 단계가 아닐 뿐 아니라 이미 사회주의 현대화가 실현된 단계와도 다르다는 것을 지칭하고 있다.

2) 사회주의 초급단계의 기간

사회주의 초급단계의 기간은 생산요소를 공유제로 한 사회주의 개조가 기본적으로 완성된 시기인 1950년부터 사회주의 현대화가 기본적으로 완성될 것으로 예상되는 최소한 100년간의 시간을 지칭하고 있다. 특히 이 기간을 다시 세 단계로 나누고 있는데 첫 번째 단계는 1950년부터 금세기 말 이전까지의 빈궁시기(贫穷时期)이고, 두 번째 단계는 금세기 말부터 2030년까지의 소강시기(小康时期)이다(1인당 연평균소득 800달러 수준). 그리고 마지막으로 세 번째 단계는 2030년부터 2050년까지로 경제발전수준이 중진국수준에 이르는 시기이다(1인당 연평균소득 4,000달러 수준).

3) 사회주의 초급단계의 노선과 방침

자오즈양의 견해를 귀납하면 사회주의 초급단계의 기본노선은 '하나의 중심과 두 개의 기본점(一个中心两个基本点)'으로 요약할 수 있다. 그림 4-1 하나의 중심은 경제건설이고, 두 개의 기본점은 4개항의 기본원칙 견지(사회주의 노선 견지, 인민민주전정 견지, 공산당 영도 견지, 마르크스·레닌주의 및 마오쩌둥 사상 견지)와 개혁개방을 의미하고 있다. 한편 이러한 기본노선의 지도방침은 다음 6가지가 있다.

그림 4-1 '하나의 중심과 두 개의 기본점' 구도

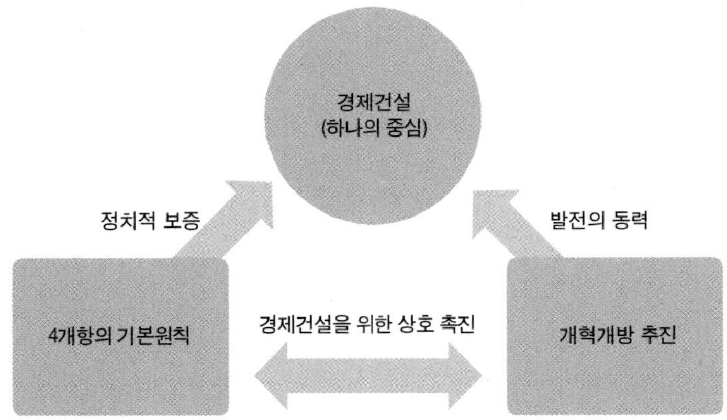

① 사회주의 초급단계 시기에는 반드시 역량을 집중하여 현대화 건설을 추진하며, 모든 공작의 중심을 생산력 발전에 둔다. 특히 무엇이 생산력 발전에 유리한가를 모든 문제 고려의 출발점과 모든 공작을 검증하는 표준으로 삼는다.

② 반드시 전면적인 개혁을 추진한다. 개혁은 사회주의의 생산관계와 상부구조 건립의 자아개선이며 모든 공작 추진의 동력으로 삼는다.

③ 반드시 대외개방을 추진한다. 대외경제기술교류와 합작을 발전시키고 세계문명의 성과를 흡수하도록 노력하여 점진적으로 선진국과의 격차를 줄인다.

④ 반드시 공유제를 중심으로 계획적 상품경제를 적극 발전시키며, 노동에 따른 분배(按劳分配)를 원칙으로 한 다양한 분배방식을 실시한다.

⑤ 반드시 안정적 단결의 전제하에 민주정치 건설에 노력한다. 사회주의 초급단계에서는 불안정한 요소가 많기 때문에 사회주의 민주정치의 건설이 절대적으로 필요하다. 그러나 또한 사회주의 사회 내부의 모순을 분명히 해결해야 되기 때문에 인민민주전정을 절대로 없앨 수는 없다.

⑥ 반드시 마르크스주의를 지도이념으로 한 정신문명 건설에 노력한다.

요약컨대 중국의 사회주의 초급단계론은 기본적으로 생산력 발전을 우선으로 하는 동시에 모든 문제의 출발점과 공작을 점검하는 근본표준으로 고려되고 있다. 이러한 이론은 중국이 급속도로 공산주의로 나아가려는 이상(理想)을 제지하려는 것 외에 마르크스주의의 교조를 타파하여 40여 년간의 빈곤과 저생산력을 초급단계로 돌려서 경제체제개혁의 이론적 근거를 제기하고자 하는 것이다.

제2절 경제개혁이론의 변천

1. 경제노선의 변천

중국은 1949년 신정권 수립 이후 지금까지 체제와 발전을 포함한 경제노선에 대하여 끊임없는 탐색과 변화를 추진해 왔다. 예컨대 류사오치(刘少奇) 중심의 실용주의자들은 신민주주의제도를 견고하게 하기 위해서는 농촌에서 부농경제를 보존하고 도시에서는 자본주의를 발전시켜야 한다고 하였다. 또한 중국이 강력한 사회주의 국가가 되기 위해서는 상당한 기간이 필요하다고 여기고 자본주의와 몇십 년간을 같이 하면서 공업화를 우선 실현한 후 공업의 국유화와 농업의 집체화(集体化)를 실시해야 한다고 보았다. 이는 소련에서 레닌이 사망한 후 부하린(Nikolai Ivanovich Bukharin)이 주장했던 것처럼 자본가의 적극성을 유도하여 생산력을 발전시켜 경제기초를 공고히 하고자 하는 것이다.

그러나 과거 40년간 중국의 경제이론은 실질적으로 마르크스·레닌주의 경제학자들에 의해 장악되어 왔다. 더욱이 마오쩌둥은 강력한 좌경노선을 제창하였다. 1950년대 후반의 인민공사(人民公社)와 대약진운동(大跃进运动) 그리고 1960년대 중반부터 1970년대 중반까지의 문화대혁명(文化大革命)은 모두 중국에서 자산계급의 영향력 제거는 물론 당 내외의 자본주의 추종자인 주자파(走资派)를 제거하려는 기도였다. 문화대혁명 후반기 4인방이 제안한 급속한 공산주의 사회로의 추진한다는 의미인 '궁과도(穷过渡)'는 좌파사상의 최고조였다. 당시 중국의 정권을 장악한 좌파는 공개적으로 노동임금의 등급 취소와 자산계급의 법적권한을 제한할 것을 제창하였으며, 특히 일부 성(省)과 극좌파들은 인민공사 사원(社员)의 연간 1인당 노동수입을 150위안(당시 환율로 75달러 수준)을 초과하지 못하게 하는 상한선을 두기도 하였다.

그러나 1978년 덩샤오핑이 문화대혁명노선을 부정하고 개혁개방을 채택하면서부터 중국의 경제노선은 일대 전환을 가져왔다. 하지만 이 시기에도 중국의 이론을 틀어쥐고 있던 사람들은 여전히 강력한 좌경노선자들이어서 중국은 개혁파와 보수파 사이에 첨예한 노선투쟁이 벌어졌다.

개혁파와 보수파 사이의 노선투쟁은 1983년 보수파가 '반정신문명오염운동(反精神文明污染运动)'을 전개하면서 시작되었다. 당시 보수파의 대표적인 인물인 왕전(王震)을 중심으로 추진된 이 운동은 순식간에 농업의 투자와 외자기업의 투자진출에 영향을 주었다. 그러나 이는 덩샤오핑이 좌파세력을 압박하면서 해결되었다. 당시 덩샤오핑은 1984년 4월 1일자 인민일보(人民日报) 사설을 통해 "중국은 현재 좌파세력이 자산계급의 역량을 대체하여 국가의 중요한 위협이 되고 있다"고 지적하면서 "남아있는 좌파적 독소를 제거하기 위해 당 중앙은 장차 조치를 취할 것"이라고 선포하였다. 이러한 분위기는 1984년 9월에 개최된 '12기 3중전회'에서 광범위한 도시경제개혁을 채택하는 계기가 되었다.

그러나 개혁파와 보수파의 노선투쟁은 1985년과 1986년 사이에 물가폭등과 간부들의 부패가 늘어나면서 다시 시작되었다. 당시 보수파는 물가폭등과 부패 현상에 대하여 사회주의제도의 완정성에 심각한 손실을 입히는 행동이라고 질책하였을 뿐 아니라 개혁개방으로 나타나고 있는 자유주의와 개인주의가 당에 대한 충성심을 나태하게 하는 등 공산당의 위신을 떨어뜨리고 있다고 비판하였다. 특히 당시 북경시 위원회 제2서기 리시밍(李锡铭)은 "개혁이 공리주의(功利主义)를 유발시키고 있으며, 이미 당 내에 사회주의투쟁의 좋은 전통을 침식시키고 있다"고 공개적으로 비난하기까지 하였다.

또한 1985년 9월 중국공산당 전국대표대회에서는 천윈(陈云)이 공개적으로 경제개혁 과열의 위해성을 경고하고 중앙계획의 중요성을 다시 강조하면서 보수파와 개혁파의 노선투쟁은 더욱 심화되었다. 이에 따라 중국은 1986년 12월 제1차 전국학생운동 발생 이후 개혁파의 수장인 후야오방(胡耀邦)이 총서기직에서 물러나기까지 하였다. 그리고 1989년 6·4천안문사태 발생 후에는 보수파가 경제대권을 장악하고 전면적인 반자본주의노선을 전개하면서 두 진영 간의 노선투쟁은 극에 달하였다. 이러한 보수파의 투쟁에 대하여 상하이(上海)의 해방일보(解放日报)는 다음과 같이 분석하고 있다.

첫째, 좌파는 상품경제와 시장을 자본주의와 동일시하고 시장은 곧 자본주의를 추종하는 것이라고 보고 있다.

둘째, 좌파는 외자이용과 자력갱생(自力更生)을 대립적 개념으로 보고 있으며, 외자이용을 매국적 행위로 인식하고 있다.

셋째, 중외합자와 합작기업은 민족공업의 대립체로 보고 이들 기업의 제품을 모두 서양문물로 간주하고 있다. 특히 외자도입은 외국인 주머니에 돈을 송두리째 넣어주는 것으로 개방정책은 모험가의 낙원을 조성하는 것이라고 인식하고 있다.

넷째, 6·4천안문사태는 자본주의가 중국에서 화평연변(和平演变)을 추진하는 것이라고 인식하고 있다.

이처럼 중국의 개혁개방은 1978년 이후부터 1990년대 초까지 개혁파와 보수파

간의 노선투쟁 사이에서 추진되어 왔다. 그러나 이러한 상황은 덩샤오핑의 남순강화(南巡讲话)로 일대 전환을 가져왔다. 덩샤오핑의 남순강화는 6·4천안문사태 후 득세하던 보수파의 기세를 반격하는 역할을 했을 뿐 아니라 경제개혁을 가속화시키는 촉진제 역할을 하였다. 또한 1992년에 개최된 중국공산당 14대에서 그 후 경제개혁의 이론인 '사회주의시장경제'를 탄생시키는 결정적인 역할을 하였다.

남순강화/南巡讲话

남순강화(南巡讲话)는 덩샤오핑(邓小平)이 1992년 1월 하순에 광둥성(广东省)의 선전(深圳)과 주하이(珠海) 등지를 시찰하면서 행한 연설이다. 덩샤오핑은 시찰 중 개혁개방의 필요성을 강력하게 역설하였을 뿐 아니라, 6·4천안문사태 이후 급부상하던 보수파의 논조를 구체적으로 반박하여 개혁개방을 중단 없이 추진하게 하는 동력이 되게 하였다. 덩샤오핑의 남순강화 의미를 요약하면 다음과 같다.

① 시장경제와 계획경제에 관한 논쟁의 불식이다. 덩샤오핑은 "사회주의의 본질은 생산력 해방을 통해 생산력이 발전할 수 있도록 하는 것이기 때문에 시장과 계획은 중요하지 않다"고 하였다. 또한 "혹자는 주식을 자본주의의 전유물로 여기고 있지만 우리가 상하이(上海)와 선전(深圳)에서 시험적으로 실시한 결과 대성공을 거두었다. 따라서 자본주의의 것이라도 사회주의제도에서 사용될 수 있다"고 말하였다. 그뿐만 아니라 덩샤오핑은 일부 사람들이 습관적으로 계획경제와 사회주의를 동등시하고, 시장경제와 자본주의를 동등시하는 견해에 대하여 신랄한 비판을 가하기도 했다. 구체적으로 "외자이용을 자력갱생(自力更生)과 대립시켜 배척할 수 없으며, 또한 심화개혁(深化改革)을 치리정돈(治理整顿)과 대립시켜 이미 유용한 것으로 증명된 정책에 대하여 견지와 개선시키지 못하고 동요되거나 원래로 회귀시킬 수 없다"고 비판하였다. 덩샤오핑의 이러한 견해는 그동안 개혁파와 보수파 사이에서 첨예하게 대립하던 시장경제와 계획경제의 논쟁을 불식시키는 결정적 역할이 되었다.

② 자본주의와 사회주의를 판단하는 기본원칙의 제시이다. 덩샤오핑은 보수파가 '사회주의냐, 자본주의냐(姓社还是姓资)'의 문제를 제기하면서 여론을 조장하고 혼란시키는 것에 대하여 광저우(广州) 및 상하이(上海)를 순시하면서 여러 차례 의미가 없다고 강조하였을 뿐 아니라 사회주의와 자본주의를 판단하는 기본원칙을 제시하였다. 즉 사회주의 사회의 생산력 발전에 유리한가, 사회주의 국가의 종합국력에 유리한가, 인민의 생활수준 제고에 유리한가? 등의 '3가지 유리원칙(三个有利于)'을 중점적으로 평가해야 한다고 제시하였다.

③ 하나의 중심 견지의 제시이다. 덩샤오핑은 "현재 중국이 견지해야 할 하나의 중심은 경제건설이며 제2의 중심은 없다"고 하였다.

④ 사상해방과 진일보적인 개혁 추진의 제시이다. 덩샤오핑은 "개혁개방과 경제건설을 계속 추진하지 않으면, 사회주의는 절대 견고해질 수 없다"고 말하고, "개혁은 현 상태에 만족해서는 안 되며, 멈춤은 곧 퇴보를 의미하는 것이다"고 역설하면서 진일보적인 개혁추진을 강조하였다.

자료: 贺耀敏主编(2014)에서 필자 정리.

화평연변/和平演变

화평연변(和平演变)은 사회주의체제를 평화적 수단으로 자본주의 · 민주주의체제로 변화시키는 것을 의미한다. 서방 측 국가(특히 미국)가 이러한 전략을 실시하였다. 화평연변은 중소논쟁에 있어서 중국의 유고 '수정주의' 공격으로서 최초로 사용되었지만, 천안문사태 이후 민주화요구운동에 대한 서방 측 국가, 특히 미국의 관여에 대한 비난 속에서 부활하여 1989년 후반부터 1990년에 걸쳐 활발하게 사용되었다. 그러나 덩샤오핑의 남순강화(南巡讲话) 이후 개혁개방이 심화되면서 사용빈도가 줄었다.

자료: 21세기 정치학대사전(2002).

2. 경제개혁이론의 탐색

개혁개방 이전까지 중국의 경제이론은 구소련의 스탈린 경제모델의 지배를 받아왔다. 그러나 스탈린은 이론가가 아니었을 뿐 아니라 그의 경제관념 또한 마르크스사상에서 나온 것이었다. 따라서 중국의 경제를 사실상 지도해온 이론적 기초는 마르크스의 경제이론이라고 보는 것이 타당하다고 하겠다.

마르크스는 자본주의를 일종의 무정부상태의 경제형식이라고 인식하고, 생산은 반드시 계획과 비율에 따라 통제되고 조절되어야만 한다고 보았다. 또한 미래사회에서는 상품경제가 존재하지 않을 뿐 아니라 상품경제와 밀접한 관계가 있는 교환가치, 화폐, 시장도 더 이상 역할을 할 수 없을 것이라고 인식하였다. 마르크스의 이론 중 시장과 계획은 두 개의 서로 다른 사회제도하에서의 경제운영방식으로 동시에 존재할 수 없는 것이었다. 스탈린은 마르크스의 이러한 논거를 계승하여 전체 사회를 하나의 자급자족 실물경제로 보았다. 즉 전국은 하나의 큰 공장이기 때문에 기업 내부에만 각 부문 간 분업이 있고 사회분업은 없다고 보았다. 또한 생산교환과 유통의 과정이 존재하지 않기 때문에 가격규율도 철저히 배제하였으며 상품경제와 시장도 나타나지 못하게 하였다. 스탈린의 이러한 이론적 입장을 경제정책에 반영한 소련은 매년 천만 개의 서로 다른 물품과 서로 다른 규격의 물품을 물자부문에서 집중적으로 통일 분배하였으며, 그 결과 생산과 공급 그리고 판매의 연계를 일탈시켜 방대한 자원의 낭비를 초래하였다. 또한 가격가치가 제대로 반영되지 못해 기업의 독립적 경제채산이 파괴되었으며 전체 사회를 재생산의 두 부문, 즉 경공업과 중공업의 비례관계로 만들어 소련경제가 붕괴되는 직접적 원인을 제공하였다. 소련의 이러한 관념과 제도는 1950년대 초반 중국에 그대로 들어와 중국의 경제학자와 경제관료들의 사상 속에 깊숙하게 자리 잡고 있었다.

스탈린모델

스탈린모델은 고도로 집중된 정치·경제체제로 구소련의 공업화와 경제발전과정 중 실시되어 약 70여 년간 지속된 경제체제이다.

구소련의 이러한 경제체제에서는 국가권력이 국가경제의 각 부문을 간여하고, 지령성계획을 통해 집중적인 자원배치와 생산활동이 이루어졌다. 특히 경제운영에 있어서 시장과 가격규율을 철저히 배제하고 계획을 통해 전 사회의 생산과 공급 그리고 판매를 관장하였다. 스탈린모델은 시장조절과 가격규율을 완전히 배제하고 지나친 행정수단으로 경제를 간여한 나머지, 경제활동이 전반적으로 경직되어 장기간 농업생산의 정체를 가져오는 문제 등을 야기시켰다.

자료: 吴敬琏(2004)에서 필자 정리.

그러나 개혁개방 후 중국은 그동안 견지해 오던 마르크스주의와 상반되는 이론적 체계를 추진하였다. 개혁개방 후 중국의 이론적 체계 변화에 대해 화남사범대학(华南师范大学)의 당위원회 서기인 황자쥐(黄家驹)가 분석한 바에 따르면 5단계의 발전단계를 거쳐 왔다.

① 계획 위주와 시장 보충의 주보론(主补论) 시기
② 계획적 상품경제 시기
③ 국가의 시장 통제와 시장의 기업유도 시기
④ 계획경제와 시장조절 결합 시기
⑤ 사회주의시장경제 시기

이러한 5단계 발전과정은 중국의 학계와 경제관료들 사이에서 끊임없는 논쟁이 되었으며, 대표적으로 다음 3가지 문제가 제기되었다.

첫째, 계획경제와 시장경제의 결합의 실현 가능성 여부에 관한 문제이다. 일반적으로 현대경제사회에서 자원배치방식은 계획과 시장 두 가지가 있다. 전자는 계획경제라고 하고 후자는 시장경제라고 한다. 현실경제 운영 중 이 두 체제는 상호 대립적 위치에 있다. 계획경제체제를 선택하는 나라에서는 시장경제체제를 포기하거나 배척하고 반대로 시장경제체제를 선택하는 나라에서는 계획경제체제를 포기하고 있다. 또한 계획경제는 필요품(产品) 생산을 기초로 하기 때문에 시장과 교환을 배척하고 있지만, 시장경제는 상품생산을 기초로 하기 때문에 자유경쟁을 요구하며 시장과 법률 이외의 어떠한 간섭도 배척하고 있다. 따라서 양자의 결합은 상당히 어려운 실정이다. 물론 억지로 결합시킨다면 단기간 내에 이룩할 수가 있겠지만, 결국에는 양 체제의 특성상 반드시 어느 한쪽에 귀속되거나 상호 배척될 수밖에 없는 실정이다. 그럼에도 불구하고 개혁 초기 중국에서는 일부 학자들이 계획경제와 시장경제의 결합을 제기하였는데 그 목적은 결코 전통적 계획경제체제를 바꾸려는 것이 아니라 계획경제체제의 전제하에 절충적인 방법으로 일정범위 내에서 시장메커니즘을 끌어들여 이용하고자 하는 데 있었다. 당시에 나타났던 소위 '계획경제 위주와 시장조절 보충(计划经济为主, 市场调节为辅)'과 '경제체제의 이중제도(双轨制)'는 모두 이러한 관념의 구체적 표현이었다고 볼 수 있다. 그러나 계획경제의 근본적 폐단은 지금까지 제거하지 못하고 있다.

둘째, 계획경제와 시장조절 결합의 실현 가능성 여부에 관한 문제이다. 1987년 10월에 개최된 중공 13대 이후 중국에서는 계획경제와 시장조절의 결합에 관한 새로운 관념이 나타났다. 또한 1989년 중공 '13기 3중전회'에서 발표한 성명서(公报)에서는 계획경제와 시장조절을 점진적으로 상호 결합시키는 메커니즘을 건립하고 이러한 원칙에 따라 경제·행정·법률적 방법을 종합 운영하는 거시조절체계를 발표하였다. 그리고 그 후 일정기간 동안 중국의 경제체제개혁에 관한 문헌과 실제 경제운용 중에 계획경제와 시장조절을 결합하는 것이 정부정책의 새로운 원칙이 되었다. 이는 비록 더 이상 계획 위주와 시장보충의 주—보(主—补)관계에 한정하고 있지 않았지만, 여전히 반드시 계획경제 견지를 강조한다는 계획경제의 울타리를 벗어나지 못하는 문제점을 가지고 있다.

셋째, 계획경제와 시장조절의 상호 결합 여부에 관한 문제이다. 이는 실제로 앞에서 언급한 두 가지의 절충방법으로 개혁의 목표를 자원배치 조절수단의 결합으로 여기고 경제체제 문제를 피해가려는 것이다. 즉 더 이상 전통적 계획경제체제에 얽매이지 않고 시장과 계획의 결합을 중시하면서 새로운 돌파구를 찾으려는 것이다. 이러한 관념의 단점은 어떠한 경제체제하에서 양자의 결합을 추진한다는 것인지 분명히 밝히지 못하는 데 있다. 왜냐하면 시장경제체제하에서 양자의 결합은 반드시 시장경제를 기초로 하고 있기 때문이며, 계획경제하에서 양자의 결합은 반드시 계획경제가 주도하고 있기 때문이다.

이러한 관념의 변화에서 알 수 있듯이 중국의 경제학자 및 개혁파의 지도자들은 경제개혁의 기본방향에 대하여 지속적으로 탐색해 왔다. 특히 사회주의의 기본구도를 유지하면서 자본주의의 시장경제를 어떻게 도입할 것인가에 대하여 많은 고민을 해왔다. 그러나 이러한 고민은 1992년 덩샤오핑의 남순강화 이후 전통적인 고도의 중앙집권적 계획경제에서 현대적 시장경제로의 전환이 결정되면서 분위기가 바뀌게 되었다.

덩샤오핑 남순강화는 중국의 경제체제에 대하여 두 가지 새로운 원칙을 제시하였다. 하나는 사회주의는 반드시 생산력을 발전시켜야 하는데, '세 가지에 유리한 것(三个有利于)'에 부합하는 것은 사회주의 것이며, 생산력 발전을 제한하는 것은 사회주의 것이 아니라는 것이다. 이와 관련하여 덩샤오핑은 생산력을 기준으로 새로운 생산관계를 검토하였다. 즉 마르크스주의 구상과 다르고 중국의 원래의 경직된 모델과도 다른 방식으로 생산관계를 검토하여 자본주의시장경제를 전면적으로 끌어들였다. 또 다른 하나는 사회주의의 본질은 소득분배의 양극화를 없애고 종국적으로 공동의 부를 달성하는 것이라는 것이다. 덩샤오핑은 이것이 사회주의의 최종목표이며 그 밖의 것은 모두 수단에 불과하다고 생각하였다. 다시 말해서 하나의 체제가 생산력 발전을 제고하여 공동의 부를 달성할 수 있으면 그것이 바로 사회주의라는 것이다. 덩샤오핑이 구상하고 있는 사회주의시장경제는 사회주의 경제제도와 시장경제를 결합하여 혼합경제체제를 이룩한다는 것이다. 이러한 체제는 사회주의의 특징을 갖추고 있을 뿐 아니라 시장경제의 특징도 갖추게 된다는 것이다. 덩샤오핑의 이러한 구상은 1992년 9월 중공 14대의 기초가 되었으며, 중국 경제개혁의 새로운 방향을 확정해 주는 결정적인 역할을 하였다.

세 가지에 유리한 것/三个有利于

'세 가지에 유리한 것(三个有利于)' 은 1992년 초 덩샤오핑이 남순강화 때 중국 공산당은 물론 많은 사람들이 개혁개방에 대하여 주저하고, 이론계에서조차 대외개방의 성격에 대하여 논쟁하는 상황에서 자본주의냐 사회주의냐의 문제(姓 '资' 还是姓 '社' 的问题)를 판단하는 기준을 다음과 같이 제기하면서 등장했다.

첫째, 사회주의 사회의 생산력 발전에 유리한가?
둘째, 사회주의 국가의 종합경쟁력에 유리한가?
셋째, 인민의 생활수준 제고에 유리한가?

이로부터 '세 가지에 유리한 것' 은 모든 업무의 옳고 그름과 좋고 나쁨의 판단기준이 되었다.

자료: 谭晓靖(2002)에서 필자 정리.

제3절 사회주의시장경제의 의미와 발전 전망

1. 사회주의시장경제의 의미

덩샤오핑에 의해 제기된 중국의 '사회주의시장경제(社会主义市场经济)' 는 글귀에서 짐작되듯이 사회주의와 시장경제의 결합을 의미한다. 즉 시장경제의 본질과 규율을 실천함은 물론 사회주의제도의 특색을 실현해야 함을 의미하는 것이다. 이는 개혁개방 이전 중국의 경제체제와 비교해 볼 때 중앙집권적 계획경제체제에서 시장경제체제 방향으로 상당히 발전하고 있음을 보여준다. 하지만 일반적 의미의 시장경제와는 여전히 차이를 보이고 있다. 예컨대 시장경제는 다음과 같은 기본적 특징을 지닌다.

첫째, 경제관계의 시장화이다. 시장경제에서 모든 경제활동은 직간접적으로 시장에 의해 결정되고 있으며 무엇을 생산할 것인가, 어떻게 생산할 것인가, 누구를 위해 생산할 것인가 등이 모두 시장에 의해 결정되고 있다. 또한 시장은 생산과 분배의 기본메커니즘임과 동시에 사회생산의 전 과정이다. 그뿐만 아니라 시장경제하에서는 생산, 분배, 교환, 소비가 모두 시장에서 결정되고 가격, 임금, 이율, 환율, 세율 등 또한 시장에 의해 결정되고 있다.

둘째, 경제주체의 시장화이다. 시장경제체제하에서 모든 기업은 상품생산 경영의 모든 권한을 가지고 이윤실현을 추구하고 있다. 즉 기업은 시장에서 이윤의 극대화를 추구하기 위해 시장기회를 최대한 이용하고 있다. 또한 시장경제하에서 기업의 생존과 발전은 경제효율과 사회효율을 기준으로 하며 평등한 시장기회에서 경쟁을 한다.

셋째, 거시조절의 간접화이다. 시장경제체제하에서 정부는 기업의 생산과 경영에 직접적으로 간여하고 있지 않지만 시장의 안정적인 운영을 위해서는 민첩하고 효과적으로 대체할 수 있는 거시적 간접조절체계를 갖추고 있다. 일반적으로 재정정책과 화폐정책 그리고 산업정책을 통하여 기업의 경영활동을 관리조절하고 규범화하여 시장의 순조로운 운영을 돕고 있다.

넷째, 경영관리의 법제화이다. 시장에서의 모든 경영활동은 모두 관련 법률에 따라 평가 및 통제되고 있다. 또한 법 앞에서는 모든 기업이 평등하며 특권과 예외를 인정하지 않고 있다.

그러나 중국의 사회주의시장경제는 이와 같은 시장경제의 일반적 특징과 부합하는 면이 있지만, 차이를 보이고 있는 것 또한 사실이다. 구체적인 차이는 표 4-1과 같다.

표 4-1 계획경제, 사회주의시장경제, 시장경제의 비교

항목	계획경제	사회주의시장경제	시장경제
자원배분방식	지령성 계획과 행정명령으로 자원분배	국가의 거시조절하에 시장이 자원분배에 대한 기초적 역할	공개시장에서 경제법칙에 따른 자원분배
정부의 역할	절대적 통제 및 정부와 기업 일치	정부의 계획, 지도, 조정, 감독기능의 집행 및 정부와 기업의 분리	법령의 제정과 보호 및 판결 등 소극적 역할에 한정
계획수준	지령성 계획	지도성 계획	경제계획
시장 유무	존재 불허 (자본주의 존재로 인식)	시장체계 육성	모든 경제활동의 시장화

가격결정	강력한 정부통제	시장 위주의 가격체계	시장결정
소유제 형식	전민소유제	공유제 중심	사유제 중심
분배방식	평균주의	노동에 따른 분배 위주와 효율과 공평 고려(선부허용)	효율추구와 빈부격차 복지정책으로 개선
법률적용	인치 및 권력이 법에 우선	법제화 추진	완비된 경제법규로 경쟁규칙 적용

자료: 邱宏辉에서 필자 정리.

그러면 무엇이 사회주의시장경제인가? 이 점에 관해서는 중국의 학계에서조차 통일된 개념을 제기하지 못하고 있는 실정이다. 하지만 중국이 계획·추진하고 있는 개혁조치 등을 살펴보면 사회주의시장경제의 의미를 파악할 수 있다.

첫째, 생산유통영역에서 중국은 제품 생산의 지령성 계획을 완전히 취소하려 하고 있으며, 국가의 가격결정도 기본적으로 취소하고 있다. 농산품과 공업소비품 그리고 일반 생산요소의 가격은 완전개방을 실시하여 시장에 의한 결정을 추진하고 있다. 기업의 생산경영은 기본적으로 시장에 따르게 하고 있다. 거시조절에 있어서도 국가는 주로 재정 및 화폐정책을 관리하고, 경영에 대한 위험부담은 전적으로 경영주체가 독자적으로 책임지게 하고 있다.

둘째, 투자영역에서는 국내기업과 개인에게 경쟁력 있는 업종의 투자를 허락하고 있다. 비경쟁성 업종, 예컨대 시회기초시설과 일부의 주요 공업프로젝트 그리고 국가가 발전시키고자 하는 고기술 산업제품에 대해서도 정부투자 외에 민간투자 참여를 장려하고 있다. 국가가 장려하는 투자영역에서는 필요한 재정신용대출을 지원하는 반면, 국가가 제한하는 투자영역에서는 관련 경제법규를 제정하여 행정적으로 제한조치를 취하고 있으며 사회투자의 주요 자금출처는 재정지원, 정책성 금융, 정부채무, 외자이용 등이다.

셋째, 소득분배영역에서 노동임금은 노동력시장의 공급상황을 고려하여 기업 이사회, 경영자와 노동조합(工会)이 공동 협상으로 결정하고 있으며, 경영자의 임금은 이사회에서 결정하고 있다. 국유기업의 경영자와 직공의 임금은 국가기관이 기업의 효율상황에 근거하여 결정하고 있다. 정부직원은 공무원제도에 따르며 사회의 중등수입수준에 비추어 임금수준을 확정하고 있다. 국가는 세수제도를 통하여 개인소득세를 조절한다. 특히 불로소득은 재산세, 상속세, 증여세, 소득세 등을 통하여 조절하고 있다.

넷째, 대외경제영역에서는 환율과 연계하여 국내외 시장가격체계와 관세를 주요 수출입 조절수단으로 채택하고 있다. 환율관리와 외환조절시장 및 외환사용신고제도를 통해서도 국내외 시장의 진출을 조절하고 있다.

이처럼 중국이 계획하고 추진하는 개혁의 내용을 볼 때, 중국의 사회주의시장경제는 체제의 구도나 운영방식 등에 있어서 자본주의 국가의 시장경제와 별 차이가 없다. 중국의 사회주의시장경제나 자본주의의 시장경제는 모두 계획적인 요소를 지양하고 시장에 의한 자원분배메커니즘을 강조하고 있다. 모든 기업은 시장에서 자주 경영하는 법인이고, 시장활동도 개방과 공평 그리고 경쟁을 유지하고 있다. 또한 시장운영에 있어서도 공급과 수요를 조절수단으로 삼고 있다. 따라서 중국의 사회주의시장경제와 서방의 시장경제는 소유제와 분배제도에서 차이가 있는 상태이다. 즉 중국의 사회주의시장경제는 공유제를 기초로 하고 있고, 서방의 시장경제는 사유제를 기초로 하고 있다.

2. 사회주의시장경제의 발전 전망

개혁개방 이전의 중국은 이데올로기는 물론 경제체제까지 모두 소련의 스탈린모델을 청사진으로 하는 고도의 중앙집권적 계획경제를 실시해 왔다. 그러나 1978년 개혁개방 이후 중국은 20여 년간 마르크스·레닌주의와 마오쩌둥 사상을 약화시키고 자본주의시장경제를 끌어들이는 데 노력해 왔다. 하지만 사회주의체제의 핵심인 방대한 국유경제를 유지시키고 수천만 명에 이르는 정부관원들의 생계를 해결해야 하는 현실적 상황에서 경제체제의 전환작업은 결코 쉬운 일이 아니다.

우선 이론적으로 중국은 사회주의제도를 견지하고 있기 때문에 반드시 공유제와 노동에 따른 분배(按劳分配)를 유지시켜야 한다. 그렇지 않을 경우 사회주의를 표방하는 의미가 없어지게 된다. 따라서 사회주의제도에서 과연 시장경제를 실현시킬 수 있을까 하는 문제가 제기된다. 이와 관련된 문제로 1930년대에 서방의 경제학계에서 대논쟁을 벌인 적이 있다. 1930년대 초 폴란드의 경제학자 랑게(Oskar Richard Lange)는

'계획경제의 모의시장' 모델을 제기하며 공유제하에서 시장경제도입을 주장하였다. 이 모델은 소비재의 생산과 판매는 시장원리에 따라 결정하고 거주민은 소비선택의 자유를 가지며, 또한 임금은 노동시장에서 결정하고 노동자는 직업선택의 자유를 가지지만 계획경제의 구도는 여전히 유지한다는 것을 내용으로 한다. 또한 중앙계획국은 시행착오(Trial and Error)방식의 모의시장메커니즘을 통하여 생산요소의 균형가격을 결정하며 이것으로 생산요소의 최적배치를 조절하고 실현한다고 보고 있다. 따라서 랑게는 기본적으로 재산의 공유가 결코 자원의 최적배치에 장애가 되지 않는다고 보고 있으며, 랑게의 이러한 시장사회주의는 1960년대 동구권 국가 경제개혁의 표본이 되었다.

반면 미제스(Ludwing Von Mises)와 하이에크(Friedrich Hayek) 중심의 자유주의 경제학자들은 진정한 시장가격은 사유제하에서만 형성될 수 있다고 보면서 랑게의 이러한 이론을 반박하고 있다. 그들의 주장은 재산의 사유가 없으면 이윤유인이 없어지게 되어 사회자원을 최적으로 배치할 수 없다는 것이다. 또한 미제스 같은 경우 사회주의제도는 생산요소의 공유와 자본시장의 결핍으로 경제채산을 할 수 없기 때문에 진정한 의미의 경제행위를 할 수 없다고 지적하고 있다. 따라서 시장사회주의는 실현될 수 없다고 본다. 과거 20여 년간 동구권 국가의 성과 없는 경제개혁의 결과는 미제스의 견해를 잘 증명해 주고 있다.

중국이 추진하고 있는 사회주의시장경제와 랑게가 주장한 시장사회주의는 그 구상이 대동소이한 것으로 모두 사회주의구도에서 시장에 의한 자원분배를 추구하고 있다. 그러나 이러한 제도는 실행과정 중 해결하기 어려운 많은 모순에 직면하게 될 것으로 보인다.

첫째, 자본주의의 시장경제는 사유제를 기초로 하여 경제의 각 주체가 독립된 이익주체로 적극적인 이익추구를 하고 있다. 또한 사유제하에서 기업은 최대이윤 쟁취를 목표로 적자생존의 원리에 따라서 최대의 노력으로 최고의 생산효율을 제고시키려 한다. 그러나 중국의 사회주의시장경제는 공유제를 기초로 하며, 전민소유제기업은 여전히 시장경제의 주체적 역할을 하고 있다. 이러한 상황에서 과연 공유제기업과 사영기업이 시장에서 공정하게 경쟁할 수 있을까? 또한 사영기업에 비해 경쟁력이 떨어지고 있는 국유기업의 파산을 과연 단행시킬 수 있을까? 이러한 문제는 중국이 시장경제를 추진하는 과정에서 중요하게 대두되고 있는 문제일 것이다.

둘째, 자본주의의 시장경제는 사유제를 추진하고 있기 때문에 소유권으로 획득한 수입, 예컨대 지대 및 이자 등이 개인소득의 중요 구성부분이 되고 있다. 그러나 사회주의제도에서 소득분배는 노동에 따른 분배를 주체로 하며 기타분배방식은 보충수단으로 하고 있다. 따라서 어떻게 투자를 장려하고 저축을 제고시키며 또한 소득격차 문제를 어떻게 해결할지가 사회주의시장경제가 반드시 해결해야 할 또 다른 모순 중의 하나가 될 것이다.

셋째, 중국이 제기하고 있는 사회주의시장경제는 거시조절을 주요 기능으로 삼고 있고, 정부가 경제활동 중 여전히 중요한 역할을 하고 있다. 일반적으로 자유경쟁의 메커니즘에서는 각 경제주체의 경쟁에 의해 효율이 제고되지만, 이런 경우 시장은 보이는 손에 의해 움직이게 된다. 또한 정부의 경제적 기능은 경제활동에 대한 각종 조절과 통제를 하게 된다. 이러한 현상은 분명히 보이는 손이 보이지 않는 손을 묶는 역할을 하게 되어 중국의 새로운 체제에 또 다른 도전이 될 것이다.

종합적으로 볼 때 중국이 고도로 집중되고 경직된 계획경제에서 비교적 융통성이 있는 사회주의시장경제로의 발전은 분명 대약진이라고 평가할 수 있다. 그러나 사회주의와 시장경제는 동일체가 아닌 서로 다른 이체(异体)이며 양자의 결합 또한 지금까지 각국의 경제개혁과정 중 아직 성공한 사례가 없는 실정이다. 따라서 중국이 경제개혁을 성공적으로 이끌려면 미제스가 1930년대에 사유제의 기초에서만이 진정한 시장경제가 있을 수 있다고 말한 것처럼 국유기업과 농촌의 경지(耕地) 등에서 사유화가 뒤따라야 할 것이다.

제5장 중국의 경제개혁과 발전전략의 전환

제1절 개혁개방 이전의 경제발전전략

1. 중공업 우선 발전전략의 추진

1) 중공업 우선 발전전략의 배경

중국공산당은 1949년 10월 1일 국민당과의 내전을 끝내고 새로운 중국인 중화인민공화국(中华人民共和国)을 탄생시켰다. 그러나 새롭게 탄생된 중국의 경제적 상황은 그야말로 파탄지경이었다. 1949년 중국의 공·농업총생산액은 466억 위안 정도였고, 1인당 국민소득도 66.1위안에 불과하였다. 그뿐만 아니라 식량과 면화생산량도 각각 1.1억 톤과 44.4억 톤에 불과하였으며, 철광과 석탄생산량 또한 각각 15.8억 톤과 0.32억 톤 수준이었다. 표 5-1

표 5-1 신중국 초기 중국의 주요 경제지표

지표	공·농업총생산액 (억 위안)	국민소득 (억 위안)	식량 (억 톤)	면화 (억 톤)	철강 (억 톤)	석탄 (억 톤)
1949년	466	358	1.1	44.4	15.8	0.3
1952년	810	589	1.6	130.4	135.0	0.7
증가율(%)	74	57	49	139	754	105

자료: 中国国家统计局(http://www.stats.gov.cn/)에서 필자 정리.

이러한 상황에서 중국은 신속한 경제회복을 위해 적극적인 경제정책을 추진하였다. 우선 농촌에서는 토지개혁을 실시하여 '경작자 토지소유(耕者有其田)'의 개념을 실현하였다. 중국의 이러한 토지개혁은 농촌의 생산요소 점유구조를 변화시켜 지주경제(地主

经济)를 소멸시키고 농가 중심의 소농경제(小农经济)를 탄생시켰다. 또한 도시에서는 제국주의 열강의 재산을 접수하는 한편, 관료자본을 몰수하여 국영경제로 개편하고 개체(个体)와 사영경제에 대해서는 통제와 관리를 실시하였다.

신중국 성립 초기 중국의 이러한 경제정책은 신민주주의 경제체제 형성의 기초가 되었을 뿐 아니라,[13] 신중국 성립 3년 만인 1952년에 공·농업총생산량과 식량 그리고 면화 등의 생산량을 대폭적으로 증가시켰다. 특히 철강의 경우는 754%나 증가되었다. 표 5-1 그러나 중국의 공업발전수준은 개발도상국과의 비교에서도 낙후된 수준으로 농업국가의 면모를 벗어나지 못하고 있었다. 이러한 이유에 대해서는 미국을 중심으로 한 서방국가들의 중국봉쇄와 고립정책이 적잖은 영향을 주었다는 것이 중국의 주장이다.

중국의 토지개혁

신중국 성립 이후 중국의 토지개혁은 1950년 6월 30일 중앙인민정부가 중화인민공화국토지개혁법(中华人民共和国土地改革法)을 공포하면서 시작되었다. 토지개혁의 중심은 지주와 부농의 토지를 몰수하여 빈농들에게 나누어 주는 토지재분배가 원칙이었다. 1952년까지 티베트를 제외한 전 지역에서 세 차례에 걸쳐 시행된 중국의 토지개혁은 약 3억 명의 농민에게 7억 무(亩)의 토지가 재분배되었으며, 이로 인해 중국 농촌의 토지소유구조는 개혁 이전에 지주와 부농이 70~80%, 빈농이 20~30% 소유하던 구조에서 중농이 80%, 빈농이 10~20%로 전환되었다.

한편 중국의 토지개혁은 지주와 부농 소유의 토지를 획일적으로 중농에게 분배한 것이 아니라 세심한 정책적 배려가 고려된 상황에서 실시되었다. 즉 지주가 경영하는 공·상업 보호, 중농의 토지재산 보호, 원경작자의 기득권 존중, 차원(茶园)·과수원·묘목 등 특수기술이 요구되는 분야는 원경작자가 계속 경영하도록 허용하는 원칙이 있었다. 이는 부농과 중농 등의 생산력을 보존시켜 농촌경제를 조속히 회복시키기 위함과 토지개혁이 농민계급만을 위한 것이 아니라 농업생산 강화를 통한 공업화의 장기적인 목표와 연계되어 있기 때문으로 평가된다.

주: 무(亩)란 중국의 토지면적 단위로 1亩는 666.667m²이다.
자료: 刘少奇(1985)와 对外经济政策研究院(1994)에서 필자 정리.

13) 신민주주의혁명은 제국주의와 무산계급 혁명시대에 식민과 반식민지 국가 중 무산계급 영도의 자산계급 민주혁명을 말하며, 신민주주의경제는 중국이 사회주의 진입 이전에 사회주의 성격의 국영경제를 중심으로 한 합작경제, 개체경제 그리고 개인자본주의경제 등 다양한 경제주체로 구성된 과도기적 경제 형태를 말한다.

중국은 이러한 상황에서 중국공산당 창당시기부터 혁명의 맹방(盟邦)이었던 소련과 1950년 2월 14일에 중소우호동맹상호협력조약(中苏友好同盟互助条约)을 맺고 사회주의 진영에 합류하였다. 중국의 사회주의 진영 합류는 국제사회에서 동맹을 얻었을 뿐 아니라 경제발전 운용에서 적잖은 도움을 받았다. 특히 당시 사회주의 맹주국인 소련의 영향을 절대적으로 받았다. 당시 소련은 계획경제체제 실시와 중공업을 우선 발전시키는 전략으로 상당한 경제적 성과를 이룩하였으며, 국제사회에서 상당한 영향력을 행사하고 있었다. 중국은 소련의 이러한 위상을 갈망하며 중공업 우선 발전의 사회주의 공업화와 이에 상응하는 공유제 및 계획경제모델을 선택하였다. 중국의 이러한 중공업 우선 발전모델 선택에는 소련의 영향 외에도 중공업의 낙후는 경제발전의 병목이자 국방역량 강화에 유리하지 않다는 인식이 함께 작용하였다. 왜냐하면 중국은 제국주의 열강들에게 100여 년간 받아온 치욕의 원인을 중공업이 발전하지 못한 탓으로 여겼기 때문이다.

2) 중공업 우선 발전전략의 추진

중국의 중공업 우선 발전전략은 1·5계획 시기부터 시작되었다. 1953년부터 1957년까지 실시된 중국의 1·5계획은 공업화와 사회주의 개조가 중심이었으며, 특히 중공업 발전에 가장 적극적이었다. 표 5-2

중국의 5개년계획(규획)/五年计划(规划)

중국의 5개년계획(五年计划: The Five-Year Plan)은 〈중화인민공화국의 국민경제와 사회발전 5개년계획 강령(中华人民共和国国民经济和社会发展五年计划纲要)〉의 약칭으로, 국가의 중요한 건설프로젝트와 생산력 분포 그리고 국민경제의 중요한 비율 관계 등을 계획하여 국민경제의 장기발전 목표와 방향을 규정하고 있다.

중국은 1953년부터 1차 5개년 계획(1·5계획)을 시작하였으며, 1963년부터 1965년까지의 국민경제 조정기를 제외하고 지금까지 13차례의 5개년계획(13·5규획)을 실시하고 있다. 특히 11·5계획부터는 계획의 의미보다 전면적이고 장기적인 발전계획의 의미가 있는 규획(规划)으로 명칭을 변경하여 사용하고 있다.

참고

1·5계획: 1953~1957

2·5계획: 1958~1962
3·5계획: 1966~1970
4·5계획: 1971~1975
5·5계획: 1976~1980
6·5계획: 1981~1985
7·5계획: 1986~1990
8·5계획: 1991~1995
9·5계획: 1996~2000
10·5계획: 2001~2005
11·5규획: 2006~2010
12·5규획: 2011~2015
13·5규획: 2016~2020

자료: 百度百科(http://baike.baidu.com/)에서 필자 정리.

표 5-2 개혁개방 이전 중국의 산업별 기본건설투자 비중(1952~1978)

(단위: %)

기간	농업	경공업	중공업	기타
1·5계획 시기(1953~1957)	7.1	6.4	36.2	50.3
2·5계획 시기(1958~1962)	11.3	3.9	54.0	28.3
조정 시기(1963~1965)	17.6	4.4	45.9	32.6
3·5계획 시기(1996~1970)	10.7	3.9	51.1	33.8
4·5계획 시기(1971~1975)	9.8	4.4	49.6	34.8

자료: 林毅夫(2012)에서 인용.

중국의 사회주의 개조

중국의 사회주의 개조는 신중국 성립 초기 중국의 공업화 건설과 함께 추진된 사회주의로의 전환 작업으로 농업과 수공업 그리고 자본주의 상공업에서 추진되었으며, 이에 따라 '사회주의 3대 개조' 라 불린다.

우선 '농업의 사회주의 개조' 는 합작화(合作化)운동을 통해 추진하였다. 따라서 농업의 사회주의 개조를 농업의 합작화운동이라고도 부른다. 농업의 사회주의 개조는 호조조(互助组)→초급사(初级社) →고급사(高级社) 등의 3단계를 거치며 발전되었으며, 1956년 말 중국 전체 농가의 96.3%가 합작사에 가입하여 사회주의 개조가 기본적으로 완성되었다.

둘째로 '수공업의 사회주의 개조'는 개체수공업(个体手工业)을 사회주의 노동군중집체소유경제(劳动群众集体所有经济)로 전환하는 것으로 1953년 11월부터 1956년 말까지 진행되었다. 수공업의 사회주의 개조 형식은 수공업생산합작소조(手工业生产合作小组) → 수공업공급판매합작사(手工业供销合作社) → 수공업생산합작사(手工业生产合作社)의 단계로 발전하였으며, 1956년 말 기준 91.7%의 수공업자들이 합작사에 가입하여 사회주의 개조가 기본적으로 완성되었다.

마지막으로 '자본주의 상공업의 사회주의 개조'는 국가자본주의의 형식을 통해 민족자본주의경제를 점진적으로 사회주의경제로 전환하는 것으로 1954년부터 1956년까지 전면적으로 실시되었다. 1956년 말 공사합영(公私合营)을 실시하는 공업기업이 99%였고 이러한 공사합영의 기업을 모두 전민소유제기업(全民所有制企业) 형식으로 전환하였다. '자본주의 상공업의 사회주의 개조'가 완성된 후, 중국에서는 자산계급이 소멸되었고, 사회주의의 기본제도가 확립되었다.

자료: 沙健孙(2005)에서 필자 정리.

중국의 중공업 발전은 소련의 원조로 설계된 156개 항목의 프로젝트를 중심으로 추진되었으며, 다음과 같은 전략적 구상을 가지고 있었다.

첫째, 내부의 축적으로 중공업을 우선 발전시키고, 이를 통해 전체 공업경제를 빠르게 발전시킨다.

둘째, 농산품과 광산품 등 1차산업 제품을 수출하여 중공업 건설에 필요한 생산원료를 확보한다.

셋째, 중공업 생산을 농업 및 경공업과 연계시켜 하나의 생산라인을 형성시키고 이를 통해 생산된 제품으로 수입을 대체한다.

소련지원 156개 항목의 프로젝트

중국이 1·5계획 시기 소련으로부터 지원을 받기로 한 156개항의 프로젝트 중 실제로 실행된 프로젝트는 150개 항목이다. 구체적으로 군사공업기업 44개(항공공업 12개, 전자공업 10개, 병기공업 16개, 우주항공공업 2개, 선박공업 4개 등), 야금공업기업 20개(철강공업기업 7개, 유색금속공업 13개 등), 기계가공기업 24개, 에너지공업기업 52개(석탄공업과 전력공업 각 25개, 석유공업 2개 등), 경공업과 의약공업 3개 등이다. 이러한 프로젝트의 주된 목적은 공업화의 기초를 다지기 위한 기초공업체계와 국방공업체계를 건립하기 위함이었다.

156개항의 프로젝트를 중심으로 한 1·5계획의 공업화 건설은 중국의 공업화수준을 대대적으로 제고시켰다. 그리하여 1949년 중국의 공업화수준은 선진국보다 약 100년 정도 낙후되어 있었으나, 1957년에는 1940년대 수준으로 끌어올린 것으로 평가되고 있다.

한편 중국은 이 시기 대도시를 중심으로 8대 공업지구를 설립하기도 하였다. 구체적으로 선양(沈阳)·안산(鞍山)을 중심으로 한 동북공업기지(东北工业基地), 베이징(北京)·텐진(天津)·탕산(唐山)을 중심으로 한 화북공업구(华北工业区), 타이위안(太原)을 중심으로 한 산시공업구(山西工业区), 우한(武汉)을 중심으로 한 후베이공업구(湖北工业区), 란저우(兰州)를 중심으로 한 깐쑤공업구(甘肃工业区), 충칭(重庆)을 중심으로 한 촨남공업구(川南工业区) 등이다.

1·5계획은 1949년 이전 중국의 공업과 공업도시의 약 70% 이상이 동부 연해지역에 밀집되어 있던 현상을 바꾸어 놓았다.

자료: 吴敬琏(2004)에서 필자 정리.

중국은 이러한 중공업 발전 구상에 따라 중공업 발전에 박차를 가하였다. 특히 1958년부터 실시된 대약진운동(大跃进运动) 기간에 대대적인 중공업 발전을 추진하였다. 예컨대 1958년의 철강생산량 목표치를 1957년의 535만 톤보다 200% 증가한 1,070만 톤으로 정했고, 1959년도 목표치도 1958년보다 280% 증가한 3,000만 톤으로 정하였다. 그림 5-1

그림 5-1 대약진운동 시기 중국의 철강제련지표

(단위: 만 톤)

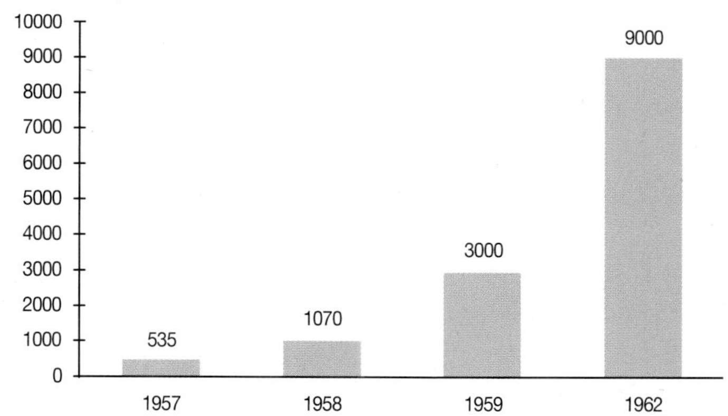

자료: 中国国家统计局(http://www.stats.gov.cn/)에서 필자 정리.

또한 식량생산도 중공업 발전의 원료확보 차원에서 1958년도의 생산목표치를 1957년의 2.34억 톤보다 80% 증가한 4.20억 톤으로 정했고, 1959년도 목표치도 1958년보다 50% 증가한 6.30억 톤으로 정하였다. 그뿐만 아니라 중국은 이 시기 '대대적 철강제련(大炼钢铁)', '대대적 철로건설(大力铁路)' 등의 중공업 우선 발전과 관련된 정치적 구호를 외치기도 하였다. 이러한 목표와 구호하에 중국의 중공업 발전과 관련된 기본건설투자는 급속히 늘어났다. 대약진운동 3년 동안 기본건설투자 총액이 1,006억 위안으로 1·5계획 기간에 투자된 기본건설 총 투자액보다 1배 이상 늘어났고, 축적률 또한 급속도로 증가하여 3년간 연평균 증가율이 39.1%에 이르렀다. 표 5-2 표 5-3

표 5-3 개혁개방 이전 중국의 주요 경제성장률(1952~1978)

(단위: %)

시기	사회총생산액	공업총생산액	국내총생산액	국민소득	축적률
1·5계획 시기	11.3	10.9	9.1	8.9	24.2
2·5계획 시기	-0.4	0.6	-2.2	-3.1	30.8
1963~1965	15.3	15.7	14.9	14.7	22.7
3·5계획 시기	9.3	9.6	6.9	8.3	26.3
4·5계획 시기	7.3	7.8	5.5	5.5	33.0
1976~1978	8.1	8.0	5.8	5.6	33.5
1952~1978	7.9	8.2	6.0	6.0	29.5

자료: 中国国家统计局(http://www.stats.gov.cn/)에서 필자 정리.

그러나 대약진운동은 당시 중국이 처한 경제적 상황과 경제발전의 일반적 원칙을 무시하고 현실적으로 도달하기 어려운 높은 목표치를 무조건 달성하려는 과정에서 맹목적인 지휘 성행과 과장된 보고가 나타났으며, 결국 실패하고 말았다.

대약진운동 실패로 중국은 마오쩌둥이 정치 일선에서 물러나고 류사오치(刘少奇)를 중심으로 한 실용주의자들이 경제정책을 주관하며 대대적인 경제 조정에 들어갔다. 실용주의자들은 우선 1961년부터 '조정(调整), 공고(巩固), 충실(充实), 제고(提高)'의 8자 방침을 실시하기로 결정하고, 비상조치를 취하였다.

① 축적률을 낮추고 기본건설규모를 축소하는 대신 상대적으로 소비를 강조하였다.
② 공업 중 주로 중공업을 축소하였다.
③ 농업지원 강화를 통한 농업생산 회복과 경공업 및 인민의 생활 회복을 우선시하였다.
④ 공업근로자와 소도시인구를 축소시키고, 농민의 노동력 수요를 보장하기 위해 도시의 상업량(商业粮) 공급을 감소시켰다.
⑤ 국가재정을 긴축하고 고가정책으로 시장가격을 안정화시켰다.
⑥ 이 시기 경제조정의 중점은 중공업>경공업>농업순에서 농업>경공업>중공업 중심으로 조정하고, 농업을 기초로 한 공업주도의 국민경제발전을 관철시키는 것이었다. 즉 농업발전을 우선순위로 하고 농업과 공업관계를 조정하는 것이었다.

대약진운동/大跃进运动

대약진(大跃进)은 1958년부터 1961년까지 중국 공산당이 전국적으로 전개한 극좌노선(极左路线) 운동이다. 대약진운동은 공·농업의 생산지표를 높게 잡고, 이를 실현하기 위한 고속생산을 추구하였다. 공·농업의 주요 산품에 대하여 몇 배 혹은 심지어 수십 배까지 증산을 요구하였다. 그러나 대약진은 경제의 일반적 법칙을 무시한 채 중국의 현실적 상황을 고려하지 않고 맹목적인 성장만을 추구하여 실패하고 말았다. 1958년부터 대약진 시작 3년간 맹목적인 좌경화 공업화는 국민경제구조를 무너뜨려 심각한 경제문제를 일으켰고, 대대적인 인력을 농업에서 공업으로 이전시키기도 하였다. 이로 인해 중국은 물론 해외에서까지 대약진은 전례 없는 재난으로 평가되었다. 한편 대약진 시기 중국은 2,158만여 명이 아사한 것으로 알려지고 있기도 하다.

자료: 李庆刚(2006)에서 필자 정리 작성.

3) 중공업 우선 발전전략의 성과와 문제

대약진운동의 실패로 중국경제는 1959년부터 1961년까지 연속 3년간 생산력이 심각하게 훼손되고 인민의 생활은 극도로 피폐해졌다. 이에 대하여 중국인들은 이 기간을 '3년자연재해(三年自然灾害)' 기간이라 부르고 있기도 하다. 이 시기 중국의 공장은 절반 정도가 폐쇄되어 2,000여만 명의 신입 직공이 농촌으로 되돌려 보내졌으며, 식량부족으로 인해 2,000여만 명이 아사하는 등 비정상적인 죽음이 난무했다. 그리고 심지어 인육을 먹는 처참한 현상까지 나타난 것으로 조사되고 있다.

그러나 대약진운동은 이러한 경제적 재앙에도 불구하고 중공업에 대한 대대적인 투자로 공업발전에 기여했다는 평가도 있다. 즉 중국은 이 시기 인공위성과 원자탄 그리고 미사일 등을 갖추었으며, 공업총생산액을 비롯한 각종 경제지표도 2·5계획 기간을 제외한 대부분의 기간에서 성장세를 나타냈다. 표 5-3 따라서 중국의 중공업 우선 발전목표가 인공위성 발사나 미사일 개발과 경제지표 제고 등이었다면 성공적이라고 평가할 수 있을 것이다.

그러나 한 나라의 경제발전 목표가 국민의 생활수준 개선에 있다면, 중국의 중공업 우선 발전전략은 처절한 실패라고 볼 수밖에 없다. 왜냐하면 1952년부터 1978년까지 중국 인민의 평균적인 생활수준은 별로 나아지지 않았기 때문이다. 표 5-4 특히 1950년대 초기 중국의 1인당 GDP는 한국, 싱가포르, 홍콩, 타이완 등과 비슷한 수준이었으나, 1970년 이후 이들 국가들은 신흥공업국가로 급성장하여 아시아의 네 마리 용 혹은 호랑이로 칭송받은 반면 중국의 1인당 GDP성장은 거의 변화가 없었다. 표 5-5

표 5-4 개혁개방 이전 중국의 도시와 농촌주민의 생활수준 변화(1952~1978)

연도	국민소득지수 (1952=100)	소비지수(1952=100)		
		전체	도시주민	농촌주민
1952	100	100	100	100
1957	153	123	126	117
1978	453	177	212	158

자료: 林毅夫(2012)에서 인용.

표 5-5 중국과 아시아 신흥공업국과의 경제발전 비교

(단위: 달러)

국가	1인당 GDP	
	1950년	1978년
중국	88.7	155.2
한국	155.6	1,468.1
싱가포르	427.9	3,193.3
홍콩	429.4	3,923.9
타이완	163.0	1,603.0

주: 대만자료는 대만통계국 발표자료임.
자료: IBRD와 대만통계국(https://www.stat.gov.tw/)에서 필자 정리.

한편 중국의 중공업 우선의 급속한 발전전략은 인민의 생활수준을 개선시키지 못한 것 외에 다음과 같은 문제를 야기시키기도 했다.

첫째, 산업구조의 불균형 문제이다. 중국은 줄곧 농업을 중공업보다 중시(农轻重)하는 가운데 농업을 기초로 한 공업의 주도적 발전을 강조해 왔다. 이는 마오쩌둥의 10대관계론(论十大关系)에서도 제기되는 등 상당히 중시하였다. 그러나 이 시기 실제로는 중공업을 중시하고 농업을 경시(重轻农)하였다. 심지어 경공업도 경시하였다. 이러한 현상은 1958년부터 더욱 심각하게 나타났으며, 이 시기 중공업은 국내총생산액에서 52%를 차지했으나 농업과 경공업은 각각 21.8%와 26.1%에 불과했다. 1960년에는 중공업이 66.6% 수준까지 높아졌다. 한편 이 시기 중국은 중공업 발전을 위해 '협상가격차(剪刀差)' 라는 방법으로 농업의 잉여를 중공업 발전에 활용하였으며, 이로 인해 중국의 농민들은 더욱 어려운 지경에 처하게 되었다.

협상가격차/剪刀差

협상가격차(铁状价格差, scissors)는 공산품과 농산품 간에 발생하는 가격격차 현상을 말하며, 중국어로는 전도차(剪刀差)라고 한다. 일반적으로 공산품의 경우 자본집약도가 높아 독과점시장을 형성하여 지속적으로 가격을 인상하는 반면, 농산품의 경우 비교적 낮은 가격으로 묶어둠으로써 공산품과 농산품의 생산물 가격차가 시간이 지날수록 점점 그 격차가 확대되는 경향을 보이게 된다. 이러한 현상을 시계열적(时系列的)으로 나타낼 때 두 선이 교차한 후 가위 모양과 비슷하다고 하여 협상가격차라는 이름이 붙여졌다. 중국은 이러한 협상가격차를 통해 농업의 잉여를 중공업 발전에 활용하였다.

자료: 박문각 시사상식(2014)에서 필자 정리.

둘째, 축적과 소비의 문제이다. 중국의 중공업 발전은 대부분 국내축적에 의존하였다. 따라서 강도 높은 축적을 강조하였다. 예컨대 1957년까지는 매년 임금인상이 있었으나, 그 후 20년간은 단 한 차례의 임금조정만이 있었을 뿐이다. 이는 세계적으로도 드문 현상으로 축적률을 높이는 결정적인 역할이 되었다. 1·5계획 기간 중국의 축적률은 24.2%였으나 2·5계획 기간에는 30.8%로 확대되었다. 조정기인 1963년부터 1965년까지는 22.7%로 다시 하락하였으나, 그 후 다시 높아져 30%대를 유지하였다. 표 5-3 중국의 이러한 축적률은 중공업 발전에 필요한 자금원이 되었으나 소비를 위축시키는 결과를 가져와 경제발전에는 악영향을 미쳤다.

마오쩌둥의 10대관계론/论十大关系

1956년 4월 마오쩌둥(毛泽东)에 의해 발표된 10대관계론(论十大关系)은 사회주의 중국 건설의 지표로 평가되고 있다. 10대관계론은 중공업, 농업, 경공업의 관계 해결을 제시하는 것을 비롯해 다음과 같은 내용을 포함하고 있다.

① 중공업과 경공업 그리고 농업의 관계 문제는 농업과 경공업을 좀 더 발전시키는 방법으로 중공업을 발전시킨다.
② 연해공업과 내륙공업의 문제는 연해의 공업기지를 충분히 이용하고 발전시켜 더욱 큰 역량으로 내륙공업을 발전시키고 지원한다.
③ 경제건설과 국방건설의 문제는 국방건설 강화의 중요성을 강조할 때에 군정비용을 적당한 비율로 낮추고 경제건설비용을 증가시킨다. 경제건설을 빠르게 발전시켜야만 국방건설도 더욱 크게 발전할 수 있다.
④ 국가와 생산단위 그리고 생산자의 관계는 3자의 이익을 모두 고려한다. 각고의 노력과 군중의 생활에도 관심을 가져야 한다.
⑤ 중앙과 지방 간 관계는 중앙의 통일적 영도를 공고히 하는 전제하에 지방의 권력을 확대하고 지방(권력의 지방 이양)으로 하여금 더욱 많은 일을 하게 하여 중앙과 지방의 적극성을 발휘하도록 한다.
⑥ 한족과 소수민족 간의 관계는 한족우월주의를 반대하고, 또 지방민족주의도 반대한다. 성심성의껏 그리고 적극적으로 소수민족의 경제건설과 문화건설을 돕는다.
⑦ 당과 비당의 관계는 공산당과 민주당파가 장기간 공존하고 상호 감독한다.
⑧ 혁명과 반혁명의 관계는 반드시 적과 나를 구분하고 소극적 요소를 적극적 요소로 전환한다.
⑨ 옳고 그름(是非) 관계는 잘못을 범한 동지에게 '과거를 징계하여 훗날을 삼가게 하며, 병을 치료하여 사람을 구하게 하는(惩前毖后,治病救人)' 방침을 실시하여 잘못을 용서하고 그들이 바뀔 수 있도록 도와준다.
⑩ 중국과 외국과의 관계는 자본주의 국가의 선진과학기술과 과학적 관리방법을 포함하여 모든 민족과 모든 국가의 장점을 배우며, 맹목적으로 일괄적인 배척이나 일괄적인 흡수는 반대한다.

자료: 吴敬琏(2004)에서 필자 정리.

2. 지역균형발전전략의 추진

1) 지역균형발전전략의 추진 배경과 과정

개혁개방 이전 중국의 지역발전전략은 중공업 우선 발전전략과 함께 핵심적인 경제발전전략 중의 하나였다. 개혁개방 이전 중국의 지역발전전략의 특징은 국방과 국가안전을 기초로 한 지역균형발전이었다. 즉, 내륙지역을 집중적으로 발전시켜 연해지역과 내륙지역 간의 균형발전을 이루게 하는 것이었다.

중국의 지역균형발전전략은 국민경제회복시기(1949~1952)부터 경제조정시기(1963~1965)까지 중점적으로 추진하였다. 우선 국민경제회복시기에는 공업재배치를 통한 지역불균형 문제를 개선하고자 하였고, 1·5계획 시기에는 새로운 공업기지 건설을 추진하였다. 이 시기 중국의 공업건설 중심은 전통공업기지(老工业基地)로 불리는 동북지역이 우선 실시되었으며, 그 후 점진적으로 화동지역(华东地区)과 화북지역(华北地区)으로 확대해 나갔다. 또한 국방의 안전을 고려한다는 차원에서 지역발전전략의 중심을 내륙으로 이전하기로 하고, 동부 연해지역의 일부 공장들을 내륙지역으로 이전하기도 하였다.

중국의 이러한 지역균형발전전략은 2·5계획 기간에 들어서면서 더욱 박차를 가하였다. 그러나 이 시기 중국의 지역균형발전전략은 국방안전을 우선적으로 고려한 전략이었다. 중국의 국방안전을 위한 지역발전전략은 삼선건설(三线建设)이 핵심이었다. 삼선건설은 3·5계획과 4·5계획 초기에 본격적으로 추진된 내륙지역 성(省)의 대규모 건설프로젝트로 중국이 세계로부터 고립되고 있다는 경각심과 미국의 베트남 참전을 위협으로 느낀 결과의 산물이다. 삼선건설의 목적은 연안으로부터 멀리 떨어진 내륙 산악지역에 공장을 건설함으로써 중국의 산업기지가 미국이나 소련의 군사적 위협을 받지 않도록 하는 국방안전의 전략적 차원에서 추진한 내륙개발전략이다. 중국은 이러한 전략에 따라 쓰촨성(四川省)과 꾸이저우성(贵州省) 등 중국의 서남부지역에 공장과 철로를 중점적으로 건설하였다.

삼선건설/三线建设

삼선건설(三线建设)은 중공중앙과 마오쩌둥이 1960년대 중반에 당시 국제정세가 날로 긴장되어 가는 상황에서 전쟁준비를 위해 중국의 생산기지를 동에서 서로 이전한 전략으로 서남지역과 서북지역이 중심이었다. 중국은 1964년부터 1980년까지 3차례의 5개년계획을 거치면서 중국의 기본건설 총 투자액 중 40%가 넘는 2,052.68억 위안을 삼선지역의 13개성과 자치구지역에 투입하였다. 그뿐만 아니라 400만 명의 노동자, 간부, 지식인, 해방군 그리고 수천만 명의 민공(民工) 등을 서부지역으로 이전시키고, 1,100여 개의 중대형 공·광업기업과 과학연구기관 그리고 대학 등을 삼선지역에 설립하였다.

그림 5-2 삼선지역 주요 건설도

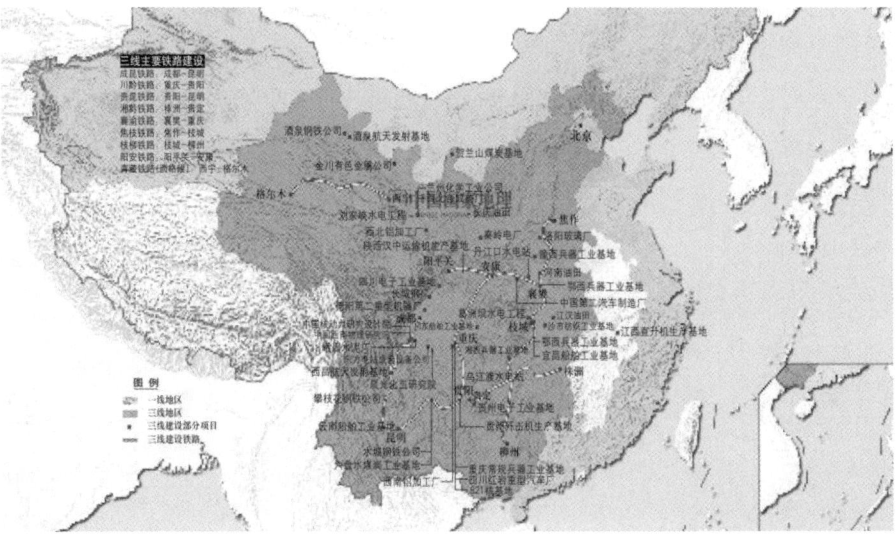

자료: 张宇,卢荻主编(2012)/(百度图片(http://image.baidu.com/)

2) 지역균형발전전략의 추진과 조정

중국 내륙지역의 기본건설투자는 3·5계획 기간에 이미 전국 투자총액의 66.8%가 투자되었다. 그중 삼선지역의 투자는 52.7%였다. 또한 서남지역과 서북지역의 투자는 1·5계획 기간에 중국 전체 투자액 중 16.9%였지만, 3·5계획 기간에는 35.1%로

2배 이상 증가되었다. 그리고 1969년부터 1972년까지 대형프로젝트 이전이 많았던 쓰촨성(四川省)은 중국 전체 투자의 12.09%를 차지했고, 후베이성(湖北省)은 7.38%였다. 반면에 동부지역의 상하이는 2.38%에 불과했고, 광둥성(广东省)은 3.34%였다. 이 시기 중국의 내륙투자는 연해지역의 2.4배였다. 한편 중국은 이 시기 삼선지역에 집중적인 투자 외에도 일부 공장과 연구기관을 연해지역에서 삼선지역으로 이전시키기도 하였다. 주요 이전대상지역은 베이징(北京), 상하이(上海), 장쑤성(江苏省), 랴오닝성(辽宁省) 등이었다.

중국정부의 이러한 삼선지역 중심의 내륙지역 집중투자는 중서부지역의 경제발전에 많은 기여를 하였다. 즉 국방공업을 중심으로 한 교통, 전자, 화공, 전력, 철강, 유색금속 등 다양한 분야의 공업체계를 갖추게 하여 서부지역의 낙후된 공업체계를 개선시켰다.

그러나 기업배치 시 안전을 고려한 '산(山), 산(散) 동(洞)', 즉 '산속과 분산 그리고 동굴' 배치를 강조하여 기업들의 효율성을 떨어뜨려 결국 중국의 전반적 경제발전에 상당한 영향을 주는 결과를 낳았다. 예컨대 전민소유제 공업기업의 자금이윤율의 경우 1·5계획 시기에는 29.4%였으나 4·5계획 시기에는 18.7% 낮아졌고, 또한 공업의 연간성장속도도 3·5계획 시기에는 11.7%였으나 4·5계획 시기에는 9.1%로 낮아졌다.

제2절 경제발전 목표와 개혁개방방식

1. 경제발전의 전략적 목표

개혁개방 이후 중국의 경제발전 목표는 개혁개방의 목표와 일맥상통하였다.[14] 이

14) 중국공산당 17대의 보고에 의하면, 개혁개방의 목표를 다음 네 가지에 두고 있다. 우선 사회생산력을 해방하고 발전시켜 현대화를 실현하고, 이를 통해 중국 인민을 부유하여 위대한 중화민족을 진흥시킨다. 둘째, 사회주의제도를 개선하고 발전시켜 사회주의에 새로운 생기와 활력을 불어넣어 '중국적 특색의 사회주의'를 건설하고 발전시킨다. 셋째, 당대 중국의 발전과정 중 당의 건설을 강화하고 개진하여 당이 시종 시대의 전열에서 국가가 빠른 발전을 이루도록 한다.

는 경제발전의 목표와 개혁개방의 목표가 모두 현대화 실현에 있었기 때문이다.

일반적으로 현대화의 의미는 동태적인 개념으로 서구화를 비롯한 다양한 영역에서 새롭게 변화하는 의미로 정의되고 있다. 그러나 개혁개방 초기 중국에서 현대화의 의미는 덩샤오핑이 제기한 중등생활수준을 의미하는 소강(小康)의 달성을 뜻한다.[15)]

덩샤오핑은 이러한 현대화 목표를 달성하기 위해 3단계발전전략(三步走战略)을 제기하였다. 중국의 3단계발전전략은 경제발전을 3단계로 나누어 단계적으로 경제발전을 이루고자 하는 전략적 목표로, 지금까지 경제발전의 수준과 조건에 따라 두 차례에 걸쳐 수정되어 왔다. 그리고 최근에 또다시 수정을 계획하고 있다.

1) 제1차 3단계발전전략

중국에서 최초로 제기된 3단계발전전략은 덩샤오핑이 직접 설계한 것으로, 1987년 중국공산당 13대에서 제기되었다. 이 시기 제기된 3단계발전전략은 첫 번째 단계를 1981년부터 1990년까지로 정하고, 1인당 GDP를 1980년보다 1배 증가시켜 인민의 온포문제(温饱问题) 해결을 우선적 목표로 정하였다. 즉 1980년 당시 중국의 1인당 GDP 250달러를 1990년에 500달러에 이르게 하는 것이었다. 중국의 이러한 목표는 당초계획보다 앞선 1980년대 말에 실현되었다. 두 번째 단계는 1991년부터 2000년까지로, 이 시기에는 1980년의 1인당 GDP보다 4배(翻两番) 증가시켜 인민들로 하여금 소강생활(小康生活)을 누리게 한다는 목표를 정하였다. 이 목표 또한 당초계획보다 3년 앞당긴 1997년에 완성되었다. 세 번째 단계는 21세기 중엽까지로 정하고 기본적인 현대화를 완성한다는 전략이었다. 즉 1인당 GDP를 중등국가수준에 이르게 하여 인민들이 비교적 부유한 생활을 누리도록 한다는 목표였다. 그림 5-3

15) 1979년 12월 덩샤오핑은 중국식의 현대화 개념과 목표는 소강(小康)이라고 제기하는 과정에서 "우리의 현대화 개념은 서구의 현대화 개념과 다르다. 즉 우리의 현대화 개념은 '소강의 가정(小康之家)'이다. 20세기 말에 우리의 현대화 목표가 어느 정도 달성되더라도 우리의 1인당 GDP는 여전히 낮을 것이다. 제3세계 중 비교적 발전한 국가의 수준, 예컨대 1인당 GDP수준으로 1,000달러를 달성하려 해도 우리는 상당한 노력이 필요하다. 비록 이러한 수준에 도달하더라도 우리는 서방국가들에 비해 여전히 낙후되어 있을 것이다. 따라서 나는 그때가 되더라도 소강상태(小康状态)라고 말할 수밖에 없다"라고 하였다.

그림 5-3 중국의 3단계발전전략(三步走战略)

자료: 필자 작성.

2) 제2차 3단계발전전략

제1차 3단계발전전략을 수정 제기한 제2차 3단계발전전략은 1997년에 개최된 중국공산당 15대의 공작보고 중 장쩌민(江泽民)에 의해 제기되었다. 이 시기 제기된 3단계발전전략은 앞서 덩샤오핑이 설계한 3단계발전전략의 기본틀을 유지하는 가운데 세 번째 단계를 다시 3단계로 나누어 추진하는 발전전략을 제기하였다. 구체적으로 세 번째 단계의 제1단계는 2010년까지로 1인당 GDP를 2000년보다 1배 증가시켜 인민의 소강생활을 더욱 풍족하게 하고 비교적 개선된 사회주의시장경제체제를 형성시킨다는 목표를 정하였다. 세 번째 단계의 제2단계는 다시 10년간의 노력을 기울여 중국공산당 창당 100주년이 되는 2021년까지 국민경제를 더욱 발전시켜 각종 제도를 더욱 개선한다는 목표이다. 이러한 목표는 16대에서 전면적인 소강사회 건설을 제기한 데 이어 18대에서도 다시 강조되었다. 마지막으로 세 번째 단계의 제3단계는 신중국 성립 100주년이 되는 2049년까지 현대화를 기본적으로 완성하여 부강한 민주문명의 사회주의 국가를 건설한다는 목표이다. 그림 5-3

2. 개혁개방의 추진

중국은 1978년 개혁개방을 전후해서 대내외적으로 많은 변화가 있었다. 대내적으로는 신중국 성립 이후 대약진운동과 문화대혁명 등을 거치면서 경제적 상황이 악화되고 있었던 반면, 대외적으로는 일본을 비롯한 동아시아 신흥공업국(NICs)의 네 마리 용(한국, 싱가포르, 대만, 홍콩)이 급속한 경제발전을 이루고 있었다.

그런 가운데 중국의 대외관계는 신중국 성립 이후 그동안 소련과 동구권 국가 외에 교류가 거의 없었던 상황에서 1971년 UN 가입과 동시에 국제사회에서 지위를 얻으면서 변화가 나타나기 시작하였다.[16] 우선 1972년 2월에는 그동안 가장 적대적 관계를 유지하던 미국과 '상하이공동성명(上海公报, Shanghai Communique)'을 발표하면서 양국 간의 관계가 개선되기 시작하였고,[17] 같은 해 9월 29일에는 일본과 수교를 맺기도 하였다. 그리고 1973년 9월에는 프랑스 조르주 퐁피두(Georges Pompidou) 대통령이 중국을 방문하면서 양국관계가 새로운 단계로 발전하는 계기도 있었다.[18]

중국은 이러한 대내외적 환경변화 속에서 개혁개방의 총설계사로 불리는 덩샤오핑(邓小平)이 1978년 12월 18일부터 22일까지 개최된 '중국공산당 제11기 전국대표대회 제3차 중앙위원회 전체회의(11기 3중전회)'에서 "당(党), 국가(国家), 민족(民族)이 모든 분야에서 교조적으로 출발하고 사상이 경직되면 발전은 할 수 없고 생기를 잃게 되어 당과 국가는 망하게 될 것이다(一个党, 一个国家, 一个民族, 如果一切从本本出发, 思想僵化, 那它就不能前进, 它的生机就停止了, 就要亡党亡国)"라는 언급과 함께 개혁개방을 추진하였다.

문화대혁명/文化大革命

중국의 문화대혁명은 1966년에 시작하여 1976년에 끝난 정치운동으로 정식 명칭은 '무산계급 문화대혁명(无产阶级文化大革命)'이다. 문화대혁명은 약칭하여 '문혁(文革)'으로 불리기도 하며, 10년대란(十年大乱)으로 평가되고 있다.

문혁의 발단은 1965년 상하이 시(上海市) 당위원회 서기였던 야오원위안(姚文元)이 사학자이며 경극작가인 당시 베이징 시(北京市) 부시장 우한(吴晗)이 쓴 역사극 《해서파관(海瑞罷官)》을 비판하면서 시작되었다. 《해서파관》은 1961년 베이징에서 공연된 연극으로 명나라 가정황제(嘉定皇帝)시대에 고관이었던 해서(海瑞)가 정치에 태만한 황제에게 충언했다가 파직당했으나 파직당한 후에도 여전히 명나라를 옹호한다는 내용으로 당시에는 하나의 공연으로 간주되었다.

그러나 후에 장칭(江青) 등이 이 연극에서 가정황제는 마오쩌둥, 해서는 1956년 마오쩌둥의 대약진운동을 비판했다가 숙청당한 펑더화이(彭德怀)를 빗댄 것이라고 정치문제화하면서 걷잡을 수 없는 소용돌이로 빠져들었다. 이를 시작으로 실권파의 권력기반이었던 베이징 시 당위원회와 지식인

16) 중국의 UN 가입은 1971년 10월 25일 제26차 UN총회를 거쳐 이루어졌다. 이로써 중국은 UN에서 합법적 지위를 차지하게 되었고, 이전까지 중화민국의 이름으로 합법적 지위를 갖던 대만은 UN에서 퇴출되었다.

17) 상하이공동서명을 통해 중미관계는 정상화되었지만, 수교는 중국의 개혁개방 이후 첫해인 1979년 1월 1일에 체결되었다.

18) 중국과 프랑스의 수교는 1964년 1월 27일 체결되었다.

그룹은 마오쩌둥 추종자들의 집중적인 비판의 표적이 되어, 결국 1966년 4월 베이징 시장 펑전(彭真)이 해임되고, 8월 8일 중국공산당 중앙위원회에서 마오쩌둥이 〈중공중앙의 무산계급 문화대혁명에 관한 결정(中共中央关于无产阶级文化大革命的决定, '문혁16조' 라고도 부름)〉을 발표함으로써 본격적인 문화대혁명이 시작되었다.

한편 문화대혁명 기간에는 홍위병(红卫兵)의 광란적 행동이 있었으며, 장칭(江青)을 비롯한 왕홍원(王洪文), 장춘챠오(张春桥), 야오원위안(姚文元)등의 4인방(四人帮)이 권력의 핵심에 있었다. 그러나 이들 4인방은 1976년 마오쩌둥이 사망한 후 화궈펑(华国锋)에 의해 축출되었으며, 이에 따라 문화대혁명도 종결을 맞게 되었다. 중국은 1977년 8월 제8기 전국인민대표대회에서 문화대혁명의 종결을 정식적으로 공포하였다.

주: 홍위병(红卫兵)은 문화대혁명 기간 젊은 학생들로 이루어진 무리들로 정식군대는 아니다. 문화대혁명 중 홍위병은 당정기관의 공격과 사회적 혼란야기 등으로 중국사회에 상당한 충격을 주었다.
자료: 对外经济政策研究院(1994)과 王河(1994)에서 필자 정리.

중국의 개혁개방은 다양한 분야에 많은 변화를 가져왔다. 특히 경제체제와 발전전략 등에서 이전과는 확연히 다른 변화를 가져왔다. 그러나 중국의 개혁개방은 체제의 안정과 경제발전수준 그리고 국제경제환경의 변화 등을 고려한 점진적인 방식을 추진하였다.

1) 경제개혁의 방식

중국의 개혁개방은 1980년대에 본격적으로 시작되었지만, 동구권의 사회주의 국가들과 구소련은 이미 개혁을 추진하고 있었다. 동구권의 사회주의 국가 중 유고슬라비아는 1950년대부터 노동자 자치에 의한 '자치사회주의모델' 을 실시하였고, 헝가리는 1968년부터 계획과 시장이 결합된 새로운 경제체제를 실시하였다. 또한 구소련을 비롯한 다른 사회주의 국가들도 정도의 차이는 있지만 모두 개혁을 실시하고 있었다. 그러나 이 시기 사회주의 국가들의 개혁은 모두 사회주의제도의 근간을 유지하는 가운데 실시하였으며, 계획경제의 기본틀을 흔드는 개혁은 없었다. 이러한 개혁은 1980년대 말까지 계속되었다.

하지만 구소련을 비롯한 동구권 사회주의 국가들의 경제개혁은 1980년대 말부터 빠르게 추진되어 1990년대 초에 기본적으로 완성하였다. 당시 구소련을 비롯한 사회주의 국가들의 경제개혁은 일명 '쇼크요법(shock therapy)' 혹은 '빅뱅(big bang)'으로 불리는 급진적 개혁을 추진하였다. 즉 화폐긴축, 가격개방, 전면적 사유화 등을 통해 단기간 내에 계획경제를 시장경제로 전환하였다.

그러나 중국의 개혁은 구소련이나 동구권의 국가들과는 전혀 다른 방식의 개혁을 추진하였다. 중국의 개혁은 정치체제를 굳건히 지키는 가운데 경제체제를 우선 개혁하는 방식을 채택하였다. 그것도 경제개혁의 목표를 사회주의시장경제체제 건립에 두고 사회주의의 기본제도와 시장경제를 유기적으로 결합시키는 점진적인 방식의 개혁을 추진하였다. 중국이 추진한 점진적인 개혁의 방식은 다음과 같다.

첫째, 계획경제체제수준이 비교적 낮은 농촌부터 실시하고, 이를 점진적으로 도시부문으로 확대해 나가는 방식을 추진하였다. 또한 비국유경제를 우선 발전시키는 증량개혁(增量改革)을 실시한 후에 국유경제부문을 개혁하는 존량개혁(存量改革)을 실시하였다.

둘째, 우선 동남연해지역에 경제특구를 설치하여 대외개방의 창구와 시험장소 역할을 하게 하고, 이를 통해 얻은 경험을 연해(沿海) → 연변(沿边) → 내륙(内陆) → 서부지역(西部地区) 등으로 확대시켜나가는 점(点) → 선(线) → 면(面)의 점진적 방식을 실시하였다.

셋째, 농산품의 가격을 우선 개방하고, 이를 토대로 일정기간 공산품에 대하여 이중가격제도(双轨制, double-track price system)를 실시하였다. 이중가격제도는 기업이 생산원료를 구입할 때 계획의 범위 내에서는 정부조달가격으로 구입할 수 있도록 하고 초과분에 대해서는 시장가격으로 구입할 수 있도록 하는 제도이다. 중국의 이러한 이중가격제도는 계획경제체제에서 시장경제체제로의 전환을 충격 없이 순조롭게 진행시키고자 하는 의도였다. 그러나 두 체제의 병존으로 인한 경제적 마찰과 시장왜곡의 문제 등은 피할 수가 없었다. 한편 중국의 이중가격제도는 1992년에 상품가격과 요소시장이 개방되면서 단일시장가격제도로 전환되었다.

넷째, 소유구조에 개체와 사영경제 그리고 혼합소유제경제 및 외국인투자기업 등을 포함시키고, 공유제를 중심으로 한 다양한 형식의 소유경제가 공동으로 발전하는 구도를 형성시켜 나갔다.

다섯째, 국유기업개혁에서는 우선 '권한하방과 이윤유보(放权让利)' 등의 정책을 조정하고, 점진적으로 주식제(股份制) 개조와 현대기업제도 건립 그리고 국유경제의 분포를 조정해 나가는 방식을 취하였다. 기업의 제도혁신은 주로 내부관리기구 설립에 중점을 두었으며, 국유경제 분포의 조정은 국민경제와 관련된 주요 업종과 영역은 여전히 국유기업이 주도적 위치를 차지하도록 하고 중소형기업과 경쟁성 있는 업종과 영역은 매각 또는 인수합병하는 방식을 실시하였다.

증량개혁과 존량개혁/增量改革·存量改革

증량개혁(增量改革)과 존량개혁(存量改革)은 모두 중국의 경제개혁 내용과 분야를 의미한다. 즉 증량개혁은 체제 외 영역의 비국유경제부문의 개혁을 의미하고, 존량개혁은 체제 내 영역의 국유경제부문의 개혁을 의미한다.

중국의 이러한 개혁은 점진적인 개혁을 추진하는 과정에서 나타났다. 즉 개혁개방 초기 중국은 국유경제의 활성화를 위해 기업자주권 확대를 시험적으로 실시하는 등 개혁을 추진하였지만 성공하지 못했다. 이러한 상황에서 중국은 국유경제 개혁의 보완적 방법을 찾는 한편, 대부분의 역량을 체제 외 영역인 비국유경제부문에 투입하여 새로운 성장동력을 찾으려 했다. 중국은 이를 증량개혁이라 부르고, 증량개혁의 성과를 바탕으로 개혁의 중심을 체재 내 영역의 국유경제부문으로 이전하여 추진하는 개혁을 존량개혁이라 부른다.

한편 중국의 증량개혁은 사회주의체제나 기존의 이익구도를 해치지 않는 범위에서 사영부문의 개혁을 대대적으로 추진하였으며, 대략 1978년부터 동아시아금융위기가 발생한 1997년까지 실시되었다. 존량개혁은 동아시아금융위기 발생 이후부터 2001년 WTO 가입 전까지 중점적으로 추진되었으며, 정책의 중점을 국유기업개혁과 정부기구개혁 그리고 기초시설 강화와 시장환경 전환에 두었다.

자료: 吴敬琏(2004)에서 필자 정리.

이중가격제도/双轨制

이중가격제도(双轨制)는 중국경제가 계획경제에서 시장경제로 전환되는 과정에서 실시되었던 일종의 특수가격제도이다. 그뿐만 아니라 1979년부터 1993년까지 중국이 실시한 점진적 증량개혁(增量改革, 체제 외 우선개혁)전략의 중요한 특징이기도 하다. 이중가격제도의 특징은 체제 내 영역가격과 체제 외 영역가격이 동시에 존재하는 제도이다. 한편 이중가격제도는 세 차례의 발전과정을 거치며 단일가격제도(单轨制)로 전환되었는데, 첫 번째는 생산원료, 두 번째는 위안화 환율 그리고 세 번째는 자본시장의 이중가격제도(비유통주식의 장외양도가격과 유통주식의 시장가격 합병, 즉 비유통주식의 통일된 시장에서 유통) 등이다.

자료: 吴敬琏(2004)에서 필자 정리.

중국의 이러한 점진적 개혁은 다른 사회주의 국가들이 추진했던 급진적인 개혁과 비교하여 성공적인 것으로 평가되고 있다. 급진적인 개혁을 추진해 온 구소련이나 동구권 국가들은 경제침체가 이어져 온 반면, 중국의 점진적 개혁은 고속성장을 해왔기 때문이다. 1978년 중국의 국내총생산액(GDP)은 3,679억 위안이었으나 38년이 지난 2015년에는 연평균 9.7%의 경제성장으로 67조 6,708억 위안이 되어 180배 이상 증가하였다. 또한 1인당 GDP도 1978년에는 385위안이었으나 2015년에는 49,531위안(8,280 달러 상당)으로 13배 이상 증가하였다. 이는 세계 역사상 전례가 없는 경제성장으로 중국은 2010년에 이미 세계 2위의 경제대국이 되었다.

2) 대외개방의 구도

(1) 지역의 대외개방구도

중국의 대외개방은 대내경제개혁과 마찬가지로 점진적인 방식으로 추진되었다. 남에서 북으로, 동에서 서로의 개방이 점(点) → 선(线) → 면(面)의 단계를 거치며 추진되었다. 구체적으로 우선 점에 해당하는 '경제특구'를 개방한 데 이어 선으로 이어진 '14개 연해도시(연해기술개발구)'를 개방하고, 이어서 면에 해당하는 '경제개방구'를 개방하였다. 그리고 이들 연해지역의 개방성과를 토대로 '4연(四沿)' 지역을 비롯한 내륙지역 성 및 자치구의 성정부소재지(省会)도시 등으로 전방위적이고 다층적인 개방을 추진해 나갔다. 표 5-6 그림 5-4 중국의 이러한 대외개방구도는 대체로 1990년대 중반까지 기본적으로 완성되었다.

표 5-6 중국 연해지역의 대외개방과정

일시	개방지역	세부 개방지역
1979년 7월	沿海开放政策 제기	广东省과 福建省에 특수정책 실시
1980년 7월	4개 经济特区 개방	深圳, 珠海, 汕头, 厦门
1984년 4월	14개 沿海城市 개방	大连, 秦皇岛, 天津, 烟台, 青岛, 连云港, 南通, 上海, 宁波, 温州, 福州, 广州, 湛江, 北海
1984년 4월	海南岛 개방	海南岛 전체(海南岛는 1988년 4월에 경제특구로 지정)
1985년 1월	3개 三角洲 개방	长江三角洲, 珠江三角洲, 闽南三角洲

1985년 3월	2개 半岛 개방	辽东半岛, 山东半岛
1988년 4월	渤海湾 지역 개방	渤海湾 지역
1990년 4월	上海浦东新区 개발 및 개방	上海浦东지역
1991년 4월	4沿地域 개방	沿海, 沿江, 沿边, 沿线

자료: 行政院经济建设委员会(1990)와 王一鸣(1993)에서 필자 정리 작성.

그림 5-4 중국의 대외개방구도

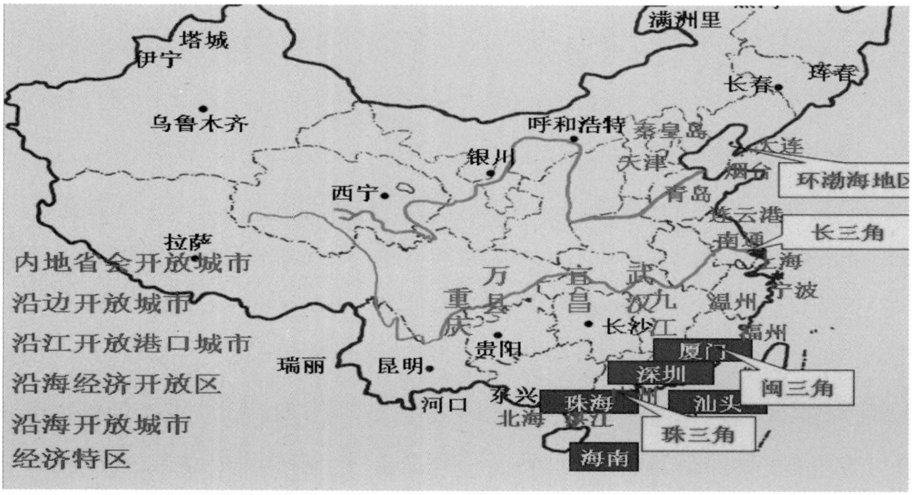

자료: 百度图片(http://image.baidu.com/)

경제특구/经济特区

중국의 경제특구는 세제감면 등의 우대조치와 투자환경 등의 개선을 통해 외자기업을 유치하여 선진과학기술과 과학적 관리법 등을 도입하기 위해 설치되었다. 지금까지 중국의 경제특구는 선전경제특구(深圳经济特区), 주하이경제특구(珠海经济特区), 샤먼경제특구(厦门经济特区), 산터우경제특구(汕头经济特区), 하이난도경제특구(海南岛经济特区), 커스경제특구(喀什经济特区), 훠얼궈스경제특구(霍尔果斯经济特区) 등 7개가 있다. 그러나 이들 경제특구 중 선전, 주하이, 샤먼, 산터우 등 4개의 경제특구는 개혁개방 초기인 1980년과 1981년에 설치되어 개혁개방의 견인차 역할을 해왔을 뿐 아니라 중국의 경제발전에 상당한 역할을 하였다. 커스경제특구(喀什经济特区)와 훠얼궈스경제특구(霍尔果斯经济特区)는 모두 신장위구르자치구(新疆维吾尔自治区)에 설치된 경제특구로 2010년도에 설치되었다.

경제특구의 초기 건설자금은 외국자본과 화교자본 그리고 홍콩·마카오 자본이 중심이었다. 또한 경제운영메커니즘은 국가계획의 지도하에 시장조절기능이 가미된 형태로 생산품은 수출이 중심이었다. 따라서 경제특구는 세계 각지의 자유무역구(Free Trade Zone)와 가공수출구(Export Processing zone)와 같은 것으로 이해될 수 있으나 차이가 있다. 왜냐하면 중국의 경제특구는 가공수출 외에 공·농업, 부동산, 서비스업, 금융업, 관광업 등에 종사할 수 있도록 하고 있을 뿐만 아니라 행정형태와 경제구조를 중국의 기타지역과 다른 특수한 지역으로 지정하고 있기 때문이다. 따라서 중국에서는 경제특구(Special Economic Zone)라 명명하고 있다.

자료: 许兴镐(1992)와 陈砺(2012)에서 필자 정리.

한편 이 가운데 경제특구는 중국 개혁개방의 첨병 역할을 하였을 뿐 아니라 유연한 경제정책과 우대조치로 많은 외자기업들이 진출하여 빠른 경제발전을 이룩하였으며, 중국의 경제발전에 지대한 영향을 주었다. 특히 '선전경제특구(深圳经济特区)'는 개혁개방 이전 작은 어촌마을에 불과하였으나, 2015년 말 기준 1인당 GDP가 26,071달러로 중국에서 현대화수준이 높은 도시로 발전하였다. 그림 5-5

그림 5-5 중국 1인당 GDP 상위 10개 도시 현황(2015)

(단위: 달러)

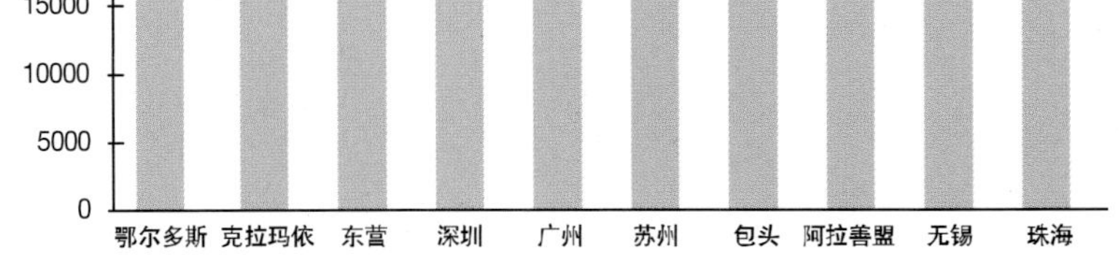

주: 직할시(直辖市), 지급시(地级市), 주(州), 맹(盟) 그리고 성직할시(省直辖市) 및 현(县)급 이상 시 중에서의 순위이며, 베이징과 상하이의 1인당 GDP는 각각 17,139달러와 16,524달러로 21위와 23위를 차지하고 있다.

자료: 宜居城市研究室(www.elivecity.cn)에서 필자 정리.

(2) 산업의 대외개방구도

중국의 대외개방은 초기에는 지역개방을 중심으로 추진되었지만, 1990년대 이후부터는 지역개방에서 산업개방으로 전환하고 경제발전의 질과 경쟁력을 제고시키기 위해 외자이용과 경제구조 조정 그리고 산업구조 개선 등에 중점을 두었다. 하지만 중국의 산업개방도 지역개방과 마찬가지로 점진적인 방식을 실시하였다. 즉 개방으로 인해 경쟁력이 부족한 중국 산업의 영역이 침해받지 않는 제한적인 범위에서 공업화 발전을 우선적으로 고려한 개방을 추진하였다. 따라서 개혁개방 초기 중국의 산업개방은 2차산업을 중심으로 우선 개방하고 3차산업은 제한적으로 개방하였다. 특히 2차산업 중에서도 노동집약적 산업인 가공업을 우선 개방하였다. 그리고 이를 토대로 기초산업과 하이테크산업(高新技术产业)을 포함한 자본집약적 산업과 기술집약적 산업으로 개방을 확대해나갔다. 특히 2001년 WTO 가입 이후 중국의 대외개방은 서비스 산업을 포함한 다양한 영역으로 개방의 속도를 가속화하였다.

3) 연해지역의 경제발전전략

개혁개방 초기 중국의 경제발전 중심은 연해지역이었다. 따라서 경제발전전략도 연해지역을 중심으로 추진되었다. 중국의 연해지역 경제발전전략은 당시 중국공산당 총서기였던 자오즈양(赵紫阳)이 1988년 1월에 '연해지역 경제발전전략(沿海地区经济发展战略)'을 제기하면서 본격화되었다.

중국의 연해지역 경제발전전략은 양두재외(两头在外), 삼자기업(三资企业), 삼래일보(三来一补) 등을 통해 외국의 자원과 자금, 기술, 정보, 관리경험을 도입하여 경제건설에 직면한 문제를 해결하고 경제발전을 촉진시킨다는 '외향형 경제(外向型经济)' 발전전략을 추진하였다.

(1) 외향형 경제(外向型经济)

개혁개방 이전 중국의 경제발전은 자금과 물자 그리고 시장 등을 모두 자력갱생(自力更生)원칙에 따라 자국에 의존하였다. 그러나 1988년 1월 자오즈양이 발표한 '연해지역 경제발전전략'에서 '외향형 경제' 실시를 제기하면서 전환을 맞게 되었다.

중국의 이러한 '외향형 경제'는 1987년 왕젠(王建)이 발표한 논문, 〈국제대순환론(国

际大循环论)〉의 영향을 받았다. 당시 왕젠은 논문에서 "부존자원이 제한된 중국이 8~9%의 고도성장을 달성하기 위해서는 초기에 연해지역을 우선적으로 개방하여 수출시장과 원재료를 확보해야 하고, 수출을 통해 획득한 외환을 중서부 내륙의 에너지자원 개발과 중화학공업용 원자재부문에 투자하여 내륙의 자본을 축적함과 동시에 일부는 농업에 재투자함으로써 연해와 내륙, 공업과 농업을 상호보완적으로 발전시켜야 한다" 고 하였다. 왕젠의 이러한 〈국제대순환론〉은 중국이 폐쇄적(闭关自守) 경제발전론에서 개방적 외향형 경제발전론으로 전환시키고 연해지역을 우선적으로 발전시키는 전략을 추진하는 데 이론적 기초를 제공하였다. 그림 5-6

그림 5-6 왕젠의 국제대순환론에 의한 외향형 경제모델

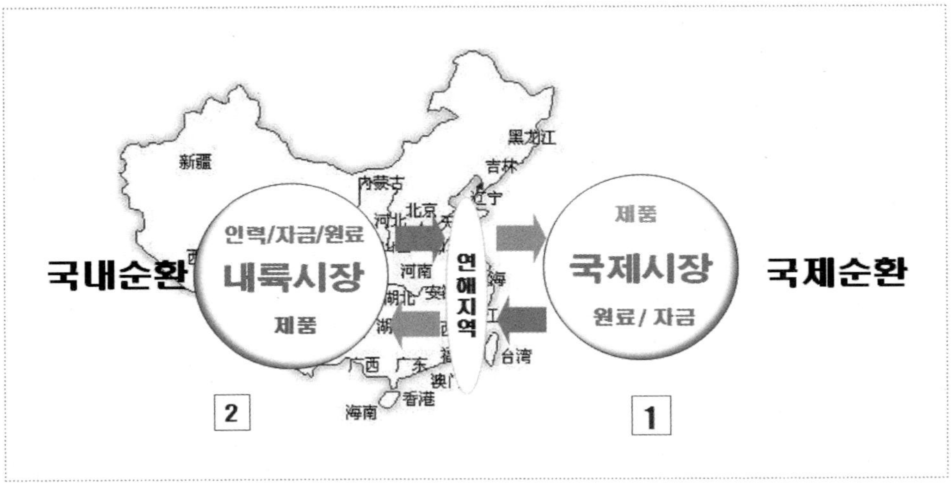

자료: 필자작성.

한편 왕젠의 〈국제대순환론〉은 연해지역과 내륙지역 간의 상품과 요소의 '양성대순환(良性大循环)' 을 강조하고 있어서 연해지역 우선 발전을 추구하는 것처럼 보이지만, 연해지역과 내륙지역, 공업과 농업의 상호보완적 발전을 추구하고 있다는 점에서 전면적 개방과 발전전략으로 평가되고 있다.

(2) 양두재외(两头在外)

개혁개방 초기 중국은 자금과 외환 부족뿐 아니라 원재료의 공급도 원활한 상황이

아니었다. 이러한 상황에서 '외향형 경제' 발전의 일환으로 제기된 것이 양두재외(两头在外)전략이다. 양두재외는 원재료 조달시장과 상품 판매시장을 모두 해외시장에 둔다는 의미이다. 중국은 이러한 방식으로 외국에서 원부자재를 수입하여 가공한 후 제품을 다시 해외시장에 판매하여 '대대적인 수출입전략(大进大出)'을 추진하였으며 상당한 성과를 이룩하였다.

(3) 삼자기업(三资企业)

개혁개방 초기 중국의 외자이용은 주로 삼자기업(三资企业)에 의존하였다. 삼자기업은 중외합자경영기업(中外合资经营企业)과 중외합작경영기업(中外合作经营企业) 그리고 외상독자경영기업(外商独资经营企业) 등 3가지 형식의 외국인 투자기업을 지칭한다. 중국은 이러한 삼자기업을 통해 경제발전에 필요한 외자유치와 기술 및 기업관리 경험을 유치하였다.

삼자기업/三资企业

삼자기업(三资企业)은 중국 내에 설립한 외자기업으로 중외합자경영기업(中外合资经营企业)과 중외합작경영기업(中外合作经营企业) 그리고 외상독자경영기업(外商独资经营企业) 등 3가지 형식의 기업을 지칭한다.

이들 삼자기업 중 중외합자경영기업은 주식제 합영기업으로도 불리며, 외국의 투자자가 중국의 회사, 기업 혹은 기타유형의 경제조직과 공동으로 투자하여 공동으로 경영하고 출자비율에 따라 이익과 위험을 분담하는 형식이다. 또한 중외합작경영기업은 계약식 합영기업으로 불리며, 외국의 투자자가 중국의 회사, 기업 혹은 기타유형의 경제조직과 합작 협의에 따라 조직된 기업이다. 그리고 마지막으로 외상독자경영기업은 외국투자가 단독으로 투자하여 중국 내에 설립한 기업을 말한다.

자료: 卢哲和·金昌洙·徐锡兴 공저(1998)에서 필자 정리.

(4) 삼래일보(三来一补)

삼래일보(三来一补)는 가공무역형식의 하청생산을 말하는데 다음 4가지가 있다.

① 원료가공(来料加工, processing on commission): 외국의 발주자로부터 원료, 부품 및

포장재료를 수입(제공)하여 가공한 제품을 발주자가 인수하는 임가공(賃加工)이다.

② 샘플가공(来样加工, manufacture on the basis of sample): 외국의 발주자가 제공한 견본 또는 작업지시서에 따라 가공하는 것으로 원료는 중국산을 사용하고 생산된 제품은 발주자가 인수한다.

③ 부품조립(来件装配, Knock-Down): 외국의 발주자가 부품을 제공하고 중국 측에서 조립한 후 발주자가 인수한다.

④ 보상무역(补偿贸易, compensation trade): 외국기업이 원료 및 기계설비를 제공하고 생산물로 그 대가를 상환하는 일종의 생산물 분배방식이다.

중국은 이러한 삼래일보를 통해 저렴한 노동력과 외국의 자금, 기술, 설비 등을 이용하여 제품을 생산하고, 생산된 제품을 국외에 수출하는 방식을 실시하였다. 개혁개방 초기인 1980년대에 삼래일보는 주강삼각주(珠江三角洲)지역과 민남삼각주(闽南三角洲)지역에 집중되어 있었으며, 특히 주강삼각주지역은 200만 명 이상의 노동자가 1,200개가 넘는 홍콩투자기업에서 생산활동을 하고 있는 것으로 조사되는 등 중국 최대의 가공무역기지였다.

제3절 개혁개방과 경제발전전략의 전환

개혁개방 초기 중국의 경제발전전략은 비교우위에 따른 발전과 연해지역 중심의 불균형발전이 핵심이었다. 그러나 중국의 이러한 발전전략은 개혁개방이 심화되고 경제적 환경이 변화됨에 따라 전환되어 왔다. 즉 개혁개방 초기에는 비교우위에 따라 노동집약적 산업을 중심으로 한 가공업 중심의 조방형(粗放型)과 외향형 발전전략이 주로 추진되어 왔으나, 경제발전이 가속화되면서부터는 기술집약형과 내수 중심의 발전전략으로 전환되었다. 또한 지역발전전략도 동부 연해지역 중심의 불균형 발전전략에서 중서부 내륙지역의 발전을 강조하는 지역협조 발전전략으로 전환하였다. 이에 더해 최근에는 새로운 경제환경의 변화에 따른 뉴노멀(新常态) 경제발전전략을 추진하고 있다.

1. 경제체제 전환의 추진(1978~1991)

개혁개방 초기 중국의 경제발전전략은 경제체제 전환에 역점을 두었다. 그러나 중국의 경제체제 전환은 동구의 사회주의권 국가들과 같이 빅뱅(big bang)식 전환이 아니라 점진적인 방식으로 추진되었다. 우선 농촌개혁을 실시하고, 농촌개혁의 성과를 도시개혁으로 확산시키는 방식을 실시하였다. 그러나 중국의 이러한 전환은 순조롭게 진행된 것은 아니며 개혁파와 보수파 간의 이론적 논쟁은 물론 경기과열 현상이 나타나기도 하였다.

1) 농촌 중심의 개혁 추진(1978~1983)

중국의 경제개혁은 농촌부터 시작되었다. 물론 도시에서도 개혁개방 초기에 개혁이 추진되기는 하였지만, 이 시기 도시개혁은 지방과 기업에게 탐색 차원에서 자주권을 부여하는 수준에 불과하였다.[19)]

중국의 농촌개혁은 안후이성(安徽省) 추저우시(滁州市) 펑양현(凤阳县)에 있는 '샤오깡촌(小岗村)' 이라는 작은 마을로부터 시작되었다. 당시 샤오깡촌은 인민공사의 집단생산체제에서는 도저히 생각할 수 없었던 일종의 농가청부생산제인 따빠오깐(大包干)을 비밀리에 실시하기로 하고 농가마다 분전(分田)을 하여 경작에 들어갔으며, 경작의 결과는 대풍이었다. 이러한 사실에 대하여 당시 안후이성 서기 완리(万里)는 샤오깡촌의 생산방식을 처벌하지 않고 안후이성 전체에 보급하였는데, 이것이 전국적으로 퍼져나가면서 농촌개혁의 신호탄이 되었다.

샤오깡촌/小岗村: 중국 농촌개혁의 시발점

샤오깡촌은 중국 안후이성(安徽省) 추저우시(滁州市) 펑양현(凤阳县)에 있는 작은 농촌마을이다. 개혁개방 초기 인민공사가 해체되기 전까지 이 마을은 인민공사의 샤오깡생산대(小岗生产队)였다.

19) 개혁개방 초기 중국의 개혁은 농촌개혁 외에 국영기업에 자주권을 부여하는 한편 재정관리체제를 개혁하기도 했다. 특히 재정관리체제의 개혁은 지방정부의 재정업무를 조정하여 재정권을 확대시켰다. 그러나 이러한 조치는 극히 초보적인 수준에 불과했으며, 도시개혁이 진행되고 사회주의시장경제체제가 들어서면서 본격화되었다.

이 마을이 중국 농촌개혁의 시발점이 된 데는 청부제 개념인 따빠오깐(大包干)을 최초로 실시하였기 때문이다. 샤오깡촌의 따빠오깐 실시는 1978년 12월 어느 날 샤오깡촌의 18가구 농민이 한 자리에 모여 한 장의 초안계약서에 붉은 지장을 찍으며 시작되었다. 계약서에는 "우리는 농가에 분전(分田)하며, 각 농가의 호주는 서명날인한다. 각 농가는 1년에 낼 공량(公粮)을 완성하도록 보장할 수 있어야 한다. 더 이상 국가에 금전이나 식량을 요구하지 않는다. 만약 이루지 못하여 우리의 간부가 감옥에 가서 죽더라도 당연히 받아들이며, 모든 인민공사원도 우리의 아이들이 18세가 될 때까지 양육을 보장한다" 라고 적혀 있다. 현재 이 계약서는 중국 국가박물관에 보관되어 있으며, 사람들은 이 계약서를 '따빠오깐 붉은 지장(大包干红手印)'의 생사계약이라고 부르고 있다.

샤오깡촌 '따빠오깐' 계약

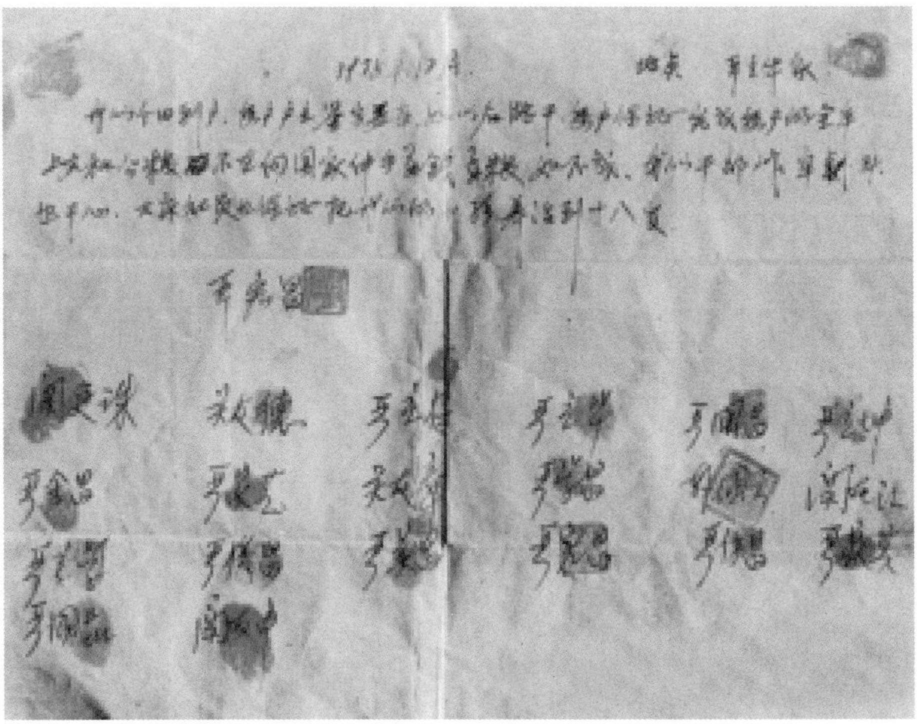

자료: 新华网(http://www.xinhuanet.com)

인민공사/人民公社

인민공사(人民公社)는 중국 사회주의 사회의 구조이자 공(工)·농(农)·상(商)·학(学)·병(兵) 결합의 기층단위이다. 또한 사회주의 조직의 기층단위이기도 하다. 중국의 인민공사운동은 1958년 여름에 시작되었으며, 단기간 내에 전국 농촌이 공사화되었다. 인민공사는 당의 정풍운동(整风运动)이자 사회주의 건설의 총노선이며, 1958년 대약진운동의 산물이다.

한편 인민공사(人民公社)의 조직은 정사합일(政社合一)체이다. 즉 기층정권조직(乡人民委员会)과 집체경제조직(社管理委员会)을 하나로 통합하여 향(乡)과 사(社)의 각종 업무를 통일적으로 관리하는 조직이다. 따라서 인민공사는 생산조직이자 기층정권이다. 인민공사는 성립 초기에 생산도구를 단일 공사소유제로 하였으며, 분배는 임금제와 배급제가 결합된 방법을 실시하였다. 그뿐만 아니라 자유지(自留地)를 폐지하고 농가의 부업을 금지하여 농민의 생산의욕을 상실시켜 농촌의 생산성에 영향을 주었다. 그 후 여러 차례 조정을 거쳐 1962년부터 절대다수의 인민공사에서 '대(队)를 기초로 한 3급 소유(三级所有, 队为基础)' 제도를 실시하여 자유지와 농가부업을 회복시키고 확대하였다. 그러나 관리의 과도한 집중과 경영방식의 지나친 단일화 그리고 분배에 있어서 평균주의를 실시한 결점을 가지고 있었다. 1978년 이후 농촌지역에서 보편적 농가생산책임제가 실시됨에 따라 인민공사는 향(乡) 혹은 진(镇)으로 대체되었다.

그림 5-7 인민공사의 조직

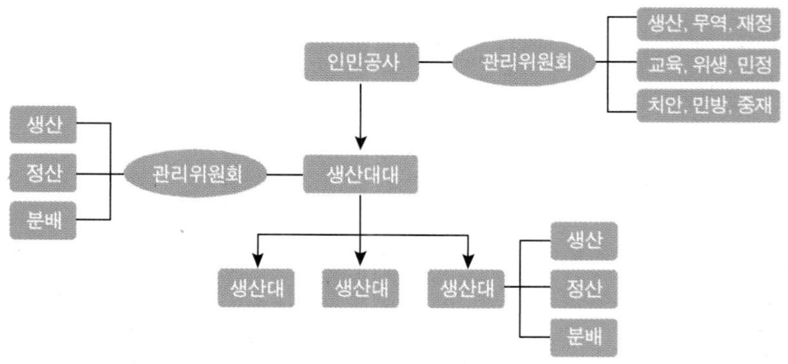

자료: 李端祥(2006)에서 필자 정리.

샤오깡촌의 따빠오깐을 시작으로 추진된 중국의 농촌개혁은 중공중앙이 1982년부터 1986년까지 연속으로 5년간 농업 관련 '중앙 1호 문건(中央一号文件)'을 공포하는 등 정부차원에서 적극적인 정책적 조치를 취하면서 급속하게 추진되었다. 그 결과 중국의 농촌경제는 빠른 속도로 발전하였다. 예컨대 식량 총생산량은 1978년에 3억 477만 톤이었으나 1985년에는 3억 7,911만 톤으로 24.4% 증가하였고, 면화생산량도 217만 톤에서 415만 톤으로 증가하여 91.4%가 증가하였다. 그림 5-8 또한 농민의 1인당 수입도 133.6위안에서 397.6위안으로 증가하여 경상가격 기준으로 168.9%나 증가하였다.

중공중앙 1호 문건/中共中央一号文件

중공중앙 1호 문건은 중공중앙이 매년 첫 번째로 공포하는 문건으로 국가의 1년 업무 중 강령성과 지도성을 갖는다. 문건 중 언급된 문제는 당해 연도에 최우선적인 해결을 요구하고 있다. 중공중앙은 1982년부터 1986년까지 5년간 삼농(농업, 농촌, 농민)을 주제로 한 중앙 1호 문건을 공포하고 농촌개혁과 농업발전에 관한 구체적 조치를 취하였다. 또 2004년부터 2013년까지 10년간 삼농을 주제로 한 '중앙 1호 문건'을 공포하고 삼농 문제가 사회주의 현대화 건설 중 가장 중요한 위치를 차지한다고 강조하였다.

표 5-7 개혁개방 초기 중공중앙 농촌공작 관련 '중앙 1호 문건'의 주요 내용

연도	문건 명칭	주요 내용
1982	전국 농촌공작회의 요록 (全国农村工作会议纪要)	중국농업은 반드시 사회주의 집단화(集体化) 노선을 견지하며, 토지 등 기본생산요소의 공유제는 장기간 불변
1983	현재 농촌경제정책의 약간 문제 (当前农村经济政策的若干问题)	농업생산책임제는 현재 농촌공작의 주요 임무이며, 산림간벌, 경지감소, 인구팽창은 중국 농촌의 3대 문제
1984	1984년 농촌공작에 관한 통지 (关于一九八四年农村工作的通知)	연합생산청부책임제의 지속적 개선 및 토지청부기간 15년 이상으로 유지
1985	농촌경제의 진일보적 활약에 관한 10개항의 정책 (关于进一步活跃农村经济的十项政策)	농부산품의 '일괄구매 일괄판매(统购统销)' 제도 취소와 식량, 면화 등 중요 농작물에 대하여 국가계획 합동수매의 신정책 실시
1986	1986년 농촌공작에 관한 편성 (关于一九八六年农村工作的部署)	개체경제는 사회주의경제의 주요 보충형식으로 존속과 발전을 허가

자료: 中国产业地图编委会·中国经济景气监测中心编(2008).

그림 5-8 개혁개방 초기 중국의 주요 농작물 생산지표

(단위: 만 톤)

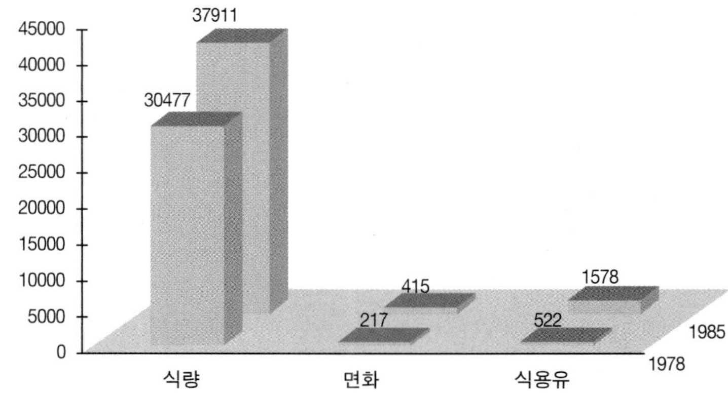

자료: 中国国家统计局(http://www.stats.gov.cn/)에서 필자 정리.

한편 중국의 농촌개혁은 인민공사체제의 집단 생산방식에서 개별농가 생산방식으로의 전환뿐만 아니라 농촌의 공업화도 함께 추진하였다. 중국의 농촌공업화는 향진기업(乡镇企业)이 중심이었으며, 향진기업은 농민들의 취업기회 제공과 수입증가에 도움을 주어 농민들의 생활수준을 크게 제고시키는 역할을 하였다.

2) 도시 중심의 개혁 추진(1984~1987)

개혁개방 초기 농촌개혁의 성과에 고무된 중국은 1984년부터 개혁의 중심을 도시개혁으로 전환하였다. 중국의 도시개혁은 기업개혁이 중심이었으며, 이 시기 기업개혁은 주로 기업에게 자주권을 확대하는 것이 핵심이었다. 중국정부는 이를 위해 1985년 9월에 국가경제개혁위원화와 국가체제개혁위원회에서 결정한 〈중대형 국영기업 활성화에 관한 약간 문제의 잠정규정(关于增强大中型国营企业活力若干问题暂行规定)〉을 공포하고, 기업에 권한을 부여하였다. 또한 1986년 12월에는 〈기업 활력증강의 심화 기업개혁에 관한 약간규정(关于深化企业改革增强企业活力的若干规定)〉을 공포하고 기업의 청부제(承包制)를 실시하기도 하였다.

기업의 청부제 실시는 당시 국영기업개혁의 중요한 형식이었으며, 1987년까지 전

국의 예산 내 전민소유제기업(全民所有制企业)의 78%, 그중 중대형기업의 80%에 대하여 실시하였다. 또한 1988년에는 〈전민소유제공업기업법(全民所有制工业企业法)〉을 공포하고, 처음으로 소유권과 경영권 분리에 관한 규정을 정하였다. 그리고 1988년 2월에는 〈전민소유제 공업기업 청부경영책임제 잠정조례(全民所有制工业企业承包经营责任制暂行条例)〉를 공포하기도 하였다. 그러나 이 시기 국영기업의 개혁은 경영자주권 확대에 한정한 초보적 수준에 불과하였다.

한편 이 시기 중국의 도시개혁은 기업의 자주권 확대 외에 임금개혁을 추진하기도 하였다. 중국의 임금제도개혁은 기업과 기관 그리고 사업단위를 분리하여 실시하였다. 그중 기업직공의 임금은 기업의 경제적 이윤과 개인의 기여도를 연계시켰을 뿐 아니라 직무임금에 기본임금과 경력임금을 합한 임금제도를 실시하였다.

이밖에도 중국의 도시개혁은 가격개혁과 재정체재개혁을 추진하기도 하였다. 우선 가격제도개혁에서는 공산품과 농산품을 구분하지 않고 모두 개방의 품목을 확대하는 개혁을 추진하였다. 재정체제개혁에서는 1985년부터 국가예산 내의 기본건설투자를 정부의 '무상지급형식에서 대출형식(拨改贷)'으로 모두 전환하였다.

3) 개혁의 논쟁과 치리정돈(1988~1991)

그러나 중국의 개혁은 결코 순탄치만은 않았다. 1989년 6월 6·4천안문사태 이후 시장지향(市场趣向), 시장화, 시장경제 등을 비판하는 목소리가 연이어 등장하기 시작하였다. 혹자는 "시장경제는 곧 공유제를 취소하는 것으로 공산당과 사회주의를 부정하고 자본주의의 길을 걷는 것"이라고 비판하였고, 혹자는 또 "계획경제만이 사회주의경제이며, 개혁의 목표를 '시장지향'에 두는 것은 자본주의 생산방식과 사회주의 생산방식을 혼동하는 것이다"라고 비판하였다. 심지어 계획경제와 시장경제의 논쟁을 '노선투쟁'으로 연계시키는 경우도 있었다.

6·4천안문사태/6·4天安门事态

6·4천안문사태는 1989년 6월 4일 톈안먼(天安门)광장에서 민주화를 요구하는 학생과 시민들을 정부가 무력으로 진압한 유혈정치적 참극이다. 6·4천안문사태는 정치개혁을 주장해오던 후야오방(胡耀邦)이 사망하자, 이를 애도하기 위해 톈안먼광장에 모인 수많은 군중들 중 청년 학생들이 주축

이 되어 민주화를 요구하면서 촉발되었다. 당시 청년학생들은 민주화를 요구하며 단식투쟁 등을 하였다. 이에 대하여 중국정부는 해산을 요구하였으나 응하지 않자 강경한 태도를 보이며 전차와 장갑차를 투입하여 무차별적인 해산을 추진하였다. 이 과정에서 수많은 희생이 있었다. 중국정부는 희생자 수를 정확하게 발표하고 있지 않지만, 해외 인권단체들은 1,000여 명 이상이 사망했을 것으로 추정하고 있다.

중국의 이러한 진압방식은 국제사회로부터 맹비난을 받았다. 그러나 중국정부는 사건 직후 이러한 민주화 요구 행동을 '반혁명 폭동'으로 규정하고 참가한 학생과 지식인들 다수를 체포하여 탄압하였을 뿐 아니라 피신한 자들을 끝까지 추적하였다. 이 때문에 운동지도자의 대부분은 국외로 피신하기도 하였다. 한편 당시 중국공산당 총서기였던 자오쯔양(赵紫阳)은 청년학생들의 운동에 호의적이었다는 이유로 정치적 책임을 물어 실각되고, 대신 당시 상하이시 당 서기였던 장쩌민(江泽民)이 당 총서기로 선출되었다.

자료: 정치학대사전 편찬위원회(2002)에서 필자 정리.

그러나 이러한 비판은 덩샤오핑에 의해 잠재워졌다. 덩샤오핑은 1989년 6월 9일 "우리는 계획경제와 시장조절을 상호 결합하여야 하며, 이것은 바꿀 수 없다. 절대로 다시 과거의 길로 돌아가 경제를 죽일 수는 없다"라고 하였다. 또한 1990년 12월에는 "우리는 반드시 자본주의와 사회주의의 구분이 계획이냐 시장이냐에 있지 않다는 것을 이론적으로 이해해야 한다. 사회주의도 시장경제가 있고, 자본주의도 계획통제가 있다. 시장경제로 치우쳤다고 자본주의라고 생각하지 마라. 그런 일은 없다. 계획과 시장은 모두 필요하다. 시장경제를 하지 않으면 세상의 정보를 알 수 없어 스스로 낙후되는 수밖에 없다"고 하면서 '자본주의냐 사회주의냐(姓社还是姓资)'의 논란을 잠재웠다.

한편 중국은 이러한 논란에도 개혁개방이 지속되었다. 하지만 1987년 하반기부터 중국경제는 인플레이션의 전조가 나타나기 시작하였으며, 그 결과 1988년과 1989년 중국의 소매물가지수 증가율은 각각 18.5%와 17.8% 수준이었다. 중국은 이러한 심각한 수준의 인플레이션을 해결하고자 1988년 4/4분기부터 투자축소, 통화긴축, 금리조정 등을 실시하는 치리정돈(治理整顿)에 들어갔으며, 그 결과 1990년과 1991년 소매물가지수 증가율이 2.1%와 2.9%대로 낮아졌다.

치리정돈/治理整顿

치리정돈(治理整顿)은 1988년부터 시작된 일종의 경제조정정책이다. 중국은 중공중앙정치국이 개최한 2차례의 회의와 '13기 3중전회' 에서 경제환경을 정비하고 경제질서를 바로잡아 전면적인 심화개혁을 한다는 결정을 하고 관련 정책과 조치 그리고 지도방침을 제기하였다. 구체적으로 1989년과 1990년에 개혁과 건설의 중점을 '경제환경 정비와 경제질서 시정(治理整顿)' 에 두었다. 경제환경 정비의 주된 내용은 사회총수요를 감소시키고 인플레이션을 억제하는 것이었다. 즉 투자규모와 사회집단의 구매력 통제와 엄격한 화폐발행 통제를 통해 경기과열 현상을 극복하고자 하였다. 경제질서 시정은 당시의 경제생활 중 특히 유통영역에서 나타난 각종 혼란상황, 즉 폭등하는 가격을 바로잡는 데 있었다.

자료: 魏礼群(2008)에서 정리.

또한 중국은 이 시기 농촌개혁을 지속적으로 추진하는 한편 1990년 10월과 1991년 11월에 상하이(上海)와 선전(深圳)에 증권거래소를 설치하고 자본시장을 개방하기 시작했다. 특히 이 시기 중국은 6·4천안문사태 이후 서방의 제제조치로 외자유치와 수출이 감소되었으나 대외개방은 오히려 가속화하였다. 1990년 4월 경제특구와 경제기술개발구의 관련 정책에 따라서 상하이 푸동신구(浦东新区)를 개발하기 시작하였다. 그리고 1991년에는 외자은행에게 상하이 푸동에서 외환업무를 허가하기도 하였다. 당시 푸동에는 6개의 외자은행과 1개의 중외합작은행 그리고 2개의 중외합작파이낸스사가 설립되었다.

2. 사회주의시장경제체제의 확립과 경제발전의 가속(1992~2002)

1) 사회주의시장경제체제 확립과 전면적 개혁개방

개혁의 논쟁과 치리정돈단계를 거친 중국의 개혁개방은 1992년 봄 덩샤오핑이 우창(武昌), 선전(深圳), 주하이(珠海), 상하이(上海) 등을 시찰하면서 연설한, 이른바 남순강화(南巡讲话)로 인해 새로운 단계에 접어들었다. 덩샤오핑은 남순강화에서 "계획과 시장의 다소(多少)가 사회주의와 자본주의의 본질을 구분하는 것은 아니다. 계획경제가 반드시 사회주의와 일치하는 것은 아니며 자본주의에도 계획은 있다. 계획과 시장은 모두 경제수단이다. 사회주의 본질은 생산력 해방과 발전에 있으며, 착취소멸과 양극화 해소를 통해 최종적으로 공동부유를 달성하는 것이다" 라고 하였다. 덩샤오핑의 이러한 연설은 순식간에 전국으로 퍼져나갔으며, 이전까지의 '자본주의냐 사회주의냐(姓'社'姓'资')' 의 논쟁을 다시금 잠재웠다.

이러한 상황에서 중국은 1992년 10월에 개최된 중국공산당 14대에서 장쩌민 당시 총서기가 "우리의 경제체제개혁 목표는 사회주의시장경제체제의 건립이며, 사회주의 시장경제체제 건립과정 중 계획과 시장의 결합범위와 수준 그리고 형식은 시기와 장소에 따라 다를 수 있다" 고 하였다. 이로써 사회주의시장경제이론과 사회주의시장경제체제는 중국의 개혁목표가 되었다.

중국은 그 후 1993년 11월에 개최된 '14기 3중전회' 에서 덩샤오핑의 시장경제에 관한 견해와 14대 정신을 실천하기 위한 〈사회주의시장경제체제 건립에 관한 약간 문제의 결정(关于建立社会主义市场经济体制若干问题的决定)〉을 통과시켰다. 이 결정에서 중국은 지금까지의 개혁경험을 평가하고, 사회주의시장경제체제의 청사진과 기본구도를 다음과 같이 제시하였다.

첫째, 반드시 공유제를 견지하는 가운데 다양한 형식의 경제가 공동으로 발전하는 방침을 견지하며, 진일보적으로 국유기업의 경영메커니즘을 개혁하여 시장경제에 부합하는 '재산권의 분명화(产权明晰)' , '권한과 책임의 명확화(权责明确)' , 정기분리(政企分开), 관리의 과학화(管理科学)의 현대기업제도를 건립한다.

둘째, 전국적으로 하나로 일치된 시장체계를 건립하여 도농시장 결합과 국내외시장을 연계시켜 자원배치를 효율화시킨다.

셋째, 정부의 경제관리기능을 전환하고 간접수단 중심의 거시조정체계를 건립하여 국민경제의 건강한 운용을 보장한다.

넷째, '노동에 따른 분배(按劳分配)' 를 중심으로 한 효율과 공평을 강조한 분배제도를 건립하여 일부지역과 일부사람이 먼저 부자가 될 수 있도록 격려하고 공동부유의 길을 추구한다.

다섯째, 다양한 사회보장제도를 만들어 도시와 농촌의 주민들에게 국가실정에 맞는 사회보장을 제공하며 경제발전과 사회안정을 촉진시킨다.

중국은 이러한 기본구도에 따라 국유기업개혁을 비롯한 재정금융, 외환, 대외개방 등 다양한 영역에서 진일보적인 개혁을 추진하기 시작하였다.

(1) 국유기업의 현대기업제도 건립과 경영메커니즘 전환

개혁개방 초기 중국의 국유기업개혁은 기업과 정부 사이의 관계를 조정하는 데 국한되어 있었다. 기업의 활력을 증강시키기 위해 국가는 기업에게 '권한과 이윤을 양보(放权让利)' 하여 기업으로 하여금 자주권을 갖게 하는 것이 개혁의 중점이었다. 그러나 이러한 개혁은 국유기업의 경영효율을 제고시키는 해결책이 되지는 못했다. 이러한 상황에서 중국은 1990년대 진입 이후 국유기업의 경영메커니즘을 전환하고 현대기업제도를 건립하는 등 진일보적인 개혁을 추진하였다. 즉 기업이 자주경영과 손익을 스스로 책임지는 법인의 실체이자 시장경쟁의 주체가 되도록 하는 일련의 개혁을 추진하였다.

구체적으로 우선 1994년에 이른바 '만천백십의 개혁(万千百十, 转轨建制)' 계획을 실시하였다. 즉 기업체제개혁의 기초를 다지기 위해 1만 개의 중대형기업에 대해서 14개의 경영자주권을 실시하고,[20] 1천 개의 핵심기업(骨干企业)에 대해서는 자산을 관리감독하며, 또한 1백 개의 다양한 중대형기업에게는 현대기업제도를 시험적으로 건립하고, 열 개의 도시와 지역에서 기업의 부담을 덜어주고 유동자금의 비중을 높인다는 정책을 실시하였다.

그리고 1995년에는 국무원이 허가한 '현대기업제도의 시험적 건립' 과 '자본구조의 시험적 개선' 그리고 '기업집단과 지주회사(控股公司)의 시험적 실시' 등 3개항의 시험적 조치를 실시함과 동시에 규모가 큰 주요 기업은 국유로 남기고 작은 기업들은 과감히 민영화한다는 의미의 '조대방소(抓大放小)' 정책을 제기하였다. 또한 1997년 9월에 개최된 15대에서는 "국유기업의 활성화는 사회주의시장경제의 건립과 사회주의제도 공고화에 중요한 의미가 있으며, 국유기업개혁의 방향은 현대기업제도의 건립이다" 라고 제기하였다. 그뿐만 아니라 1999년 9월에 개최된 '15기 4중전회' 에서는 〈국유기업개혁과

20) 국유기업의 14개 경영자주권은 생산경영결정권(生产经营决策权), 제품 및 노무가격결정권(产品、劳务定价权), 제품판매권(产品销售权), 물자구입권(物资采购权), 수출입권(进出口权), 투자결정권(投资决策权), 유보자금사용권(留用资金支配权), 자산처분권(资产处置权), 연합경영 및 합병권(联营、兼并权), 노동사용권(劳动用工权), 인사관리권(人事管理权), 임금 및 보너스분배권(工资、奖金分配权), 내부기구설치권(内部机构设置权), 분담금거부권(拒绝摊派权) 등이다.

발전에 관한 약간 중대문제의 결정(关于国有企业改革和发展若干重大问题的决定)〉을 결의하고 국유기업의 개혁과 발전은 반드시 10개항의 방침을 견지해야 한다고 제기하였다.[21]

1992년 사회주의시장경제체제 건립 후 본격적으로 추진된 중국 국유기업의 현대기업제도 건립은 2000년대 초에 기본적으로 완성되었다. 중국의 국가통계국 자료에 의하면, 2001년 전국 4,371개의 중점기업(절대다수가 국유기업) 중 76%인 3,322개의 기업이 회사제(公司制)로 개조되었다. 또한 3,322개 기업의 등록자본 11,437억 위안 중 국유자본은 7,383억 위안으로 64.55%를 차지하고 나머지 35.45%에 해당하는 4,054억 위안은 집체자본, 법인자본, 개인자본, 외자자본 등이었다. 따라서 대다수 기업들의 재산권이 다양화되었음을 알 수 있다. 또 다른 자료에 의하면 개체호(个体户)를 제외한 90% 이상의 신규기업이 주식제(股份制)기업이고,[22] 기존기업(老企业)의 70% 이상이 주식제기업으로 전환된 상태로 순수한 국유기업과 사영기업은 점차 감소되고 있는 상황이었다. 그러나 중국의 국유기업개혁은 아직도 다양한 문제를 해결하지 못하고 중국경제개혁의 중심에 있는 상황이다.

(2) 비공유경제의 급속한 발전

개혁개방 이전에 중국에서는 개체호와 사영경제 등 비공유제경제가 철저하게 배척되었다. 그러나 개혁개방 이후, 특히 1997년 9월에 개최된 중국공산당 15대에서 개체호와 사영경제 등 비공유제경제가 사회주의시장경제의 중요한 구성요소로 인정되면서 비약적인 발전을 하였다. 구체적으로 2002년 말 기준 중국의 개체호는 2,377만 개로 4,743만 명이 종사하고 있으며, 등록자본도 3,782억 위안 수준에 이르고 있다. 또한 사영경제는 1980년대 말부터 발전하기 시작하여, 1992년 덩샤오핑의 남순강화 이후 매년 15% 이상 고속발전을 하였다. 그림 5-9 특히 개체호와 사영기업이 비교적 발전한 저장성(浙江省)의 경우, 비공유제경제의 증가율은 47%나 되었으며 납세액과 수출액의 비중도 각각 41%와 79%를 차지하였다. 중국의 이러한 개체호와 사영경제의

21) 국유기업개혁과 발전에서 견지해야 할 10개항의 방침은 다음과 같다. ① 공유제를 중심으로 다양한 소유제경제가 공동으로 발전한다. ② 전략적으로 국유기경제의 분포를 조정하고 국유기업을 개편한다. ③ 개혁은 개편·개조·관리의 강화를 포함한다. ④ 현대기업제도를 건립한다. ⑤ 기업의 과학기술 발전을 추진한다. ⑥ 기업관리를 전면적으로 강화한다. ⑦ 적자생존의 경쟁메커니즘을 건립한다. ⑧ 각종 부대개혁을 협력·조정한다. ⑨ 진심으로 노동자계급에 의존하고, 기업의 당 조직이 정치적 핵심작용을 발휘하도록 한다. ⑩ 기업의 정신문명 건설을 추진한다.

22) 개체호(个体户)는 직원 8명 이하의 개인 자영업자를 지칭한다.

발전은 1979년 1% 미만이었던 비공유제경제의 GDP기여율이 2001년에는 20% 이상으로 증가될 정도로 중국의 경제발전에 중요한 역할을 하였다.

사영기업/私营企业

중국의 사영기업은 사인(私人)이 생산요소를 소유한 기업으로 직원이 8명 이상인 영리성 경제조직을 말한다. 사영기업은 다음과 같이 세 가지 종류가 있다.

① 독자기업(独资企业): 1인이 투자경영하는 기업을 말하며, 독자기업 투자자는 기업의 채무에 대하여 무한책임을 진다.
② 합화기업(合伙企业): 합명회사에 해당하는 합화기업은 2인 이상이 투자협약에 따라 공동으로 경영하고 공동으로 손익을 책임지는 기업이며, 합화기업의 사원들은 기업채무에 대하여 무한연대책임을 진다.
③ 유한책임회사(有限责任公司): 주주는 출자액 한도에서 책임을 지며, 회사는 회사의 재산으로 채무에 대한 책임을 진다.

한편 사영기업 중 독자기업과 합화기업은 기업법인 조건에 부합하지 않아 법인자격은 취득할 수 없다.

자료: 于而立(2012)에서 필자 정리 작성.

그림 5-9 중국 사영기업의 발전 현황(2000~2001)

(단위: 만 개/만 명/억 위안)

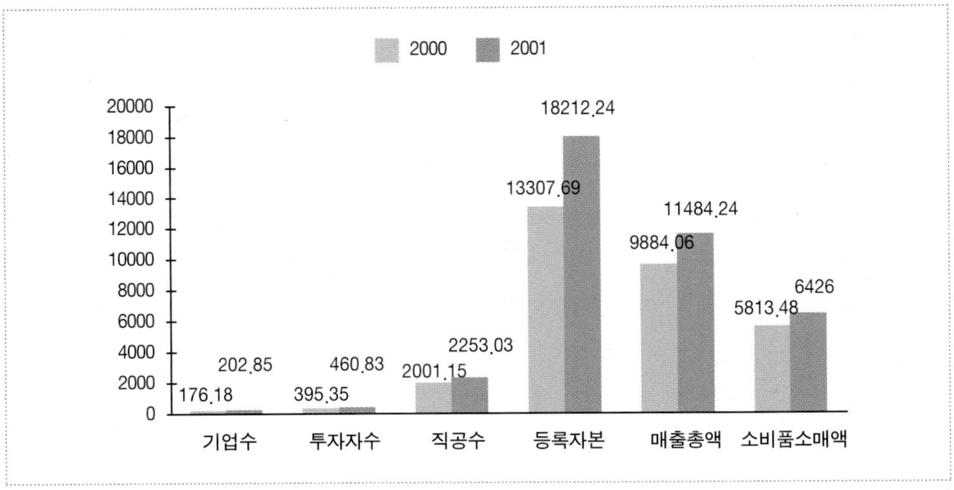

자료: 财经杂志(http://finance.sina.com.cn)에서 필자 재작성.

(3) 재정·금융체제개혁의 심화

중국의 재정·금융체제의 개혁은 1994년부터 가속화되었다. 우선 재정체제는 1992년부터 저장(浙江), 우한(武汉), 다롄(大连) 등에서 시험적으로 '세전세후 청부제' 인 '분세포간(分税包干)' 개혁을 실시하였다. 그리고 1994년 1월 1일부터는 분세제(分税制)와 이전지급(转移支付) 체계를 전면적으로 추진하였으며, 또한 부가세(增值税), 소비세, 영업세의 거래세(流转税)제의 구도를 만들고 대내외기업에 일괄적으로 적용함과 동시에 외자기업에게 징수하던 공상통일세(工商统一税)를 취소하였다. 그리고 1996년부터 새로운 관세세칙에 따라 지속적으로 관세율을 낮추었다.

금융체제개혁은 1993년 12월 국무원이 반포한 〈금융체제개혁에 관한 결정(关于金融体制改革的决定)〉에 따라 1994년부터 중국인민은행이 중앙은행으로서의 화폐안정화와 감리감독의 기능을 갖게 하였다. 1994년부터 재정은 은행으로부터 차입을 금지하고 재정적자는 국채를 발행하여 충당하도록 하였다. 또한 금융체계를 정책금융과 상업금융으로 나누고, 국가개발은행(国家开发银行), 중국농업발전은행(中国农业发展银行), 중국수출입은행(中国进出口银行) 등 3개의 정성 은행을 설립하였다. 1995년 3월에는 중화인민공화국은행법(中华人民共和国银行法)과 중화인민공화국상업은행법(中华人民共和国商业银行法) 등의 법률을 공포하기도 하였다. 1998년 5월에는 금융기구의 관리를 위해 중공중앙금융공작위원회와 금융기구 당위원회를 설치하기도 했다. 동시에 금융의 관리감독 강화를 위해 은행감독관리위원회와 보험감독관리위원회 그리고 증권감독관리위원회를 설립하여 각각 독립적으로 해당금융기관을 관리감독하도록 하였다. 또한 1999년에는 금융기관의 위험성을 대비하기 위하여 중국신달자산관리공사(中国信达资产管理公司), 중국동방자산관리공사(中国东方资产管理公司), 중국화융자산관리공사(中国华融资产管理公司), 중국장성자산관리공사(中国长城资产管理公司) 등 4개의 자산관리공사를 설립하여 4대 국유상업은행(중국은행, 중국공상은행, 중국건설은행, 중국농업은행)의 불량자산을 매입하고 위탁관리하기도 하였다.

외환체제개혁은 1993년 12월 5일 국무원이 〈진일보 외환관리체제개혁에 관한 통지(关于进一步外汇管理体制的通知)〉를 공포하고, 1994년 1월 1일부터 외환관리에 대한 개혁을 실시하였다. 구체적으로 이중환율구조로 단일화하고 시장의 수요와 공급에 기초한 관리형 변동환율제를 실시하여 통일된 외환시장을 갖추게 되었다. 1996년 7월 중국은 경상항목에서 인민폐(人民币) 태환이 실시되었으며, 자본항목에서는 인민폐 태환이 2016년 6월 말까지 이루어지지 않았으나 곧 이루어질 것으로 예상된다.

(4) 연해와 내륙 간 격차 축소를 위한 서부대개발 추진

1992년 사회주의시장경제 건립 이후 중국은 국유기업을 비롯한 다양한 영역에서 전방위적으로 심화된 개혁을 추진하였다. 그 결과 중국경제는 2000년 이전까지 국민경제를 '4배 증가(翻两番)' 시킨다는 목표를 3년이나 앞당긴 1997년에 완성하였다. 그러나 중국경제는 이러한 경제발전성과 이면에 지역 간 경제발전격차 문제가 심각하게 나타났다. 특히 동서부지역 간의 발전격차가 두드러지게 나타났다. 표 5-8 중국은 이러한 지역발전 문제를 해결하기 위해 1999년 서부대개발(西部大开发)전략을 제기하고 다양한 정책적 조치를 제시하였다. 그림 5-10

표 5-8 중국의 동·중·서부지역의 1인당 GDP 변화 추이

(단위: 위안)

연도	1978	1980	1985	1988	1990	1995	2000
전국	379	460	853	1,355	1,634	4,854	7,942
동부지역	483	597	1,113	1,827	2,080	7,105	14,883
중부지역	311	390	716	1,108	1,268	3,691	5,521
서부지역	255	315	565	822	1,060	3,029	4,814

자료: 中国国家统计局(http://www.stats.gov.cn/)에서 필자 정리.

서부대개발/西部大开发

중국의 서부대개발(西部大开发)은 동부 연해지역의 발전경험을 서부지역으로 이전시켜 경제사회발전을 이루고자 하는 일종의 지역발전격차 축소전략으로 2000년 3월 전인대의 심의를 거쳐 정식으로 추진되었다. 중국은 서부대개발을 적극적으로 추진하기 위해 2001년 1월 국무원 산하에 '서부지역개발영도소조(西部地区开发领导小组)' 를 설치하고 당시 국무원총리였던 주룽지(朱熔基)가 조장을, 부조장은 원자바오(温家宝)가 담당하였다.

중국의 서부대개발 범위는 쓰촨성(四川省), 산시성(陕西省), 깐수성(甘肃省), 칭하이성(青海省), 윈난성(云南省), 꾸이저우성(贵州省), 충칭시(重庆市), 광시장족자치구(广西壮族自治区), 네이멍구자치구(内蒙古自治区), 닝샤회족자치구(宁夏回族自治区), 신장위구르자치구(新疆维吾尔自治区), 티벳자치구(西藏自治区) 등 12

개성의 성급행정구역에 후난성(湖南省)의 은스토족묘족자치주(恩施土家族苗族自治州) 및 샹시토족묘족자치주(湘西土家族苗族自治州)와 지린성(吉林省)의 옌벤조선족자치주(延边朝鲜族自治州)를 포함하고 있다. 면적은 685만km²로 중국 전체 면적의 71.4%이며, 인구는 2002년 말 기준 3.67억 명으로 중국 전체 인구의 25%를 차지하고 있다. 또한 국내총생산은 15%를 차지하고 있다.

중국의 서부지역은 자연자원이 풍부하고 시장잠재력이 커 전략적으로 중요하지만, 1인당 GDP가 전국 평균의 2/3(동부지역의 40% 수준)에 불과할 정도로 경제가 낙후되어 있어서 개발이 시급한 지역이다. 이에 중국은 서부지역의 3단계 장기발전전략을 계획하고 있다.

- 1단계: 기초정립단계로 2001년부터 2010년까지이다. 이 시기는 구 조정과 기초건설 추진 그리고 시장체제의 건립과 특색 있는 산업성장에 중점을 두었다.
- 2단계: 2010년부터 2030년까지로 기초 확립과 특화개발 그리고 산업화, 시장화, 생태화, 전문지역의 개선을 추구하고 있다.
- 3단계: 2031년부터 2050년까지로 주변지역과 농·목축업지역의 개발을 가속하고, 서부지역 인민의 생활수준을 제고하여 지역격차를 축소한다는 계획을 하고 있다.

자료: 허흥호(2004B)에서 필자 정리 작성.

그림 5-10 중국 서부대개발의 12개 성급행정구역

자료: 百度图片(http://image.baidu.com/)

(5) 전방위적 대외개방의 확대

중국은 대외무역을 더욱 적극적으로 발전시키기 위해 1994년 5월 중화인민공화국 대외무역법(中华人民共和国对外贸易法)을 공포한 데 이어 1994년 7월 1일에는 중국수출입은행(中国进出口银行)을 설립하여 수출에 대해 융자 등 정책적 지원을 담당하도록 하였다. 또한 수출입의 지령성계획을 지도성계획으로 전환하는 한편 대외무역기업에 지원하던 수출입 보조를 취소하고 자주경영과 손익을 스스로 책임지도록 하였다. 이밖에도 1996년 9월에는 국무원에서 〈중외합자대외무역공사 설립에 관한 시험적 잠정방법(关于设立中外合资对外贸易公司试点暂行办法)〉을 제정하고 시험적으로 중외합작대외무역공사(中外合作对外贸易公司)를 설립하기도 하였다. 중국의 이러한 일련의 대외무역전략은 중국의 대외무역을 대대적으로 발전시키는 데 상당한 기여를 하였다. 특히 2001년 11월에 그동안 15년이나 끌어오던 WTO에 가입되면서 대외개방과 대외무역발전에 새로운 발전단계로 발전하게 되었다.

2) 시장화개혁의 개선(2003～2012)

1992년 사회주의시장경제체제 건립 이후 중국의 경제체제는 시장경제 중심의 경제체제로 변모하고 빠른 경제발전을 이룩하였다. 그러나 시장화개혁의 추진은 2000년도 초까지도 1993년 '14기 4중전회'에서 결정한 5개 부문의 중점임무개혁도 완성하지 못하는 등 미진한 부분이 많았다. 구체적인 내용은 다음과 같다.

첫째, 기업의 현대기업제도 건립을 추진하고 있었지만, 국유자산관리체제 등의 개혁을 제대로 이루지 못하여 현대기업제도 건립과는 거리가 있었으며, 비국유기업 또한 체제적 한계와 정책성 간섭이 여전히 존재하고 있었다.

둘째, 도시와 농촌시장의 결합 및 국내시장과 국제시장의 연계를 위해 전국을 하나로 개방된 시장체계를 건립하고자 했지만, 지역봉쇄와 행정적 독점이 심각하여 시장질서를 바로잡지 못했다.

셋째, 정부의 경제관리 직능전환과 간접수단을 중심으로 한 거시조절체계를 통해 국민경제 운용을 추구하고자 했지만, 정부와 기업 그리고 시장 간의 관계를 정립하지도 못했을 뿐 아니라 법제의 미비로 부패가 만연한 상태이다.

넷째, 노동에 따른 분배(按劳分配)를 중심으로 한 효율우선과 공정성을 겸비한 소득분배체계를 건립하고 일부지역과 일부인이 우선 부유해지도록 격려하여 공동의 부를 추구한다고 결정했지만, 소득분배격차가 과도하여 분배질서를 혼란시키고 있다.

다섯째, 다양한 사회보장제도를 건립하여 경제발전과 사회안정을 촉진하고자 했지만, 아직 요원한 상태에 있다.

그럼에도 불구하고 이 시기 중국은 국유경제의 전략적 조정과 개혁의 심화로 국유경제와 사유기업 할 것 없이 신속한 발전을 이룩하기도 하였다. 세계 500대 기업순위에서 중국기업이 110개나 차지하고 있다.[23] 또한 시장체계의 지속적 개선으로 대외개방이 더욱 확대됐으며, 수출입 총액이 세계 2위가 되었다. 아울러 도시와 농촌의 전반적 통합이 점진적으로 실현되었으며, 농업세와 농특산세를 폐지하는 등 농업의 세제개혁을 통해 농민의 부담을 덜어줌과 동시에 양곡생산 농민에게 보조를 지급하고 농촌과 도시의 새로운 양로보험제도를 만들기도 하였다.

도농의 이원적 경제구조/城乡二元经济结构

중국경제의 가장 두드러진 특징 중의 하나는 도농이 분리된 이원적 경제구조를 가지고 있다는 것이다. 중국의 이러한 도농 이원적 경제구조(城乡二元经济结构)는 1950년대 말 공업화 목표를 실현하기 위해 농촌의 잉여를 도시의 공업으로 이전시키기 위한 도농분리정책을 실시하는 과정에서 나타났다. 중국의 도농분리정책은 중국 특유의 이원적 사회구조를 만들었으며, 지역과 인구 측면에서 두 개로 나누어진 구조를 나타냈다. 즉 농촌과 도시, 농촌인구와 도시인구로 사회구조가 확실히 나누어졌다.

한편 중국은 두 개로 나누어진 사회구조에 경제적 격차로 인한 인구유동을 방지하기 위하여 호구제도(户口制度)를 실시하였다. 호구제도는 농업호구와 비농업호구로 나뉘었으며, 중국 인민을 두 분류로 나누고 국가에서 서로 다른 정책을 실시하였을 뿐 아니라 두 분류의 인민은 완전히 다른 대우를 받았다. 그러나 중국의 이러한 호구제도는 2014년 7월 국무원이 〈호적제도개혁의 진일보적 추진에 관한 의견(关于进一步推进户籍制度改革的意见)〉을 공포함으로써 사라지게 되었다.

注: 호구제도(户口制度)는 1958년 <중화인민공화국호구등기조례(中华人民共和国户口登记条例)>가 공포되면서 실시되었다. 중국은 호구의 신분에 따른 교육, 복지, 의료, 취업 등의 정책을 실시함에 따라 호구제도는 복지의 신분구별이 존재하고, 멸시적 제도라는 점에서 비판을 받아왔다. 한편 호구제도는 이원적 경제구조의 가장 두드러진 특징 중 하나이다.
자료: 马方方, 王少国, 张锦冬主编(2016)에서 필자 정리 작성.

23) 2010년 기준으로 세계 500대 기업에 속한 기업은 54개였으나, 2015년에는 110개로 늘어났다.

한편 이 시기 중국은 2002년 11월 개최된 중국공산당의 16대와 2003년 10월에 개최된 '16기 3중전회' 에서 〈사회주의시장경제체제의 약간 문제 개선에 관한 결정(关于完善社会主义市场经济体制若干问题的决定)〉을 통과시켜 미진한 개혁을 계속 추진하는 한편, 그동안의 개혁개방과정에서 나타난 문제를 해결하고자 다음 방안을 제시하였다.

① 공유제경제를 중심으로 한 다양한 소유제경제가 공동으로 발전하는 기본경제제도로 개선한다.
② 도농의 이원적 경제구조를 개선할 수 있는 체제를 건립한다.
③ 경쟁과 질서가 통일적으로 개방된 현대시장체계를 건립한다.
④ 거시조정체계와 행정관리체계 그리고 경제법률제도를 개선한다.
⑤ 취업과 소득분배 그리고 사회보장제도를 건전화시킨다.
⑥ 경제사회가 지속적으로 발전할 수 있는 발전메커니즘을 건립한다.

3. 전면적 심화개혁과 새로운 발전전략의 추진(2013~)

2000년대 진입 이후 중국은 사회주의시장경제체제 개선을 통해 기본적 임무를 완성했다고 판단하고, 2013년부터는 전면적인 심화개혁에 들어갔다. 그뿐만 아니라 이 시기 중국은 '신창타이(新常态)' 의 개념을 제기하고 새로운 환경에서 경제발전을 추구한다는 계획을 발표했다. 또한 아시아 인프라 투자은행(AIIB) 추진과 육상실크로드와 해상실크로드를 동시 개발하는 일대일로(一带一路)전략을 제기하기도 하였다.

1) 전면적 심화개혁의 추진

중국의 전면적 심화개혁은 2013년 11월 개최된 '18기 3중전회' 에서 〈전면적 심화개혁에 관한 약간 문제의 중공중앙의 결정(中共中央关于全面深化改革若干重大问题的决定)〉을 통과시키면서 시작되었다. 이 시기 중국이 제기한 심화개혁의 핵심은 정부와 시장관계를 조정하여 시장은 자원분배에서 주도적 역할을 하게 하고, 정부는 정부의 역할을 더 발휘하도록 하는 것으로 구체적인 내용은 다음과 같다.

첫째, 공유제를 중심으로 한 다양한 소유제경제가 공동으로 발전하는 기본경제제도를 견지하고, 재산권보호제도와 회사의 법인관리기구를 개선한다. 또한 국유경제와 기타소유제경제를 혼합소유제경제로 적극 발전시키고, 혼합소유제경제에 직공의 주식보유를 허락하여 자본가와 노동자가 이익공동체가 되도록 한다.

둘째, 통일된 시장체계를 건립한다. 시장으로부터 결정할 수 있는 가격은 모두 시장에서 결정될 수 있도록 하고, 정부는 부당한 간여를 하지 않는다. 물, 석유, 가스, 전력, 교통, 전신 등의 가격개혁은 가격경쟁이 이루어지는 방향으로 추진한다. 정부의 가격결정범위는 공공사업, 공익서비스, 인터넷 등의 독점부분에 한정하고 투명성 제고와 사회적 감독을 강화한다.

셋째, 정부의 직능을 실질적으로 전환하여 행정체제를 심화개혁하고, 거시조정체계를 확립한다.

넷째, 재정체제개혁을 심화한다.

다섯째, 도농통합발전메커니즘을 개선하여 공업이 농업을, 도시가 농촌을 이끄는 새로운 도농통합의 관계를 형성시키고 광대한 농민들이 현대화 건설에 참여하여 공동의 성과를 누리도록 한다.

여섯째, 강력한 경지보호제도를 견지한다는 전제하에 농민에게 청부토지의 점유, 사용, 수익, 이전 및 청부경영권의 저당과 담보권을 부여하고, 농민이 청부경영권으로 주주가 되어 농업의 산업화 경영을 발전시킨다. 또한 농민에게 집체재산과 택지 등에 대하여 더 많은 재산권을 부여하고, 중국적 특색을 지닌 새로운 형태의 도시화를 건설한다. 즉 사람이 중심인 도시화를 추진한다.

일곱째, 개방형 경제체제를 구축한다.

2) 신창타이(新常态)경제 추진

신창타이(新常态)는 시진핑(习近平) 국가주석이 2014년 5월 후난성(湖南省)을 시찰하는 자리에서 처음 제기하였다. 신창타이는 중국판 뉴노멀(New Normal)로 불리며, 작금의 중국 경제적 상황이 신창타이 상황이다. 즉, 중국의 경제적 환경이 개혁개방 이후 고속성장의 시기는 지나가고 새로운 상황에 처해 있다는 것이다.

중국은 이러한 새로운 신창타이 시기의 특징을 다음과 같이 분석하고 있다.

첫째, 과거 중국경제는 10% 전후의 높은 경제성장을 이룩했지만, 신창타이 시기에는 7~8%의 중고속성장이 이루어질 것으로 보고 있다.

둘째, 산업구조는 제조업 중심에서 서비스업 중심으로 전환될 것이고, 투자 중심의 수요구조도 소비 중심으로 전환될 것이며, 소득분배구조 또한 가계소득이 국민총소득에서 차지하는 비중이 증가하면서 계층 간 소득불평등과 도농 간의 소득격차도 줄어들 것으로 보고 있다.

셋째, 과학기술을 중심으로 한 제도개혁이나 기술혁신이 그동안의 요소투입이나 자본투자를 대신하여 새로운 성장동력으로 발전할 것으로 보고 있다.

넷째, 지금까지 중국경제의 불안요인으로 꼽히던 부동산 문제와 지방정부부채 문제 그리고 그림자금융(shadow banking system)을 비롯한 금융시장의 리스크 등은 상당기간 경제시스템의 안정성을 위협하는 요인으로 계속 존재할 것으로 보고 있다.

따라서 중국의 신창타이경제는 그동안의 성장방식의 한계를 인정하고 새로운 경제환경에서 새로운 성장방식을 추구하는 경제성장방식이라 할 수 있다. 즉 그동안의 속도위주의 경제성장방식에서 벗어나 성장이 늦더라도 개혁과 구조개편을 통해 안정적인 성장을 추구하는 새로운 발전의 패러다임이라고 할 수 있다. 실제로 중국정부는 13·5규획에서 6.5% 이상의 중고속 경제성장을 유지하는 가운데 2020년의 GDP 및 1인당 국민소득을 2010년 대비 2배 이상 증대시키고 경제규모를 92.7조 위안으로 확대한다는 목표를 제시하였다.

3) AIIB(아시아 인프라 투자은행)의 설립

AIIB(Asian Infrastructure Investment Bank)는 2013년 10월 2일 중국 국가주석 시진핑이 자카르타에서 인도네시아 대통령과 회담하는 자리에서 처음 제기되었다. 시진핑에 의해 제기된 AIIB는 포용성, 개방성, 투명성, 공정성, 환경, 노동, 세이프가드, 수혜국 부채, 융자, 지급보증, 지분투자 등을 통해 낙후된 지역에 대한 대규모 인프라투자를 목표로 하고 있지만, 이면에는 중국이 미국·일본 주도의 세계은행(IBRD)과 아시아개발은행(Asian Development Bank: ADB) 등에 대항하기 위해 제기되었다는 평가도 있다.

시진핑이 제기한 후 1년 뒤인 2014년 10월 24일 아시아 21개국(중국, 인도, 파키스탄,

몽골, 스리랑카, 네팔, 오만, 카자흐스탄, 쿠웨이트, 카타르, 우즈베키스탄 11개국과 인도네시아를 제외한 아세안 10개국 등)이 설립을 위한 양해각서(MOU)를 체결함으로써 시작된 AIIB는 2015년 12월 25일 정식으로 설립되었다. 또한 2016년 1월 16일 베이징에서 개소식과 함께 57개국의 창립회원국이 참여한 가운데 창립총회를 열고 공식 출범하였다. 표 5-9

초기 자본금 500억 달러로 시작된 AIIB는 각국의 투자를 받아 향후 1,000억까지 늘린다는 계획이다. 2016년 말 기준으로 각국의 출자비율(지분율)은 중국이 30.34%를 압도적으로 많고, 그 다음으로 인도가 8.52%, 러시아 6.66%, 독일 4.57%순이며, 한국은 3.81%로 다섯 번째를 차지하고 있다. 한편 중국은 투표권도 26.06%를 확보하고 있어 주요 안건에 대하여 거부권을 행사할 수 있다.

이러한 중국 주도의 금융기구 탄생에 대하여 미국은 아시아지역 내 기간시설투자 확대 필요성이 커지고 있기 때문에 반대하지 않는다는 입장이지만, AIIB는 지배구조와 대출에 요구되는 높은 국제기준을 맞추기 힘들 것이라고 평가하는 등 경계심을 드러내고 있다. 일본 또한 AIIB가 적절히 운영되는지 그리고 그것이 다른 설립자들에게 피해를 주지 않는지 의심스럽다는 입장을 보이며 달갑지 않은 입장을 보여 왔다. 그러나 창립회원국이 아닌 나라 중 많은 나라들이 가입을 적극적으로 검토하고 있고, 미국과 일본도 신중한 입장이지만 가입을 전적으로 반대하는 입장은 아니기 때문에 AIIB의 회원국은 앞으로 더욱 확대될 것으로 보인다. 2016년 말 기준 미국, 일본, 캐나다, 멕시코, 아르헨티나를 제외한 G20과 유럽연합(EU) 회원국 28개국 중 절반인 14개국이 참여하고 있다. 기존 경제강국이었던 G7 중 미국과 일본, 캐나다를 제외한 모든 국가가 참여하고 있으며, 신흥 경제강대국을 의미하는 브릭스(BRICS) 회원국으로 구성된 국가도 모두 참여하고 있다. 또한 영국, 독일, 프랑스, 스위스, 중국, 인도, 한국, 브라질, 러시아 등 지역경제강국이 참여하고 있어 인프라 구축의 경제력 확보에는 어려움이 없어 보인다.[24)]

24) AIIB에 대한 미국의 입장은 운영에 있어 높은 기준을 지니고 있는지, 그리고 그것이 환경적·사회적 보호망을 갖추고 있는지에 대한 관심을 표출하는 것이었다. 그러면서 한국이나 호주와 같은 핵심 동맹국이 가입하지 못하도록 정치적 압력을 행사하기도 했으며, 영국이나 독일 등이 가입했을 때는 실망감을 드러내기도 했다. 한편 일본은 AIIB에 대하여 기본적으로 부정적인 입장이지만 가입을 검토할 수 있다는 입장이다.(출처: https://ko.wikipedia.org/)

표 5-9 AIIB 창립회원국

대륙	국가/지역	가입일	대륙	국가/지역	가입일
아시아	방글라데시	2014.10.24	유럽	오스트리아	2015. 4.11
	브루나이	2014.10.24		덴마크	2015. 4.12
	캄보디아	2014.10.24		프랑스	2015. 4. 2
	중국	2014.10.24		독일	2015. 4. 1
	인도	2014.10.24		이탈리아	2015. 4. 2
	인도네시아	2014.11.25		룩셈부르크	2015. 3.27
	요르단	2015. 2. 7		네덜란드	2015. 4.12
	카자흐스탄	2014.10.24		스페인	2015. 4.11
	쿠웨이트	2014.10.24		스위스	2015. 3.28
	라오스	2014.10.24		영국	2015. 3.28
	말레이시아	2014.10.24		핀란드	2015. 4.15
	몰디브	2014.12.31		노르웨이	2015. 4.11
	몽골	2014.10.24		아이슬란드	2015. 4.12
	미얀마	2014.10.24		러시아	2015. 4.14
	네팔	2014.10.24		포르투갈	2015. 4.15
	오만	2014.10.24		폴란드	2015. 4.15
	파키스탄	2014.10.24		몰타	2015. 4. 9
	필리핀	2014.10.24	대양주	뉴질랜드	2015. 1. 4
	카타르	2014.10.24		호주	2015. 4.13
	사우디아라비아	2015. 1.13	남미	브라질	2015. 4.12
	싱가포르	2014.10.24	아프리카	이집트	2015. 4.14
	한국	2015. 4.11		남아프리카공화국	2015. 4.15
	스리랑카	2014.10.24			
	타지키스탄	2015. 1.13			
	태국	2014.10.24			
	터키	2015. 4.10			
	우즈베키스탄	2014.10.24			
	베트남	2014.10.24			
	키르기스스탄	2015. 4. 9			
	이스라엘	2015. 4.15			
	구루시아	2015. 4.12			
	아랍에미리트공화국	2015. 4. 3			
	아제르바이잔	2015. 4.15			
	이란	2015. 4. 3			

자료: AIIB(https://www.aiib.org/)에서 필자 정리 작성.

이처럼 AIIB의 확대는 중국경제와 국제경제에 적지 않은 영향을 줄 것으로 보인다. 우선 AIIB는 무엇보다 중국의 새로운 경제발전전략의 일환으로 추진되고 있는 '일대일로' 구상을 실현하기 위한 금융인프라 구축의 역할이 될 것으로 보이며, 국제경제

측면에서는 새로운 금융기구를 주관하고 운영한다는 점에서 영향력이 증대될 수밖에 없다.

4) '일대일로(一带一路)' 전략을 통한 새로운 성장동력의 창출

중국의 국가주석 시진핑이 2013년 9월 중앙아시아와 동남아시아 순방 중에 처음 제기한 '일대일로'는 신창타이 경제환경에서 새로운 성장동력으로 추진되고 있는 경제 발전의 전략적 구상이다. 즉 중국 서부지역과 중앙아시아 그리고 유럽을 잇는 '육상실크로드 경제벨트(一带)'와 중국 남부지역과 동남아시아, 유럽, 아프리카를 연결하는 '해상실크로드(一路)'를 통해 종래의 국내 중심 성장전략에서 아시아지역은 물론 유럽과 아프리카까지 연결하는 공간을 형성하여 새로운 성장의 축으로 삼으려는 발전전략이다.[25] 그림 5-11

중국은 이를 위해 다음과 같은 5통 원칙을 제시하였다.

① 관련국 정부와 경제 및 통상정책의 협력을 강화하는 정책소통(政策沟通)
② 도로, 철도 등 교통망과 통신망, 에너지 운송 및 저장 등 인프라시설 개선을 통해 주변 국가와 더욱 원활한 이동을 위한 도로관통(道路联通)
③ 다양한 자유무역지대 설립을 통한 무역과 투자 활성화의 무역창통(贸易畅通)
④ 위안화 국제화와 AIIB 설립 추진을 통한 화폐유통(货币流通)
⑤ 경제·사회적 교류확대로 국민상호 간 신뢰관계 강화의 민심상통(民心相通) 등

중국의 이러한 일대일로전략 구상은 육·해상실크로드 주변 60여 개 국가 44억 명의 인구와 세계경제의 29%에 해당하는 21조 달러 규모의 거대한 경제공동체를 형성

25) 실크로드는 고대 중국 한나라 시대에 열린 아시아, 유럽, 아프리카를 잇는 육상교역통로로 초기에는 중국의 비단과 도자기 등이 운송되었으며, 후에는 동서양 간의 경제, 정치, 문화 등 다양한 영역의 교류통로가 되었다. 실크로드는 육상실크로드와 해상실크로드가 있으며, 육상실크로드는 중국의 고대도시 뤄양(洛阳)에서 시작하여 창안(长安, 지금의 西安)을 거쳐 중앙아시아의 여러 나라와 아프간, 이란, 이라크, 시리아 등을 지나 로마에 이르는 6,440km의 거리이다. 육상실크로드는 유라시아대륙을 연결하는 고대 동서양문명의 교차로로 불리며, 대표적으로 비단이 운송되었다. 한편 해상실크로드는 고대 중국과 세계 기타지역과 경제문화를 교류하는 해상통로이다. 고대 해상실크로드는 중국 동남 연해지역에서 인도차이나반도와 남해 여러 나라를 거쳐 인도양을 지나 홍해로 들어가 동아프리카와 유럽에 이르는 해상통로이다. 해상실크로드를 통해 중국의 비단, 도자기, 차 등이 운송되었다.

그림 5-11 중국 '일대일로' 의 발전지도

자료: 百度图片(http://image.baidu.com/)

시킬 가능성이 크다. 이럴 경우 중국은 영토 문제를 안고 있는 인근 국가와 지역들과의 경제협력관계를 구축함으로써 중국의 국제정치적 영향력을 증대시키는 효과가 있을 것이다. 또한 과잉생산을 해소하는 방안이 되고 건설수요 급증으로 지역 간 균형적 발전을 이룰 수도 있다. 그뿐만 아니라 세계 최대 규모인 외환보유액을 효과적으로 활용할 수 있는 방안이 될 것으로 판단된다.

그러나 중국 중심으로 주변국에 뻗어나가는 형태의 일대일로전략은 자칫 중화주의(中华主义: 중국의 자국문화 우월주의)의 부활이라는 비판을 받을 가능성도 배제할 수 없다.

제4절 개혁개방과 지역발전전략의 전환

신중국 성립 이후 지금까지 중국의 지역발전전략은 균형과 불균형발전전략의 반복이었다. 즉 개혁개방 이전 중국의 지역발전전략은 낙후된 중서부지역을 중점적으로 발전시켜 지역 간 균형발전을 이룩하는 것이었지만, 개혁개방 초기에는 동부 연해지역 중심의 불균형발전전략을 추진하였다. 그리고 1995년부터는 지역균형발전의 의미가 있는 지역협조발전전략(区域协调发展战略)을 추진하고 있다. 개혁개방 이전의 지역발전전략은 제1절에서 설명했기 때문에 본절에서는 개혁개방 이후의 지역발전전략을 설명하고자 한다.

1. 동부 연해지역 중심의 불균형발전전략

개혁개방 초기 중국의 지역발전전략은 동부 연해지역을 우선 발전시키는 전형적인 지역불균형발전전략이었다. 중국의 이러한 동부 연해지역 중심의 발전전략은 덩샤오핑의 선부론(先富论)과 두개대국론(两个大局论)에 기초를 두고 있다.[26]

중국은 이러한 선부론과 두개대국(两个大局)의 구상에 따라 개혁개방 초기 연해지역 우선의 지역발전전략을 적극적으로 추진하였다. 구체적으로 우선 광둥성(广东省)과 푸젠성(福建省)에 특수정책을 실시한 것을 비롯해 선전(深圳), 주하이(珠海), 산터우(汕头), 샤먼(厦门) 등에 경제특구를 설치하였다. 이어서 다롄(大连), 친황도(秦皇岛), 톈진(天津) 등 14개 연해항구도시를 개방한 데 이어 장강삼각주(长江三角洲), 주강삼각주(珠江三角洲), 민남하장천삼각주(闽南厦漳泉三角洲) 및 랴오둥반도(辽东半岛), 쟈오둥반도(胶东半岛) 그리고 선양(沈阳), 난징(南京) 등을 경제개방구로 개발하였다. 그리고 상하이의 푸동신구(浦东新区)를 설립하여 경제특구를 우대하였으며, 연해지역에 상하이 와이까오챠오(外高桥) 등 11개의 보세구역을 설치하기도 하였다.

중국의 이러한 동부 연해지역 중심의 불균형발전전략은 괄목할 만한 성과를 이루어 중국경제를 급속도로 발전시켰을 뿐만 아니라 동부 연해지역을 중국 경제발전의 핵심과 성장극(growth pole)으로 만들었다. 또한 개혁개방 이전에 비해 중국인민의 생활수준도 대폭 제고시켰다.

그러나 이러한 불균형발전전략은 지역 간 발전격차를 확대시키는 결과를 가져왔다. 예컨대 동부지역의 GDP생산액이 중국 전체 GDP생산액의 거의 2/3를 차지하고 있을 정도로 지역적 편중을 나타내고 있다. 그림 5-12 지역경제발전격차는 비단 GDP에서만 나타난 것이 아니라 인민의 생활수준에서도 나타났다. 1978년부터 2000년까지 중서부지역의 1인당 GDP수준은 동부지역의 절반에 불과하였다. 표 5-10

26) 선부론(先富论)은 일부 지역과 일부 사람을 우선 부유하게 하고, 이를 토대로 나중에 공동의 부유를 실현한다는 이론이고, 두개대국(两个大局)은 연해지역 개방을 가속화하여 우선 발전하게 하는데 내륙지역은 이를 전적으로 지원하고, 연해지역이 일정수준 발전하였을 때 더 많은 역량을 내륙지역발전에 지원한다는 발전의 두 국면을 나타내는 이론이다.

그림 5-12 중국 동·중·서부지역의 GDP 비중(1993~2000)

(단위: %)

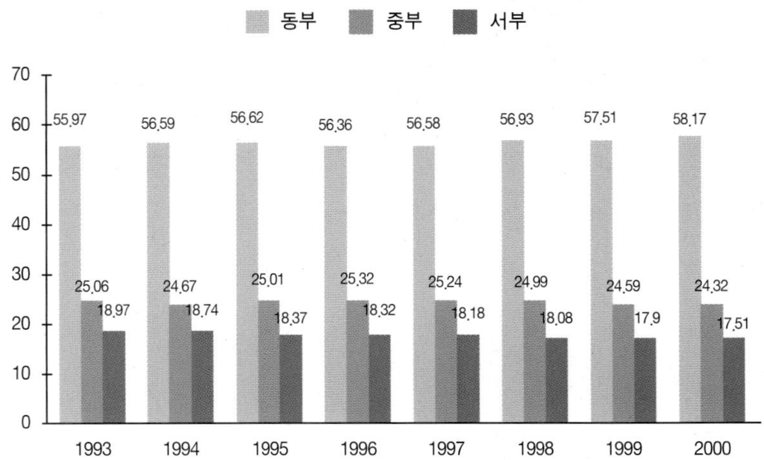

자료: 中国国家统计局(http://www.stats.gov.cn/)에서 필자 정리 작성.

표 5-10 중국 동·중·서부지역의 1인당 GDP 격차

연도	절대적 차이(元)		상대적 차이(%)	
	동중부 간	동서부 간	동중부 간	동서부 간
2000	4,790.2	6,162.0	44.5	57.2
1999	4,643.1	5,930.6	46.0	58.7
1998	4,233.6	5,430.8	44.6	57.3
1997	3,892.9	5,033.8	44.0	56.9
1996	3,520.5	4,510.9	44.3	56.8
1995	3,086.8	3,835.5	45.5	56.6
1994	2,532.7	3,032.8	46.7	55.9
1992	1,874.6	2,194.7	45.9	53.8
1992	1,320.5	1,514.7	43.5	49.9
1991	977.2	1,133.5	40.0	46.4
1990	700.1	885.9	35.6	45.1
1989	685.7	897.1	36.8	48.1
1978	153.6	212.9	33.1	45.9

자료: 吴敬琏, 刘鹤, 樊纲, 易纲, 吴晓灵, 许善达, 蔡昉主编(2016).

2. 지역협조발전전략의 추진

개혁개방 이후 중국의 동부 연해지역 중심의 경제발전은 1990년대 진입 이후 지역발전의 불균형 현상이 두드러지게 나타났다. 이러한 현상에 대하여 중국은 1995년 '15기 5중전회' 에서 〈국민경제와 사회발전 9·5계획과 2010년 장기발전목표(国民经济和社会发展"九五"计划和2010年远景目标纲要)〉를 통과시키고, 지역발전격차를 축소시킨다는 전략의 일환으로 지역협조발전전략(区域协调发展战略)을 제기하고 중서부지역의 경제발전을 추진시키기 위한 다양한 정책적 조치를 제기하였다.

첫째, 중서부지역에 자원개발과 기초시설 건설프로젝트를 우선적으로 배정하고, 자원가공형과 노동집약적 산업의 이전을 유도한다.

둘째, 자원가격을 조정하여 중서부지역이 스스로 발전할 수 있는 능력을 강화시킨다.

셋째, 중서부지역에 재정지원을 증가시킨다.

넷째, 중서부지역의 개혁개방을 가속화하여 많은 외자기업이 투자하도록 유도한다.

다섯째, 빈곤지역의 지원을 강화하고, 소수민족지역의 경제발전을 지원한다.

여섯째, 동부 연해지역과 중서부지역 간의 경제기술협력을 강화한다.

한편 중국은 이러한 정책적 조치 외에 지역협조발전의 전략적 조치를 추진하였다. 1999년부터 실시한 서부대개발(西部大开发)전략을 비롯하여 2003년과 2004년에는 연이어 동북전통공업기지진흥(振兴东北老工业基地)과 중부굴기(中部崛起) 등 일련의 지역경제협조발전전략을 추진하였다. 그뿐만 아니라 2010년에는 핵심기능지역(主体功能区) 추진과 동시에 빈곤지역, 민족지역, 혁명기지, 변경지역, 자원부족지역 등에 대한 지원을 강화하는 조치를 취하기도 하였다.

동북전통공업기지진흥/振兴东北老工业基地

중국의 동북전통공업기지진흥(振兴东北老工业基地)정책은 기본적으로 랴오닝성(辽宁省), 지린성(吉林省), 헤이룽장성(黑龙江省) 등 동북3성의 전통공업기지를 동남 연해지역의 자본과 외국인 자본을 유치하여 이 지역의 전통공업 즉, 중공업을 활성화하여 새로운 경제성장의 동력으로 삼는다는 전략이다.

중국의 이러한 동북전통공업기지진흥은 2003년 10월 15일 중공중앙과 국무원이 〈동북지구 등 전통공업기지 진흥전략 실시에 관한 약간의 의견(关于实施东北地区等老工业基地振兴战略的若干意见)〉을 발표하면서 시작되었다. 하지만 그동안 중국의 동북전통공업기지진흥은 기본방침만 제시하고 구체적인 정책을 제대로 제시하지 않아 적극적으로 이루어지지 못했다. 그러나 2016년 8월 22일 중국 정부는 새로운 동북전통공업기지진흥방안을 구체적으로 제시하여 활기를 띠고 있다.

새로운 동북전통공업기지진흥방안에 따르면, 중국은 향후 3년간 137건의 프로젝트에 1조 6,000만 위안을 투자한다는 계획이다. 연차별로는 2016년에 85건, 2017년 33건, 2018년 32건을 투자한다는 계획이며, 이 중 127건(2016년 62건, 2017년 33건, 2018년 32건)은 교통인프라, 에너지, 수리시설 등의 분야에 집중한다는 계획이다.

한편 중국은 이보다 앞선 4월 26일에 다음과 같은 내용의 새로운 동북진흥전략(新一轮东北振兴战略)을 발표하였다.

- 새로운 동북진흥전략은 2020년까지 동북지역의 산업을 첨단수준으로 개선하고 이를 바탕으로 2030년까지 전면적 진흥을 실현하는 내용을 담고 있다.
- 혁신과 연구·기술력 강화, 신형 공업화·정보화·도시화, 농업 현대화 등을 통해 주민소득 증대와 경제발전, 산업 구조조정 추진 등을 목표를 제시하고 있다.
- 이전의 전략들이 재정·금융지원에 치중했던 것과 달리 '체제개혁'과 '산업수준 제고', '인재육성' 등의 정책을 포함시키고 있다.
- 일대일로(一带一路)전략에 적극 참여하고, 주변국과의 경제협력 강화, 징진지(京津冀) 등 지역과의 인프라 구축 가속화방안 등을 제시하고 있다.

자료: 振兴东北网(http://www.chinaneast.gov.cn/)에서 필자 정리 작성.

중부굴기/中部崛起

중부굴기(中部崛起)는 중국의 중부지역, 즉 허난(河南), 허베이(河北), 후난(湖南), 장시(江西), 안후이(安徽), 산시(山西) 등 6개성의 공동 굴기를 촉진하는 정책으로 2004년 3월 15일 당시 국무원 총리였던 온자바오(温家宝)가 처음 제기하고 11·5계획 기간부터 실시되었다. 중부굴기는 〈중부지역굴기촉진계획(促进中部地区崛起计划)〉을 실시하여 2015년까지 중부지역의 경제발전수준 제고, 발전활력의 진일보 증강, 지속발전능력의 제고, 조화로운 사회건설(和谐社会建设)의 목표를 갖고 있다.

① 식량생산기지 건설 강화를 중점으로 농업의 현대화를 적극적으로 발전시킨다. 농업 구조조정을 가속하여 농업의 산업화경영을 대대적으로 추진하고 농업농촌 기초시설 건설을 강화하여 농업생산능력을 제고시켜 농민의 수입을 증대시킨다.

② 중요한 에너지자원 기지를 확고하게 발전시킨다. 대형 석탄과업 건설 추진과 전력 건설을 가

속하여 원재료 가공업을 발전시킨다.

③ 핵심기술 개발에 중점을 두어 현대화된 장비제조업과 하이테크산업기지를 건설한다.

④ 교통시설을 개선하여 종합운수교통 요지의 지위를 강화한다. 철로망의 확충과 공항 건설 그리고 육로간선망을 개선하여 수로운송과 파이프운송능력을 제고시킨다.

⑤ 장강(长江), 롱하이(陇海) 및 징광(京广)과 징지우(京九) 철로의 경제지대를 형성하여 도시군을 형성함과 동시에 전통공업기지 진흥 추진과 자원형 도시전환을 이루어 현급경제(县级经济)를 형성시키고 혁명근거지와 민족지역 그리고 빈곤지역의 발전을 가속화시킨다.

⑥ 순환경제를 발전시켜 자원절약과 종합이용수준을 제고시킨다. 농경지보호를 강화하고 수자원이용효율을 제고시킨다.

⑦ 교육을 우선 발전시켜 문화체육사업을 번영시키며, 기본의료와 공공위생서비스능력을 강화한다. 다양한 방법으로 취업을 확대하고 사회보장체계를 개선한다.

⑧ 미약한 부분을 돌파구로 개혁개방과 체제메커니즘 혁신을 가속하여 발전의 동력과 활력을 강화한다.

그림 5-13 중부굴기 도시군 형성 목표도

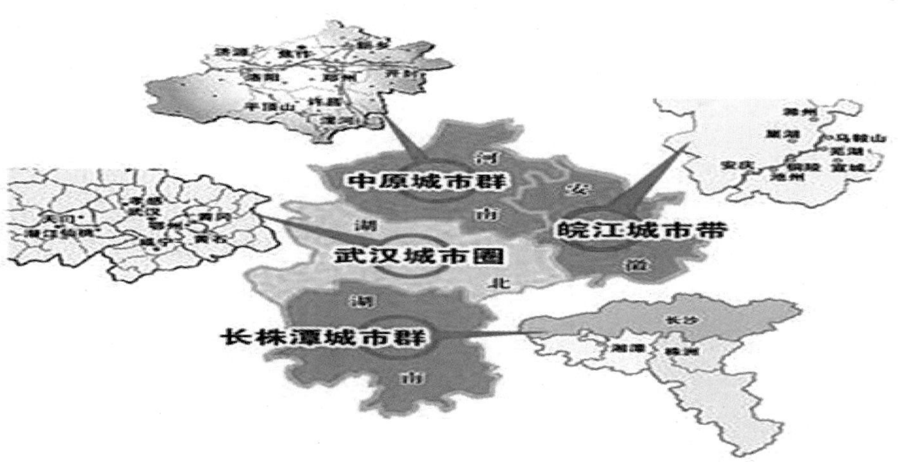

자료: 百度图片(http://image.baidu.com, 中部崛起网(http://midchina.xinhuanet.com/)에서 필자 정리 작성.

핵심기능지역/主体功能区

중국의 핵심기능지역(主体功能区)은 각 지역이 지역특성에 따라 핵심기능을 할 수 있는 지역을 말한다. 중국은 핵심기능지역을 크게 자원환경 조건과 사회경제적 기초에 따라 구분하고 있는 가운데, 기능에 따라서는 공업제품과 서비스제품 중심의 '도시화핵심기능지역(主体功能城市地区)', 농산품 중심의 '농업핵심기능지역(主体功能农业地区)', 생태산품 중심의 '생태핵심기능지역(主体功能生态地区)' 등으로 구분하고 있고, 개발방식에 따라서는 국토공간을 특화개발(优化开发), 중점개발, 제한개발, 개발금지 등 4대 기능지역으로 나누고 있다. 또한 관리주체에 따라서는 국가급과 성급으로 구분하고 있다.

① 특화개발(优化开发)지역: 환발해지역(环渤海地区), 장강삼각주지역(长江三角洲地区), 주장삼각주지역(3개 지역)

② 중점개발지역: 기중남지역(冀中南地区), 타이위안도시군(太原城市群), 호바오어위지구(呼包鄂榆地区), 하창지구(哈长地区), 둥룽하이지역(东陇海地区), 장화이지구(江淮地区), 해협서안경지구(海峡西岸经济区), 중원경제구(中原经济区), 장강중류지구(长江中游地区), 북부만지역(北部湾地区), 청위지역(成渝地区), 친중지역(黔中地区), 선중지역(滇中地区), 짱중난지역(藏中南地区), 관중-톈수이지역(关中—天水地区), 라저우-시닝지역(兰州—西宁地区), 닝샤연황경제구(宁夏沿黄经济区) 및 톈산북벽지구(天山北坡地区)(18개 지역)

③ 개발제한(限制开发)지역: 농산품 생산지역과 중점 생태기능구로 구분

- 농산품 생산지역: 동북평원(东北平原)지역, 황화이평원지역(黄淮海平原), 창장유역(长江流域) 등 7대 농업생산지역과 23개 산업지대
- 생태중점기능지역: 대흥안령(大兴安岭) 산림생태기능지역, 삼강평원(三江平原)초원습지생태기능지역, 황토고원(黄土高原)구릉생태기능지역, 구이친선처스터사막화생태기능구(桂黔滇喀斯特石漠化防治生态功能区等25个国家重点生态功能区) 등 25개의 국가중점 생태기능지역

④ 개발금지구역으로는 국무원과 관련 기관에서 허가한 국가급자연보호구, 세계문화유산, 국가급풍경명승지, 국가산림공원 및 국가지질공원 등

중국은 이러한 핵심기능지역의 규획에 따라 국토의 공간을 다음과 같은 전략적 구도로 형성하려고 추진 중이다.

① 양횡삼종(两横三纵)을 핵심으로 하는 도시화전략구도
② 칠구이삼대(七区二十三带)를 핵심으로 하는 농업전략구도
③ 양병삼대(两屏三带)를 핵심으로 하는 생태안전전략구도

중국의 이러한 핵심기능지역 발전의 계획은 이미 형성된 지역발전전략구도, 즉 서부대개발, 동북지역 등 전통공업지역 진흥, 중부굴기, 동부지역우선발전의 지역발전의 총체적 전략 등 4륜구동체제의 협조발전을 촉진시키기 위한 전략이다. 표 5-11

- 两横三纵: 육로통로(陆桥通道)와 장강변통로(沿长江通道)의 횡축과 연해(沿海), 경합경강(京哈京广), 포

곤통로(包昆通道)의 종축의 전국 도시화전략구도로, 이중육로통로는 동쪽의 연운항(连云港)에서 서쪽의 아라산입구(阿拉山口)의 운송대통로로 유라시아대륙의 구성부분이다.

- 七区二十三带: 7대 농업생산지역으로 동북평원(东北平原), 황회해평원(黄淮海平原), 장강유역(长江流域), 분위평원(汾渭平原), 하투관개구(河套灌区), 화남(华南)과 감숙신강(甘肃新疆)지역의 농업생산지역을 말한다.
- 两屏三带: 중국이 구축하고 있는 생태안전전략으로 청해고원원생태보호벽(青藏高原生态屏障), 황토고원-진천진생태보호벽(黄土高原-川滇生态屏障) 그리고 동북삼림대(东北森林带), 북방방사대(北方防沙带), 남방구릉산지대(南方丘陵山地带)를 말한다.

자료: 樊杰(2013)에서 필자 정리.

그림 5-14 중국의 핵심기능지역 분포도

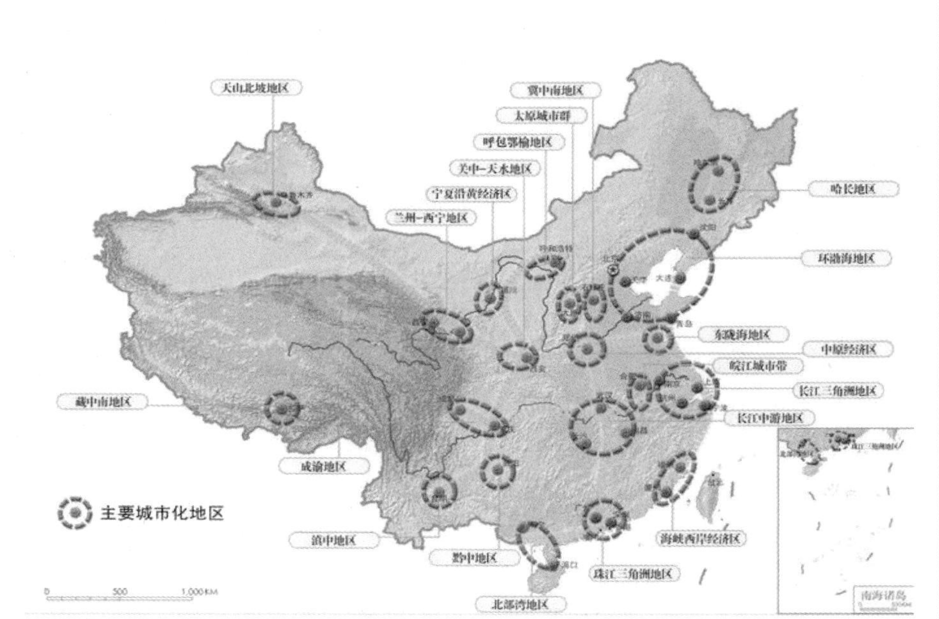

자료: 百度图片(http://image.baidu.com/)

중국의 이러한 지역협조발전의 전략적 조치는 중국의 지역발전구도를 동부, 중부, 서부 그리고 동북지역 등 '4대 권역'이 협조관계를 유지하며 발전하는 구도로 형성시켰을 뿐 아니라 '3대 권역'의 경제성장 속도도 각기 발전수준은 다르지만 빠르게 성장하고 있다. 서부지역의 경제성장률은 2010년 이후 같은 기간 기타지역의 성장률보다 빠르게 상승하고 있다. 하지만 중국 중서부지역의 경제발전수준은 아직 동부 연해지역의 절반수준에 불과한 실정이다. 표 5-11

표 5-11 중국의 동·중·서·동북지역의 1인당 GDP성장과 상대적 비율

지역 \ 연도	2001	2005	2010	2011	2012	2013	2014
동부지역	15,381(9.1)	26,616(15.1)	49,836(15.5)	57,283(14.9)	61,998(8.2)	67,303(8.6)	71,764(6.6)
중부지역	6,563(9.0)	11,449(16.3)	25,521(21.5)	30,898(21.1)	34,237(10.8)	37,252(8.8)	39,755(6.7)
서부지역	5,572(10.0)	9,827(16.1)	23,458(21.4)	28,783(22.7)	32,426(12.7)	35,909(10.7)	38,799(8.0)
동북지역	9,603(7.4)	15,588(17.4)	33,677(20.0)	40,680(20.8)	45,258(11.3)	49,040(8.4)	51,529(5.1)
중부/동부	42.7	43.0	51.2	53.9	55.2	55.4	55.4
서부/동부	36.2	36.9	47.1	50.2	52.3	53.4	54.1
동북/동북	62.4	58.6	67.6	71.0	73.0	72.9	71.8

주: 괄호 안은 전년 대비 증가율임.

자료: 中国国家统计局(http://www.stats.gov.cn/)에서 필자 정리 작성.

P/A/R/T

03

중국의 경제개혁과 발전

제6장 중국의 농촌개혁과 농촌경제

제1절 개혁개방 이전 중국의 농촌과 농업

1. 개혁개방 이전 중국 농촌의 정치·경제적 위상

2015년 말 기준 중국의 농촌에는 중국 전체 인구의 43.90%에 해당하는 6억 346만 명이 거주하고 있다. 표 6-1 이는 신중국 성립 당시(89.4%)는 물론이고 개혁개방 초기인 1978년보다도 절반 이상 줄어든 수치이다. 그러나 중국의 농촌인구는 여전히 중국 전체 인구의 절반 정도를 차지하고 있다. 중국 농촌의 이러한 방대한 인구는 그동안 중국의 정치와 경제사회발전에 적잖은 역할을 해왔다.

표 6-1 중국의 도농인구 변화 추이

(단위: 만 명/%)

인구 \ 연도	1949	1978	1990	2000	2010	2015
전체인구	54,167	96,259	114,333	126,743	134,091	137,462
농촌인구	48,402	79,014	84,138	80,837	67,113	60,346
도시인구	5,765	17,245	39,195	45,906	66,978	77,116
농촌인구비중(%)	89.4	82.1	73.6	63.8	50.1	43.9

주: 2010년까지의 자료는 중국의 인구센서스 자료이며, 2015년 자료는 중국국가통계국 발표자료임.(도시인구에는 현역군인이 포함됨)

자료: 中国国家统计局(http://www.stats.gov.cn/)에서 필자 정리 작성.

우선 중국의 농민들은 사회주의 혁명 초기에 마오쩌둥을 대표로 하는 원로혁명가들이 추진한 농촌이 도시를 포위하는 전략을 지원하여 도시에서 신민주주의 혁명노선을 쟁취하는 데 역할을 하였다. 또한 신중국 초기 중국은 서방의 경제제제 등으로 경제건설에 필요한 자금을 자체적인 축적에 의존할 수밖에 없는 상황이었는데, 이

과정에서 농촌은 국가의 공업화에 필요한 자금을 제공하는 역할을 했다. 1952년부터 1990년까지 중국의 공업화 건설에 약 1조 위안 정도가 농촌으로부터 유입되었는데, 이는 국민소득의 22.4%에 해당하는 규모로 연평균 250억 위안에 해당하는 거대한 금액이다.

2. 개혁개방 이전 중국의 농업경영 문제

개혁개방 이전 중국 농업경영체제의 가장 큰 특징은 합작화(合作化)경영이었다. 중국 농업의 합작화경영은 신중국 성립 이후 토지개혁을 기본적으로 완성한 후 호조조(互助组) → 초급합작사(初级合作社) → 고급합작사(高级合作社)의 단계를 거치며 토지 등 생산요소를 농민 개인소유에서 집체소유(集体所有)로 전환하고, 인민공사(人民公社)체제의 '생산대(生产队)를 기초로 한 삼급소유(三级所有, 队为基础)' 체제가 형성되면서 본격적으로 시작되었다.

인민공사체제 중심의 합작화경영은 고도로 집중된 집체경영방식으로, 농가 중심의 경영에서 나타날 수밖에 없었던 자금과 노동력 부족 그리고 농지의 기초시설 건설 등의 문제를 해결할 수 있었다. 그러나 농업생산성 제고에는 문제가 있었다. 우선 인민공사체제에서는 '계획관리'와 '평균주의'를 강조하여 생산대대(生产大队)와 생산대(生产队) 그리고 생산대원(社员)의 자주권이 존재하지 않았고, 생산결과는 인민공사와 생산대대 혹은 생산대 간의 균등분할을 실시하였기 때문에 농민의 생산의욕을 고취하기가 어려웠다. 또한 인민공사체제 중심의 농업경영 합작화는 농업생산과정이 복잡하여 농업생산에 관한 감독과 경작지의 노동력 가치 표준화가 어려워 노동업적에 따라 분배하기가 힘들었다. 이에 노동의 질보다 양을 중시하는 현상이 보편적으로 나타나 생산의 질을 제고시키는 데 한계가 있었다.

하지만 그럼에도 불구하고 당시 중국의 농업생산은 인구증가율보다 약 1%p 높았고표 6-2, 같은 기간 기타 개발도상국가와의 비교에서도 비교적 높은 성장률을 유지하였다.표 6-3 그뿐만 아니라 농업생산환경도 농업의 기계화수준과 농지관개 그리고 농업기술의 보급 등에서 상당수준 개선되었다.표 6-4

표 6-2 개혁개방 이전 농업생산량 증가 추이

항목	1952년	1978년	1952~1978년 연평균 증가율
전국 총인구(만 명)	57,482	96,259	2.37
농업노동력(만 명)	17,317	29,426	2.44
파종면적(만 ha)	14,126	15,010	0.28
식량 총생산량(만 톤)	16,390	30,480	2.86
재식농업 총생산량(만 톤)	713	1,336	2.89
농업 총생산액(억 위안)	858	1,739	3.26
농촌 총생산액(억 위안)	880	2,336	4.54

자료: 中国统计年鉴(1990)에서 필자 정리.

표 6-3 중국 농업성장의 국제 비교(1950~1980)

국가/지구	중국	인도	브라질	개도국	아시아	아프리카	남미
연평균 증가율(%)	3.2	2.6	4.0	2.9	2.8	2.2	3.1

자료: 中国农业部(http://www.moa.gov.cn/)

표 6-4 중국의 농업생산환경 변화

항목	1952년	1978년	1952~1978년 연평균 증가율
경지면적 비중(%)	0.1	40.9	26.0
관개면적 비중(%)	18.5	45.2	3.5
화학비료 사용량(만 톤)	7.8	884	20.0
농촌 전기사용량(억 KW/h)	0.5	253.1	27.1
우량종 기지(개)	1,899	2,369	0.9
가축 수의병원(개)	1,005	8,495	8.6
농업기술 지도소(개)	232	17,622	18.1
농업기술 인원(만 명)	1.5	31.1	12.4

자료: 中国农业部(http://www.moa.gov.cn/)

그러나 중국의 농업생산은 비록 증가했지만, 농산품 부족 현상은 심각한 수준이었다. 1970년대 말 중국의 농민들은 기본적으로 온포문제(温饱问题)가 해결되지 못하였다. 1978년 중국 농촌의 1인당 연평균 수입은 70위안에 불과하였고, 인민공사 전체

생산대대 중 1/4에 해당하는 생산대대가 1인당 연평균 50위안에도 못 미치는 집체분배가 이루어졌다. 게다가 중국의 농업생산은 1952년에 중국 전체 GDP의 50.5%를 차지하였으나 1978년에는 28.1%로 하락하였고, 농촌의 노동력 취업은 1952년의 83.5%에서 1978년에 70.5%로 13%p 낮아져 생산성이 극도로 저조하였으며, 이로써 농민들의 생활은 극도로 궁핍해졌다. 표 6-5 이에 중국은 5·5계획 기간(1976~1980)에 식량, 면화, 식용유 등을 수입하는 데 매년 14.63억 달러를 사용하였다. 이는 당시 중국의 소비제품 수입총액의 64%인 동시에 중국 전체 수입총액의 12%에 해당하는 규모로 국민경제발전에 적잖은 영향을 주었다.

중국 농업의 이러한 상황은 개혁개방 이후 농업경영방식을 인민공사체제의 집체경영방식에서 농가 중심의 개체경영방식으로 개혁하는 직접적인 요인이 되었다.

표 6-5 중국의 산업구조와 노동력 취업구조 비교

(단위: %)

연도	GDP 구성비			노동력 취업 구성비		
	1차산업	2차산업	3차산업	1차산업	2차산업	3차산업
1952	50.5	20.8	28.7	83.5	7.4	9.1
1978	28.1	48.2	23.7	70.5	17.3	12.2
1990	27.1	41.6	31.3	60.1	21.4	18.5
2000	14.8	45.9	39.3	50.0	22.5	27.5
2005	12.5	47.3	40.2	44.8	23.8	31.4
2010	9.5	46.3	45.8	36.7	28.7	34.6
2015	8.8	40.9	50.3	28.3	29.3	42.4

자료: 中国国家统计局(http://www.stats.gov.cn/)에서 필자 정리 작성.

제2절 농촌 경제개혁의 추진

개혁개방 이후 지금까지 중국의 농촌개혁은 개혁의 내용과 심화정도에 따라 2000년도를 기준점으로 크게 두 단계로 나뉜다. 2000년도 이전까지는 농업생산방식의 전환과 농촌의 시장화 및 공업화 등이 중심이었고, 2000년도 이후에는 농촌의 경제적 환경개선을 위한 종합적 개혁과 신농촌 건설이 중심이었다.

1. 2000년 이전의 개혁

1) 농업생산방식의 전환(1978~1984)

개혁개방 초기 중국의 농촌개혁은 개별농가 중심의 농가연합생산청부책임제(家庭联产承包责任制)가 핵심이었다. 농가연합생산청부책임제는 토지 등 기본생산요소를 공유제로 유지시키는 가운데 개별농가가 독립적으로 생산활동을 하는 것으로, 분배에 있어서는 청부상납제를 채택한 제도이다. 즉, 개별농가에서 생산된 농산물 중 정부에 청부된 양을 우선 상납한 뒤 나머지 중 일부는 집체에 유보시키고 일부는 개인소유로 하는 제도이다. 중국의 이러한 농가연합생산청부책임제는 농민들에게 매우 환영받았으며, 1983년 초까지 전국 농촌의 93%에서 실시되었다.

한편 중국은 농가연합생산청부책임제를 실시하면서, 개혁개방 이전까지 농업생산의 주요 방식이었던 인민공사제도를 1983년 10월에 폐지하기로 결정하고 향진(乡镇) 정부를 농촌의 기층정권으로 설립하였다. 그리고 그 하부에는 촌민위원회(村民委员会)를 설립하여 인민의 자치조직으로 만들었다. 이러한 제도는 1985년 초까지 전국적으로 완성되었다.

농가연합생산청부책임제/家庭联产承包责任制

농가연합생산청부책임제(家庭联产承包责任制)는 1980년대 초 중국 농촌개혁의 핵심으로 농촌 토지개혁의 중요한 전환이자 농업의 기본경제제도이다. 농가연합생산청부책임제는 속칭으로 따빠오깐(大包干)으로 불리며, 청부형식에 따라 농가생산책임제(包产到户)와 농가경영책임제(包干到户) 등 2가지가 있다.

- 농가생산책임제: 토지 등 주요 생산요소를 공유제로 하는 전제하에 농가단위로 청부하는 형식이다. 계약규정에 따라 한정된 생산비용 내에서 생산임무를 완성하고 청부계약에 따라 상벌이 정해진다.
- 농가경영책임제: 청부계약 중 생산비용과 생산량지표를 결정하지 않고 청부자 스스로 생산활동을 한 후 국가에 납부할 농업세와 집체에 납부할 공적 적립금을 제외한 생산물은 청부자가 소유

한다. 즉 정부와 집체에 납부할 것을 제외한 모든 것이 개인소유가 된다.

자료: 吴江·张艳丽(2008)에서 필자 정리.

2) 농촌의 시장화와 공업화 추진(1985~1991)

중국은 농촌의 기본적인 생산경영방식, 즉 '농가연합생산청부책임제'를 완성한 후 농촌의 시장화개혁과 공업화를 추진하였다. 이 시기 중국이 추진한 농촌의 시장화개혁과 공업화는 초보적 수준의 탐색단계로 농산품의 유통체제개혁과 농촌의 산업구조 조정이 중심이었다.

우선 농산품의 유통체제에서 중국은 1985년부터 개혁개방 이후 추진되어 왔던 농부산품의 계획적 할당수매(派购)제도를 진일보적으로 개선하였다. 구체적으로 농산품의 이중가격제(双轨制)를 실시하는 한편, 식량과 면화의 계획적 수매를 폐지하고 계약수매(合同定购)로 전환하였다. 계약수매의 구체적 방법으로는 식량의 경우 국가에서 계획수매가격을 30%, 초과수매가격을 70% 반영하는 단일가격을 적용하도록 하였다. 이에 따라 중국의 농산물 수매는 계약수매를 기본으로 하는 가운데 협의수매(议购)와 자유시장유통체제로 전환되었다. 그리고 그 후 계약수매는 점진적으로 감소시키고 시장협의가격을 확대해 나갔다.

한편 중국은 이 시기 농산품 매매체제의 개혁과 동시에 1990년 10월 정저우(郑州)에 소맥도매시장을 건립함과 동시에 9개의 지역성 도매시장 그리고 다양한 유형의 농산물시장(农贸市场)을 전국적으로 건립하여 농촌의 시장화개혁을 가속화해 나갔다.

농촌의 산업구조 조정분야에서는 농업을 비롯한 임업, 목축업, 어업의 전면적 발전을 강조하는 한편, 농민들로 하여금 상공업 등 비농업분야의 종사를 유도하고 향진기업(乡镇企业)의 발전을 추진해 나갔다. 이러한 농촌의 산업구조 조정은 향진기업의 발전을 촉진시켰을 뿐만 아니라 농촌경제를 전통적 농업의 단일구조에서 다양한 산업이 종합적으로 발전하는 구조로 전환시켰다. 표 6-6

표 6-6 농촌 산업구조의 변화

(단위: 억 위안)

항목		1978년		1996년	
농촌총생산액		2,037.5	100.0	88,620.4	100.0
농업총생산액		1,397.0	68.6	23,428.7	26.4
비농업	총생산액	640.5	31.4	65,191.7	73.6
	농촌 공업	396.5	19.5	48,426.3	54.6
	농촌 건축업	134.7	6.6	6,178.4	7.0
	농촌 운수업	34.5	1.7	4,408.2	5.0
	농촌 상업 및 요식업 등	74.8	3.6	6,178.8	7.0

자료: 中国国家统计局(http://www.stats.gov.cn/)과 中国农业部(http://www.moa.gov.cn/)에서 필자 정리 작성.

그러나 중국 농촌의 이러한 시장화개혁과 공업화 추진이 순조로웠던 것은 아니다. 이 시기 농촌의 시장화개혁과 공업화 추진과정 중에는 다음과 같은 문제점이 나타났다.

① 농산품의 가격개방 이후 농산품가격의 심각한 불안정 현상 발생
② 식량생산의 하락으로 식량매매체제가 제대로 형성될 수 없어 계약수매가 퇴보되고 계획수매가 다시 등장
③ 급속하게 발전한 향진기업과 도시공업 사이에서 원료, 에너지, 시장 등을 확보하기 위해 경쟁
④ 농민이 비농업분야로 진입하는 과정에서 마찰 발생

이러한 현상은 농촌의 산업구조 조정, 특히 향진기업의 발전을 제한시켰을 뿐만 아니라 농민의 수입이 개혁 이후 처음으로 정체되거나 감소되는 상황이 나타나 농촌의 빈곤인구를 증가시켰다.

3) 농촌의 시장화와 공업화 가속(1992~1998)

1992년은 중국의 개혁개방 역사에 한 획을 긋는 시기였다. 왜냐하면 1992년의 이른 봄인 춘절기간에는 무엇보다 개혁개방을 가속시키는 데 결정적인 역할을 했던 덩샤오핑의 남순강화(南巡讲话)가 있었고, 가을에는 중국공산당의 가장 큰 행사인 중국공산당 전국대표대회(14대)에서 심화된 시장화개혁의 이론적 기초가 되는 '사회주의시장경제' 제도가 제기되었기 때문이다.

중국은 중공 14대에서 '사회주의시장경제' 제도를 결정한 후 시장화개혁을 가속화하였다. 농촌개혁도 농산품시장체계에서 계획적 수단이 아닌 시장메커니즘에 의한 농산품의 공급과 자원분배가 이루어지도록 하였다. 이 시기 추진된 농촌개혁의 주요 내용은 다음과 같다.

첫째, 농촌의 기본경영제도를 법규를 통해 안정화시키고자 하고, 토지의 청부기간은 15년이 지난 후에도 계속해서 30년까지 연장될 수 있도록 하였다.

둘째, 식량을 중심으로 농산품 유통체계를 사회주의시장경제체제에 적합하게 추진한다는 차원에서 식량의 가격자유화를 추진하였다. 그러나 중국은 식량생산이 갑자기 감소하고 심각한 인플레이션 압력이 나타나자 다시 농산품에 대한 가격결정에 개입하기 시작하였다. 즉 1993년 말 식량의 시장가격이 급등하자 1994년부터 다시 계약수매를 농가의 의무공출로 하고 가격도 전국적으로 통일하는 결정을 하였다.

셋째는 향진기업을 발전시키기 위해 향진기업의 재산권개혁과 산업구조 조정 그리고 제품구조 및 기술개발 등의 강화를 추구하기 시작하였다. 이로 인해 향진기업은 1992년부터 1996년까지 발전의 전성기를 이루게 되었다. 이 시기 향진기업은 연평균 42.8%의 고속성장을 이룩하였으며, GDP 점유비중도 26%로 상승하였다. 그뿐만 아니라 전국 공업생산증가액에서도 43.4%를 차지하게 되었다. 중국의 향진기업은 이러한 성과로 인해 농촌경제발전의 핵심적 역량이 되었음은 물론 국민경제의 발전에도 적잖은 기여를 하였다. 그에 따라 기업수는 1996년 말 기준 2,336만 개로 1991년보다 1.2배 증가하였고, 농촌노동력도 1.35억 명이나 흡수하였다. 그러나 향진기업은 1990년대 후반 이후 지금까지 동아시아금융위기 시의 수출타격과 그 후 국내시장에서의 경쟁력 약화로 침체국면을 맞고 있는 상황이다.

향진기업/乡镇企业

향진기업은 인민공사의 사대기업(社队企业)을 모태로 발전한 기업으로 농촌의 집체경제조직 혹은 농민이 주로 투자하여 향진(촌(村)관할지역 포함)에 세워진 각종 기업을 말한다. 향진기업은 다양한 형식과 부문 그리고 다양한 경로를 통한 합작기업 혹은 개체기업의 총칭으로 향에서 설립한 기업(乡办企业), 촌민위원회에서 설립한 기업(村办企业), 농민연합경영의 합작기업(农民联营合作企业) 그리고 기타형식의 합작기업(其他形式的合作企业) 및 개체기업(个体企业)을 포함한다. 향진기업의 업종은 농업,

공업, 교통운수업, 건축업과 상업, 요식업, 서비스업 수리업 등 다양하게 분포되어 있다.

1980년대 이후 급속도로 발전한 향진기업은 농촌의 경제적 번영은 물론 중국 전체의 국민경제 발전에 상당한 기여를 하였다. 그뿐만 아니라 농촌의 단일 산업구조에 변화를 가져다주어 농촌의 공업화와 도시화 그리고 현대화에 적극적인 역할을 하였다. 특히 농촌의 잉여노동력 흡수에 절대적인 기여를 하였다. 그러나 향진기업은 1990년대 말부터 영세성과 낮은 기술수준으로 침체를 맞고 있는 상황이며, 농업생산에의 부정적인 영향과 환경오염의 주요인으로 지적되고 있기도 하다.

자료: 韩琪(2007)에서 정리.

한편 이 시기 중국의 농촌에서는 대규모 농촌노동력이 도시와 공업분야로 유동하는 대대적인 민공조(民工潮) 현상이 나타났다.[27] 중국의 민공조는 도·농 간의 경제발전 격차와 향진기업의 발전이 주요인으로 지적되고 있다. 민공조는 1990년대 중반 이후 향진기업의 취업흡수능력 감소 및 도시취업의 어려움과 또 최근 들어서는 회향하는 농민들로 인해 증가속도가 감소했지만, 여전히 방대한 규모의 농민이 도시와 공업부문의 일자리를 찾아 유동하고 있다. 그림 6-1

그림 6-1 중국 농민공의 증가 추이

(단위: 만 명)

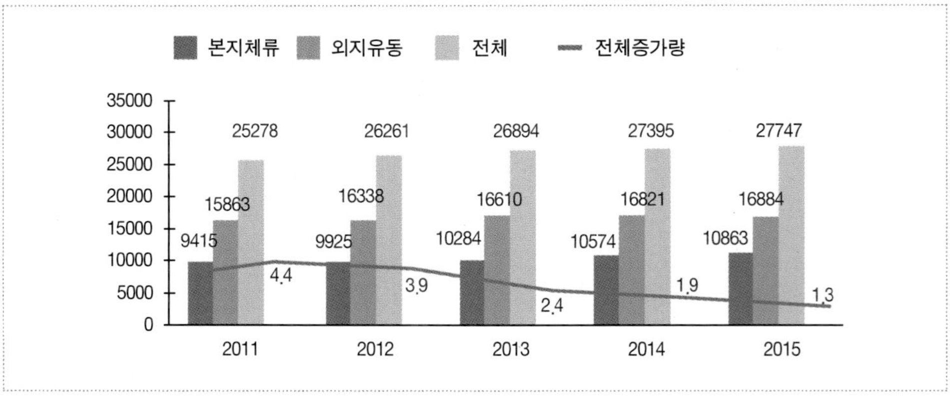

자료: 中国国家统计局(http://www.stats.gov.cn/)에서 필자 정리.

27) 민공조(民工潮)는 농민이 공업분야나 도시로 일자리를 찾아 대규모로 유동하는 현상을 말하며, 1980년대 중반부터 대대적인 도시건설이 이루어지면서 농촌의 많은 농민들이 돈벌이를 위해 도시로 유동하였다. 1993년 이전까지는 맹류(盲流)라는 용어를 사용하였으며, 유동하는 농민을 농민공(农民工)이라고 한다.

2. 2000년 이후의 개혁: 심화개혁과 신농촌 건설

2000년대 진입 이후 중국의 농촌개혁은 새로운 단계에 접어들었다. 지금까지 농촌개혁과정에서 나타난 농업과 농촌발전의 모순과 문제에 주목하는 한편, 개혁의 중점을 농촌종합개혁과 사회주의 '신농촌(新农村)' 건설 등에 두었다. 구체적으로 '공업을 통한 농업 촉진과 도시의 농촌발전 유도(以工促农, 以城带乡)' 방식과 삼농(농촌, 농업, 농민) 문제 해결에 중점을 두었다. 특히 도농의 통일발전과 농촌의 전면적 발전 그리고 농촌사회사업 건설에 중점을 두었다. 이러한 농촌발전은 2000년대 이후 농촌개혁의 대표적 특징으로 다음과 같은 개혁을 추진하였다.

첫째, 2000년대 진입 이후 중국은 농업세를 폐지하였다. 농업세의 폐지는 2000년 안후이성(安徽省)을 시작으로 전국 각 성으로 확대해 나갔으며, 2006년에 완전히 폐지하였다.

둘째, 농산품의 수출입무역제도를 개혁하고 농업을 전면적으로 개방하였다. 중국은 2001년 WTO에 가입한 후 해외 농산품의 국내시장 진입을 허용하고 농산품의 수입관세 인하와 수출보조금제도를 취소하는 한편, 대부분의 농산물에 대하여 할당(쿼터)제도를 실시하는 등 농업의 대외개방수준을 대폭 확대시켜 나갔다.

셋째, 향진기구와 농촌의 의무교육 그리고 현(县)과 향(乡)의 재정관리체제개혁을 주요 내용으로 하는 농촌의 종합개혁을 추진하여 농촌의 공공서비스수준을 제고시키고자 하였다. 농촌의 종합개혁은 아직 시험적 단계로 5년 혹은 그 이상의 기간에 걸쳐 완성하고자 계획하고 있다.

넷째, 식량유통체제의 적극적 개혁을 추진하고 있다. 2004년부터 중국은 식량의 수매와 판매시장을 전면 개방하고 있으며, 다양한 경로를 통한 매매를 실시하여 식량의 자유유통을 추진해 나가고 있다.

다섯째, 도시로 유동하고 있는 농민의 취업, 사회보장, 주거, 자녀교육, 의료서비스 문제 등을 해결하는 정책을 적극적으로 추진하고 있다. 이와 관련하여 중국 국무원에서는 2006년에 〈농민공 문제 해결에 관한 약간의 의견(关于解决农民工问题的若干意见)〉을 공포하고 10개부문의 농민공 업무를 제시하였다.[28] 중국정부의 이러한 농민공정책에 힘입어 중국 농민공의 수입이 크게 증대되었다. 2006년 중국 농민공의 월수입은 1,000위안에 불과하였으나, 2015년에는 3,072위안으로 증대되었다.

농민공/农民工

농민공(农民工)은 향진기업 혹은 도시에 진입하여 일을 하는 농업호구를 가진 사람들이다. 농민공은 중국의 이원적 사회체제의 산물로 개혁개방 이후에 나타난 특수한 사회현상이다. 농민공은 광의와 협의로 구분한다. 광의의 농민공은 두 부류로 나누는데, 하나는 본지 향진기업에 취업하여 농업은 떠났지만 농촌은 떠나지 않은(离土不离乡) 부류이고, 또 다른 하나는 농업과 농촌을 모두 떠나 도시로 진입하여 2차·3차산업에 종사하는 농촌노동력을 말한다. 2015년 말 기준 중국 농민공의 수는 총 2.77억 명으로 그중 본지 농민공은 1.08억 명, 외지진출 농민공이 1.68억 명으로 조사되고 있다. 농민공은 도시건설사업 등 경제발전에 기여한 바가 적지 않으나 중국 사회 특유의 호구제도(户口制度)라는 틀 때문에 도시주민이라면 누릴 수 있는 도시에서의 노동선택과 의료, 자녀교육 등의 합법적 혜택에서 상당수 배제되어 어려운 생활고를 벗어나기 어려웠다.

표 6-7 농민공의 연령별 구성 현황

(단위: %)

연령	2011	2012	2013	2014	2015
16~20세	6.3	4.9	4.7	3.5	3.7
21~30세	32.7	31.9	30.8	30.2	29.2
31~40세	22.7	22.5	22.9	22.8	22.3
41~50세	24.0	25.6	26.4	26.4	26.9
50세 이상	14.3	15.1	15.2	17.1	17.9

28) 중국 국무원은 2006년 3월 6일 〈농민공 문제 해결에 관한 약간의 의견(关于解决农民工问题的若干意见)〉을 공포하고 다음과 같은 10가지 농민공 문제 해결 중점을 제시하였다.
① 농민공 문제의 중대의미를 충분히 이해하고 해결(充分认识解决好农民工问题的重大意义)
② 농민공 업무의 지도사상과 기본원칙 완성(做好农民工工作的指导思想和基本原则)
③ 농민공의 저임금과 체불 문제의 시급한 해결(抓紧解决农民工工资偏低和拖欠问题)
④ 법과 규정에 따른 농민공 노동관리(依法规范农民工劳动管理)
⑤ 농민공 취업 서비스와 훈련 해결(搞好农民工就业服务和培训)
⑥ 농민공 사회보장 문제의 적극적이고 안정적인 해결(积极稳妥地解决农民工社会保障问题)
⑦ 농민공에 실질적인 공공서비스 제공(切实为农民工提供相关公共服务)
⑧ 농민공 권익보장메커니즘의 완전한 보호(健全维护农民工权益的保障机制)
⑨ 농촌노동력의 인근지역 취업이전 (推进农村劳动力就地就近转移就业)
⑩ 농민공 공작에 대한 지도 강화와 개선(加强和改进对农民工工作的领导)

표 6-8 농민공의 문화수준

(단위: %)

문화수준	농민공합계		외지이동 농민공		본지체류 농민공	
	2014년	2015년	2014년	2015년	2014년	2015년
무학	1.1	1.1	0.9	0.8	1.6	1.4
소학	14.8	14.0	11.5	10.9	18.1	17.1
중학	60.3	59.7	61.6	60.5	58.9	58.9
고교	16.5	16.9	16.7	17.2	16.2	16.6
전문대 이상	7.3	8.3	9.3	10.7	5.2	6.0

표 6-9 농민공의 지역별 종사산업 분포

(단위: %)

산업	동부지역		중부지역		서부지역	
	2014년	2015년	2014년	2015년	2014년	2015년
1차산업	0.4	0.4	0.4	0.3	0.8	0.7
2차산업	61.2	60.2	52.5	50.7	47.1	44.1
3차산업	38.4	39.4	47.1	49.0	52.1	55.2

자료: 2015年 农民工监测调查报告, 中国国家统计局((http://www.stats.gov.cn/))에서 필자 정리.

표 6-10 농민공의 월평균 수입 현황

(단위: 위안/%)

종사업종	2014년	2015년	증가율
평균수입	2,864	3,072	7.2
제조업	2,832	2,970	4.9
건축업	3,290	3,508	6.6
도소매업	2,554	2,716	6.4
교통운수, 창고, 우편	3,301	3,553	7.7
숙박, 요식업	2,566	2,723	6.2
주민서비스, 수리, 기타서비스업	2,532	2,686	6.1

자료: 人民网(http://society.people.com.cn/)

여섯째, 도농의 통일적 발전을 위한 신농촌 건설을 적극 추진하고 있다. 2005년 말 중공중앙과 국무원은 〈사회주의 신농촌 건설 추진에 관한 약간의 의견(关于推动社会主义新农村建设的若干意见)〉을 공포하고 사회주의 신농촌 건설 추진을 위한 8가지 지도사항을 제기하였다.[29] 그리고 신농촌 건설을 위해 농업과 농촌에 재정지원을 강화하였다. 중국정부가 농민과 농촌에 지원한 재정액은 1996년에 774억 위안이었으나 10년이 지난 2006년에는 3.38배가 증가한 3,397억 위안으로 증가되었으며, 2008~2013년 동안 '삼농'에 지원된 재정액의 누계는 5조 8,500억 위안이다.

제3절 농촌경제개혁의 성과와 문제

1. 농촌경제개혁의 성과

1) 농촌생산력 발전에 부합하는 농촌경제체제 건립

개혁개방 이후 중국 농촌체제개혁의 가장 큰 성과는 무엇보다 인민공사(人民公社)제도를 폐지하고 농가청부경영에 기초한 이중경영체제를 실시하여 농민에게 생산경영

29) 중공중앙이 2005년 12월 31일 공포한 〈사회주의 신농촌 건설 추진에 관한 약간의 의견(关于推动社会主义新农村建设的若干意见)〉에서 제기된 신농촌 건설 추진의 8가지 지도사항은 다음과 같다.
① 통일적 도농경제사회 발전을 위한 사회주의 신농촌 건설(统筹城乡经济社会发展, 扎实推进社会主义新农村建设)
② 현대농업 건설 추진으로 사회주의 신농촌 건설의 산업지원(推进现代农业建设, 强化社会主义新农村建设的产业支撑)
③ 농민의 지속적 수입증대 촉진으로 사회주의 신농촌 건설의 경제기초 강화(促进农民持续增收, 夯实社会主义新农村建设的经济基础)
④ 농촌기초시설 건설 강화로 사회주의 신농촌 건설의 물질적 기초 개선(加强农村基础设施建设, 改善社会主义新农村建设的物质条件)
⑤ 농촌사회사업발전 가속으로 사회주의 신농촌 건설의 신형농민 배양 추진(加快发展农村社会事业, 培养推进社会主义新农村建设的新型农民)
⑥ 전면적 심화농촌개혁으로 사회주의 신농촌 건설의 체제보장 건전화(全面深化农村改革, 健全社会主义新农村建设的体制保障)
⑦ 농촌의 민주정치 건설 강화로 사회주의 신농촌의 향촌관리메커니즘 개선 건설(加强农村民主政治建设, 完善建设社会主义新农村的乡村治理机制)
⑧ 영도력을 강화하여 전당 전사회의 관심과 지지 그리고 사회주의 신농촌 건설 참여동원(切实加强领导, 动员全党全社会关心、支持和参与社会主义新农村建设)

자주권을 부여한 것이었다. 중국의 이러한 개혁으로 농촌의 생산력 발전을 위한 새로운 제도적 기반이 마련되었다.

둘째는 농산품의 계획구매를 폐지하고 농산품매매제도를 개방함과 동시에 농민에게 농산품거래의 자주권을 부여한 것이었다. 중국의 농산품 유통체제의 개혁은 시장메커니즘을 발전 및 촉진시켜 유통경로를 다원화시켰고, 도매시장을 중심으로 한 시장체계의 발전은 토지, 노동력, 자금 등의 요소시장의 발전도 촉진시켰다. 중국 농촌의 이러한 개혁은 농촌경제의 경영방식을 변화시켜, 시장이 자원배치의 기초적 역할을 하게 하였을 뿐 아니라 농촌경제의 활력과 효율을 대대적으로 제고시키는 역할을 하였다.

셋째는 단일의 집체경제소유제 구조를 개혁하고 농촌 개체 사영경제 발전을 촉진시켰다. 농민에 재산지배권을 부여하고 다양한 소유제경제와 혼합형 경제가 동시에 발전하는 새로운 국면을 만들었다.

2) 농업생산 및 농민소득 증대와 농촌경제 구조의 개선

신중국 성립 초기인 1952년에 중국의 식량생산은 1.6억 톤이었으나, 개혁개방 당해 연도인 1978년에는 3.0억 톤이었다. 따라서 개혁개방 이전 중국의 식량생산은 약 1.5억 톤 증가시키는 데 26년이 걸렸다. 그러나 개혁개방 이후 중국의 식량생산은 1.5억 톤 증가시키는 데 15년밖에 걸리지 않았을 정도로 빠르게 발전하였고, 2015년 기준으로 6.2억 톤을 생산하였다. 표 6-11 중국은 이러한 농업생산으로 2016년 말 기준 세계경지면적의 9%와 6.5%의 수자원을 점유하지만 13억이 넘는 인구의 식량 문제를 안정적으로 해결하고 있다. 1인당 평균 농산품생산량과 소비량도 세계의 중등수준을 넘어서고 있다.

표 6-11 중국의 식량생산 추이

(단위: 억 톤)

연도	1978	1980	1985	1990	1995	2000	2005	2010	2015
식량	3.05	3.21	3.79	4.46	4.67	4.62	4.84	5.46	6.21

자료: 中国国家统计局(http://www.stats.gov.cn/)에서 필자 정리.

또한 개혁개방 이전 중국의 농촌은 보편적으로 가난한 상태였다. 1978년 전국 농촌의 1인당 양식소비량은 199Kg으로 1957년보다 여전히 3%나 적었다. 특히 농민 1인당 순수입은 134위안에 불과하여 온포문제(温饱问题)를 해결하지 못한 농촌인구가 총농업인구수의 30% 이상이나 되었다. 그러나 개혁개방 이후 농가생산청부책임제를 실시하면서 농민의 1인당 순수입이 대폭 증가하였다. 1986년 농민 1인당 순수입은 424위안으로 1978년의 134위안보다 3.16배에 많아져, 대부분의 농촌지역에서 온포문제가 기본적으로 해결되었다. 1978년부터 2012년까지 농민 1인당 순수입은 134위안에서 7,917위안으로 증가하여 연평균 7.1% 증가하였다. 농촌주민가정의 엥겔계수도 67.8%에서 43.1%로 낮아졌다. 농촌 빈곤률은 1978년의 30.7%에서 1.6%로 낮아졌으며, 빈곤인구도 2.5억 명에서 1,479만 명으로 감소하였다.

중국의 농촌은 농업생산 및 농민의 소득증대 외에 농업생산구조도 식량 위주의 생산에서 농업, 임업, 목축업, 어업 등 전면적으로 발전하는 구조로 전환되었다. 즉 1978년부터 2015년까지 재식농업(种植业)은 농업증가액에서 차지하는 비중이 80%에서 56.1%로 낮아졌지만, 임업은 3.4%에서 4.3%, 축산업은 15%에서 29%, 어업은 1.6%에서 10.6%로 증가되었다. 표 6-12 농업생산구조의 조정은 단위면적당 생산량 증가와 품질을 개선하는 가운데 식량총생산량을 안정적으로 증가시키면서 임업, 목축업 그리고 기타종업을 적극적으로 발전시키는 방향으로 추진되었으며, 그 결과 임업과 목축업의 비중이 증가되었다.

표 6-12 중국 농업생산구조의 변화

(단위: 억 위안/%)

연도	1978	1980	1990	2000	2005	2010	2015
합계	1,397.00 (100.00)	1,923.04 (100.00)	7,662.20 (100.00)	24,915.80 (100.00)	38,365.81 (100.00)	66,781.68 (100.00)	102,733.19 (100.00)
농업	1,117.50 (80.00)	1,454.10 (75.62)	4,954.30 (64.66)	13,873.60 (55.68)	19,613.37 (51.12)	36,941.11 (55.32)	57,635.80 (56.10)
임업	48.10 (3.44)	81.84 (4.26)	330.30 (4.31)	936.50 (3.76)	1,425.54 (3.72)	2,592.47 (3.88)	4,436.39 (4.32)
목축업	209.30 (14.98)	354.20 (18.41)	1,967.00 (25.67)	7,393.10 (29.67)	13,310.78 (34.69)	20,825.73 (31.18)	29,780.38 (28.99)
어업	22.10 (1.58)	32.90 (1.71)	410.60 (5.36)	2,712.60 (10.89)	4,016.12 (10.47)	6,422.37 (9.62)	10,880.62 (10.59)

자료: 中国国家统计局(http://www.stats.gov.cn/)에서 정리.

한편 중국의 농산품은 WTO 가입 이후 빠른 속도로 수출입이 증가하였다. 1978년 중국 농산물의 대외수출입 총액은 61억 달러였으나 2015년에는 1,875.6억 달러로 약 30배 이상 증가하였다. 2015년 말 기준 중국은 세계 4위의 농산품수입국이자 세계 5위의 농산품수출국이 되었다. 그러나 중국 농산품의 대외수출입은 2004년 이후 줄곧 수출보다 수입이 많아 농산물의 주요 수입국이 된 상황이다. 표 6-13

표 6-13 중국 농산품의 수출입 추이

(단위: 억 달러/%)

연도	수출입	수출	수입	수지
2000	269.7(23.3)	157.0(15.2)	112.7(36.7)	44.3
2001	279.4(3.6)	160.9(2.5)	118.5(5.2)	42.4
2002	306.3(9.6)	181.6(12.9)	124.7(5.2)	56.9
2003	403.0(31.5)	213.3(17.4)	189.7(52.1)	23.5
2004	514.4(27.7)	233.9(9.7)	280.5(47.8)	-46.5
2005	563.8(9.6)	276.0(18.0)	287.8(2.6)	-11.8
2006	636.0(12.8)	314.2(13.9)	321.7(11.8)	-7.5
2007	750.9(18.1)	339.0(7.9)	411.9(28.0)	-72.9
2008	993.3(32.3)	405.4(19.6)	587.9(42.7)	-182.5
2009	923.3(-7.0)	396.3(-2.2)	527.0(-10.4)	-130.7
2010	1208.0(32.2)	488.8(24.7)	719.2(37.9)	-230.4
2011	1540.3(27.5)	601.2(23.0)	939.1(30.6)	-337.9
2012	1739.4(12.9)	625.0(4.0)	1114.4(18.7)	-489.4
2013	1866.9(6.2)	678.3(7.2)	1188.7(5.7)	-510.4
2014	1945.0(4.2)	719.6(6.1)	1225.4(3.1)	-505.8
2015	1875.6(-3.6)	706.8(-1.8)	1168.8(-4.6)	-462.0

주: 괄호 안은 증가율임.
자료: 中国商务部(http://www.mofcom.gov.cn/)에서 필자 정리.

이밖에도 중국의 농촌은 산업구조에서 상당한 변화가 있었다. 1978년 중국 농촌의 산업구조는 3차산업의 구조가 각각 84.0 : 14.2 : 1.8 수준이었으나, 30여 년이 지난 2006년에는 30.2 : 54.3 : 15.3으로 전환되었다. 중국의 이러한 산업구조 변화에는 향진기업이 큰 역할을 했다. 그림 6-2 그뿐만 아니라 향진기업은 농민의 수입증대에도 적잖은 기여를 하였다. 2000년대 진입 이후 중국 농민의 수입 중 줄곧 30% 이상이 향진

기업에 의해 이루어지고 있을 정도다.그림 6-3

그림 6-2 향진기업의 산업구조 분포

(단위: %)

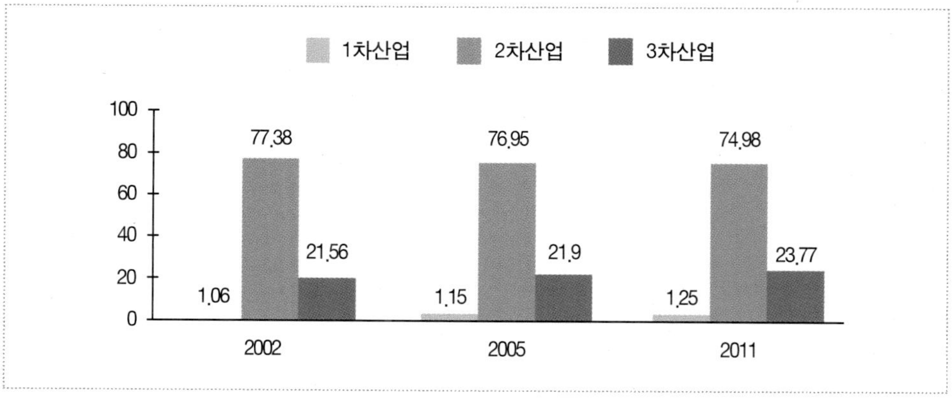

자료: 中国农业部(http://www.moa.gov.cn/)

그림 6-3 향진기업의 농민수입 기여도

(단위: 위안/%)

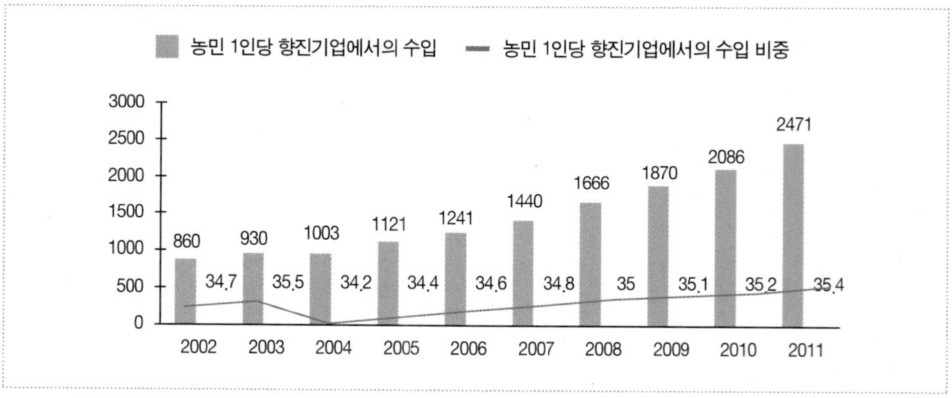

자료: 中国农业部(http://www.moa.gov.cn/)

3) 농촌취업구조와 농촌사회구조의 개선

개혁개방 이전 중국의 농업노동력은 제조업 혹은 관련 부문으로의 이전이 매우 적었다. 1952년부터 1978년까지 중국의 사회총생산액 중 농업이 차지하는 비중은 45.4%에서 20.4%로 절반 이하로 낮아졌지만, 같은 기간 농업노동력은 83.5%에서

73.85%로 낮아져 그다지 변화가 없었다.

그러나 개혁개방 이후, 특히 1980년대 중반 이후 향진기업이 발전하면서 대량의 농촌노동력이 농업은 떠나되 농촌은 떠나지 않는(离土不离乡) 추세가 나타나 농촌사회의 취업구조에 변화가 나타났다. 1996년 향진기업 종사인원은 1.35억 명으로 1978년의 사대기업 직원수보다 1억 명 이상 증가하였다. 향진기업은 비록 1990년대 중반 이후 농촌노동력의 흡수 증가속도가 감소하기는 했지만, 농촌 잉여노동력의 주요 이전장소였다. 2007년 말 전국 향진기업의 직원수는 1.5억 명에 달하여 전국 농촌노동력의 28%를 차지하였다. 이로 인해 현재 농촌노동력 중 농업에 취업한 비중은 59.5%로 1978년의 92.9%보다 33.4%p 하락하고 비농업 취업인구는 40.5%로 상승하였다. 그중 2차산업은 23.2%, 3차산업은 17.3%에 달하고 있다.

또한 1990년대 이후 중국정부가 농민의 이전취업 제한을 풀고 농민에게 취업자유 선택권을 제공하면서 농촌노동력의 도시로의 유동은 큰 폭으로 증가하였다. 2014년 6월 말 기준 중국의 농민공은 이미 2.75억 명을 넘어섰으며, 농촌노동력은 이미 절반이 토지를 떠나 2차산업과 3차산업 그리고 도시에서 취업하고 있다.

한편 개혁개방 이전 중국의 농촌은 인민공사체제하에서 매우 경직된 사회였다. 즉 경제적으로는 빈곤하고, 정치적으로는 동질적이며, 문화적으로는 단일적이고, 사회적으로는 폐쇄된 사회였다. 당시에는 군입대나 진학 그리고 구직 등의 형식을 제외하고는 도시와 농촌 간의 자유유동은 기본적으로 존재하지 않았다. 그러나 개혁개방 이후 농촌사회의 분업이 발전함에 따라 인구유동이 증가되고 생활공간이 확대되어 농촌사회 내부의 폐쇄성이 흔들리게 되었다. 농민은 더 이상 농업생산만 경영하고, 농촌에서 생활하고 일하는 자가 아니게 되었다. 특히 향진기업이 나타나면서 대량의 향진기업 직공과 사영기업주 그리고 개체호가 나타나게 되었으며, 1990년대 이후에는 농촌노동력이 도시에 진입하여 공업과 상업에 종사하면서 방대한 농민공 계층이 형성되었다. 그리고 최근 들어서는 농촌사회에 농민공, 농촌개체상공업자, 농민사영기업주, 농민지식인, 농민기업가, 농촌관리자 등 다양한 이익계층이 나타나게 되었다. 개혁개방 이전 농촌사회를 분화시킨 요인은 가정, 친족 그리고 농민의 입대, 진학 등이었지만, 개혁개방 이후에는 이밖에도 농민들의 아르바이트(打工), 상업, 창업 등 다양한 경로를 통해 자신의 신분을 바꾸고 있다. 개혁개방 이후 농민의 사회적 신분은 선천형(先赋型)에서 후천형(後致型)으로 변화되고 있으며, 직업적 측면에서든 경제자원의 보유 측면에서든 농민은 더 이상 동질성을 가진 사회단체가 아닐 뿐만 아니라 농촌사회도 단일 사회가 아니게 되었다.

2. 농촌경제개혁의 문제

개혁개방 이후 중국의 농촌개혁은 상당한 성과가 있었다. 그러나 중국의 농촌사회는 아직 많은 문제를 내포하고 있다. 2016년 말 기준으로 중국이 갖고 있는 농촌문제는 크게 농촌 문제와 농업 문제 그리고 농민 문제로 대표되는 삼농 문제(三农问题)가 핵심이다.

중국의 삼농 문제는 농촌 문제, 농업 문제, 농민 문제 등 개별 문제로 구분되는 문제이지만, 실제로는 농민의 거주지역과 종사업종 그리고 신분적 측면이 하나로 결합된 문제로 볼 수 있다.

삼농 문제는 외형적으로는 단순히 광대한 농촌지역에서 재식농업을 중심으로 하는 농민의 생활환경 개선과 산업발전 그리고 사회발전에 관한 문제이다. 그러나 내면적으로는 중국의 독특한 이원적 사회구조 아래서 도시와 2·3차산업 및 도시주민의 생활은 풍족해지고 있지만, 농촌과 농업발전은 물론 농민의 생활은 낙후되어 나타나고 있는 사회문제로 볼 수 있다.

1) 농촌 문제

중국의 농촌 문제는 크게 농촌의 토지 문제와 기층정권의 문제로 나눌 수 있다. 우선 토지 문제에서는 첫째, 토지청부 문제를 들 수 있다. 중국은 개혁개방 이후 농업생산방식을 집단화 생산방식에서 개별농가 생산방식으로 전환하면서 토지를 농가에 청부하였다. 그러나 토지청부의 합리적인 방식과 청부된 토지의 관리방식을 인구 등의 요소변동과 어떻게 연동시켜야 하는지 등 아직 많은 문제를 해결하지 못하고 있다. 둘째는 택지에 관한 문제이다. 택지는 경지와 다르게 줄곧 농민의 사유재산으로 인식되었지만 현재 그 소유가 불명확하다. 택지가 누구의 소유인지, 그리고 농민의 택지 처리 및 사용권이 청부토지와 어떻게 다른지 불분명하다. 따라서 택지의 관리와 분배방식에 문제가 존재한다. 셋째는 토지소유권에 관한 문제이다. 농지에서 비농지로 전환되는 과정에서 토지소유자로서의 농민의 권익은 어떻게 처리되어야 하는지의 문제가 존재한다.

기층정권의 문제에서는 집권능력의 약화, 형식주의의 범람, 향촌의 심각한 양극화 채무, 간부의 안일 등 기층정권에 대한 농민의 신뢰가 위기를 맞고 있는 등 많은 문제에 직면하고 있다.

2) 농업 문제

중국의 농업 문제는 첫째, 식량의 안정적인 공급 문제를 들 수 있다. 중국정부는 식량수급에 관한 기본방침으로 자력에 의한 식량 자급자족을 추구하고 있다. 그러나 중국은 공업화와 도시화가 가속화되면서 경지면적의 감소 그림 6-4, 수자원 부족, 기후변화 등의 요인으로 인해 식량수급에 영향을 받고 있다. 2016년 말 기준으로 중국의 식량 공급과 수요는 겨우 평형상태를 유지하는 수준으로 식량의 안정적인 공급에 도전을 받고 있는 상황이다.

그림 6-4 중국의 경지면적 감소 추이

(단위: 억 무(畝))

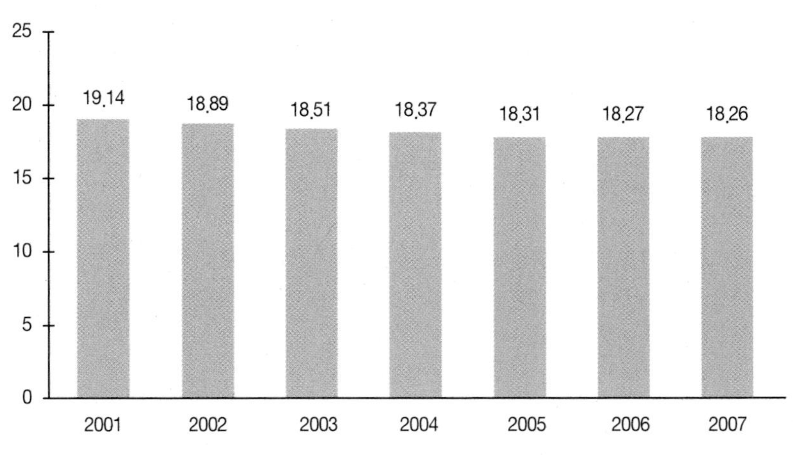

자료: 中国国土资源部(http://www.mlr.gov.cn/)에서 필자 정리.

둘째는 농업정책에 관한 문제이다. 2000년대 초 중국의 1인당 GDP는 1,000달러를 넘어서 공업화의 중기단계에 진입하였고, 동시에 개혁개방 이후, 특히 1994년 이후 국가의 재정능력이 증대되어 공업이 농업을 지원할 수 있는 능력을 갖추었다. 이처럼 새로운 경제발전단계에 들어선 중국은 그동안의 농업이 공업을 지원하는 정책에서 공업이 농업을 지원하는 정책으로 전환하였다. 공업의 농업지원정책의 핵심은 공업으로부터의 농업을 많이 지원하고, 농업의 부담을 줄이고, 농업경영에 활력을 제공한다는 의미의 '지원확대, 부담경감, 활성화(多予, 少取, 放活)'를 2004년부터 지금까지 8차례의 중앙1호 문건에 언급하며 삼농 문제를 해결하고자 하였다. 그러나 실제로 공업의 농업지원은 크게 이루어지지 않았다는 평가를 받고 있다.

3) 농민 문제

중국의 농민 문제는 농민의 문화적 수준 문제와 농민의 소득 관련문제에 집중되어 있다. 특히 농민의 소득증대 속도가 느리다는 것과 도농 간의 소득격차 확대는 농민 문제의 가장 핵심적인 문제이다. 1978년 도시주민의 1인당 가처분소득은 343위안이었으나, 농촌은 134위안으로 상대적 차이는 2.56 : 1이고 절대적 차이는 209위안이었다. 그러나 2015년 도시주민의 1인당 가처분소득은 31,195위안으로 연평균 8.4%로 증가하였으나, 농민의 1인당 순수입은 10,772위안으로 도농 간의 소득격차는 상대적 격차에서 2.90 : 1이고 절대적 격차는 20,423위안으로 개혁개방 이후 확대되는 양상을 보여왔다. 표 6-14

표 6-14 중국 도시와 농촌의 소득 비교

(단위: 위안)

연도	1978	1980	1990	2000	2005	2010	2015
도시주민 1인당 가처분소득	343	478	1,510	6,280	10,493	19,109	31,195
농촌주민 1인당 순수입	134	191	686	2,254	3,255	5,919	10,772
절대적 격차	209	287	824	4,026	7,238	13,190	20,423
상대적 격차	2.56 : 1	2.50 : 1	2.20 : 1	2.79 : 1	3.22 : 1	3.23 : 1	2.90 : 1

자료: 中国国家统计局(http://www.stats.gov.cn/)에서 정리.

제7장 중국의 국유기업개혁과 발전

제1절 중국 국유기업의 의미와 특수성

중국의 기업은 소유형태에 따라 국유기업(国有企业), 집체기업(集体企业), 개체기업(个体企业), 사영기업(私营企业), 외자기업(外资企业), 주식제(股份制) 기업 등 다양한 유형이 있다. 그림 7-1 이 가운데 국유기업은 중국이 공유제를 중심으로 하는 사회주의 국가이기 때문에 가장 대표적인 기업유형이다. 그러나 중국의 국유기업은 생성경로와 직능 등에서 다른 나라들의 국유기업과는 많은 차이를 보이고 있다.

그림 7-1 소유형태에 따른 중국의 기업유형

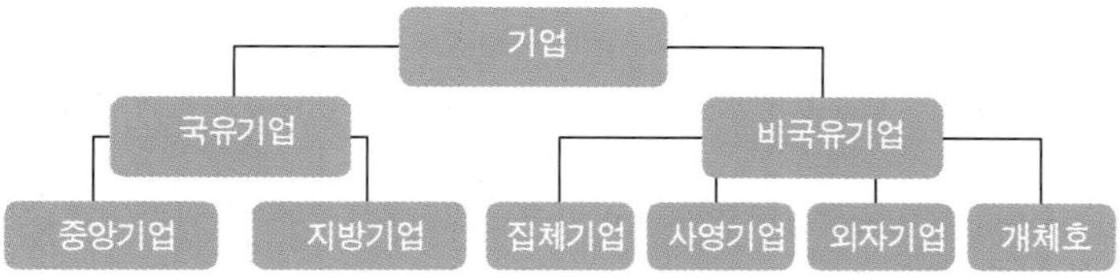

※향진기업
농민들에 의해 설립된 농촌지역에 존재하고 있는 다양한 형태의 비국유기업의 총칭이며 집체소유제인 향판기업(乡办企业)과 촌판(村办企业) 그리고 사기업에 속하는 연호기업(联户企业)과 개체(个体) 및 사영기업(私营企业) 4가지 종류의 기업이 포함하는 것으로 소유형태에 따른 분류 유형의 기업이 아님.

자료: 필자 작성.

1. 중국 국유기업의 생성 경로

일반적으로 국유기업은 정부가 재정을 출자하여 비경쟁성 업종에 설립하는 것이 대부분이다. 그러나 중국의 국유기업은 정부의 재정출자로 설립한 기업이 대부분이지만, 사회주의 경제제도를 실현하기 위한 계획경제의 미시적 기초로 설립되어 일반 국가들의 국유기업이 주로 비경쟁성 업종에 설립된 것과는 달리 다양한 업종에 설립되었다. 그뿐만 아니라 관리방식도 정부의 지령성 계획이 실시되었다. 따라서 중국의 국유기업은 국민경제를 구성하는 기본단위라기보다 정부행정기관의 부속물로 정부정책을 완성하는 도구일 뿐 진정한 의미의 기업은 아니었다.

한편 중국의 국유기업은 정부의 재정출자로 설립된 기업 외에 신국 성립 초기 관료자본을 몰수해 설립한 기업과 사회주의 개조운동 중 민족자본가의 기업을 국유화한 경우도 적지 않았다. 1949년 중국정부가 몰수한 관료자본의 공업기업은 2,858개로 직공이 129만여 명(그중 생산직 직원은 약 75만 명)이나 되었다.

2. 중국 국유기업의 직능

1) 중국 국유기업과 일반기업의 비교

기업은 이윤획득을 목적으로 경제활동에 종사하는 경제조직이다. 중국의 기업도 이윤창출과 취업기회 제공 등의 경제적 활동을 해왔다. 그러나 중국의 국유기업은 소득분배와 기업의 역할 그리고 정책결정방식 등에서 일반적 기업과는 사뭇 달랐다. 우선 소득분배에서 일반적 기업은 이윤 중 납세를 제외한 전부를 기업에 귀속하여 자율 처리하지만, 중국의 국유기업 이윤은 전액 국가재정기관에 상납하여 기업 자체의 이윤이 있을 수가 없었다. 둘째, 일반기업은 정책성의 임무를 담당하지 않지만, 중국의 국유기업은 정책성 임무를 담당하고 있었다. 셋째, 일반적 기업은 기업 스스로 생산품목, 생산량, 생산방식 등을 결정하는 정책결정권을 가지고 있었지만, 중국의 국유기업은 정책결정권이 없고 정부가 그 결정권을 가지고 있었다. 즉 정부가 생산품목, 생산량, 생산방식 등을 결정하고 국유기업은 정부의 결정에 따라 생산만 담당하고 있었다. 물론 이에 따라 중국의 국유기업은 정책결정에 대한 어떠한 책임도 지지 않았을 뿐 아니라 손익에 대해서도 책임지지 않았다.

2) 중국 국유기업과 타국 국유기업의 비교

일반적으로 국유기업은 사영기업처럼 이윤추구만을 목적으로 하지 않고, 정부가 하달한 정책성 업무를 수행하며 사회적 목표를 완성하고 있다. 그러나 중국의 국유기업은 사영기업처럼 이윤을 추구할 뿐만 아니라 다른 나라의 국유기업과 달리 정치와 경제 그리고 사회적 직능을 모두 담당해 왔다. 우선 정치적으로 사회주의 공유제 실현의 지표와 계획경제의 미시적 기초 역할을 해왔고, 둘째는 지역사회(社区)의 단위 역할을 하며 직공의 의식주와 생로병사 그리고 자녀교육 및 취업 등의 서비스를 제공하는 사회적 직능을 담당해 왔다. 그리고 셋째는 중국의 대표적 경제주체로 각종 제품을 생산·공급해 왔을 뿐 아니라 정부의 재정수입의 근본적 역할을 담당해 왔다.

중국 국유기업의 이러한 다양한 직능구조는 직능 상호 간의 충돌로 효율을 제고하기 어려웠다. 특히 중국의 국유기업은 국민경제 중 특수한 위치에 있는 기업들이 많았기 때문에 국민경제의 발전을 직접적으로 제한하는 요인이 되기도 하였다. 이는 국유기업개혁의 직접적 계기가 되었다.

제2절 국유기업의 개혁 추진

중국의 국유기업개혁은 1978년 10월 쓰촨성(四川省)의 닝쟝기계공장(宁江机厂)등 6개의 중대형 국유기업을 시작으로 추진되었으며 지금까지 중국 경제개혁의 중심이었다. 그러나 중국의 국유기업개혁은 구소련이나 동구권의 사회주의 국가들처럼 급진적 개혁인 사유화(privatization)를 일괄적으로 추진하지 않고 사회주의체제의 기본 특징을 유지하는 가운데 점진적인 개혁을 추진하였다. 더욱이 개혁을 하나의 청사진이 제시된 가운데 체계적으로 진행한 것이 아니라 시험과 시행착오를 거치며 관련 이해당사자들 간의 갈등과 조정을 거치면서 진행해 왔다. 지금까지 중국의 국유기업개혁은 대체로 4단계를 거치면서 추진되었다.

1. 기업의 자주권 확대(1978~1986)

개혁개방 초기 중국의 국유기업개혁은 기존의 사회주의 계획경제체제를 그대로 유지하는 가운데 기업의 효율을 제고하는 데 있었다. 따라서 개혁조치 또한 초보적 수준에서 기업에게 경영자주권을 부여하고 이윤을 유보시키는 방권양리(放权让利) 조치와 청부경영책임제(承包经营责任制) 등의 경영관리방식이 중심이었다. 구체적으로 경영자주권 확대에서는 기업 스스로 국가의 도움 없이 경영성과를 책임지는 사회주의 상품 생산자로서 역할을 할 수 있도록 생산, 판매, 가격결정, 물자구입, 자금사용, 자산처리, 기구설치, 인사관리, 임금 등의 결정권을 일정수준 기업에 부여하였다. 이에 따라 중국의 국유기업은 개혁개방 이전 지나치게 정부에 집중되었던 경영권을 어느 정도 확보하게 되어 제한적이나마 기업 스스로 시장신호(market signal)에 따라 제품을 생산하고 판매할 수 있는 조건을 갖추게 되었다. 이윤유보(让利) 측면에서는 기업에 고정자산의 감가상각액 일부 및 수출 등을 통해 획득한 외환의 일부를 유보하도록 하여 기업이 자체적으로 이익을 도모할 수 있게 되었다. 특히 이윤유보 조치는 기업 스스로 유보된 이윤을 생산발전과 직원 복리 그리고 보너스 등으로 사용할 수 있어서 기업과 직원의 적극성을 유발할 수 있는 물적 유인이 되었다.

그러나 이러한 조치는 국유기업의 내재적인 문제와 외부의 환경적인 요인으로 인해 근본적인 개혁안이 되지 못하였고 또한 장기적으로도 지속되지 못하였다. 즉 내재적인 문제로는 우선 '기준이윤액' 및 유보비율 등이 기업과 주관정부 간의 교섭으로 결정되기 때문에 비슷한 상황에 있는 기업이라도 교섭의 결과에 따라 유보액이 차이가 나는 모순이 발생하였고, 또한 손실을 보는 기업이라 할지라도 책임추궁의 방법 및 유보된 이윤을 적절히 분배하는 객관적인 기준이 없었기 때문에 이윤유보제의 실시에 많은 어려움이 따랐다.

이러한 상황에서 중국은 이윤유보제의 대안적 개혁으로 '이개세(利改税)'를 실시하였다. 이개세는 이윤상납을 납세(纳税)로 전환하는 방식으로 1983년과 1984년 두 차례에 걸쳐 실시되었으며 국가와 기업 사이에 중대한 변화를 가져오게 하였다. 즉 첫째는 국가재정수입방식의 변화를 가져왔고, 둘째는 기업의 경영책임제 실시와 자주권 확대를 가져왔다. 그리고 셋째는 국가와 기업 그리고 직원 삼자 간의 분배관계가 새롭게 정립되게 되었다. 그러나 이개세는 국가재정수입의 안정적 확보와 기업의 적극성을 유발했음에도 가격개혁의 미진과 55%의 높은 세율적용 등으로 성과를 거두지 못하고 결국 1986년 말까지 실시하는 데 그치고 말았다.

2. 청부경영제 실시와 소유와 경영의 분리(1987~1992)

한편 중국은 1980년대 중반 이후 그동안 국유기업개혁의 중심으로 추진되어 왔던 방권양리(放权让利)개혁의 성과부진에 대하여 기업이 진정한 자주권을 보유하고 있지 못한 것으로 파악하고 지속적인 경영자주권 확대를 추진함과 동시에 새로운 개혁의 대안으로 경영관리방식을 개혁하기 시작하였다. 구체적으로 중대형기업의 경우 청부경영책임제(承包经营责任制)를 실시하였고, 소형기업은 청부제경영책임제 및 임대경영책임제 등 소유와 경영이 분리(两权分离)된 다양한 형식의 청부경영책임제를 실시하였다.

청부경영책임제란 기업의 소유권은 국가가 가지되 기업의 생산 및 경영활동은 공개경쟁에 의해 선정된 청부경영자에게 청부시켜(청부기간은 보통 3~5년) 계약 시 책정한 이윤을 매년 국가에 상납하게 하고 나머지는 기업 스스로 사용할 수 있도록 하는 제도이다. 이 경우 청부경영책임자가 청부지표를 달성하면 직원은 평균 급여의 2~4배까지 높은 급여를 받는 것이 허용되지만, 그렇지 못할 경우 기본임금의 절반 이상이 삭감되고 계약조건에 따라서는 자신의 담보까지 상실하도록 되어 있었다. 1987년 3월 이후 시작된 청부경영책임제는 1987년 말 기준 예산 내 기업의 78%에서 실시되었고, 1991년 3월 말에는 기존의 청부경영자 중 재청부계약을 실시한 경우가 90% 이상이나 되었다. 이 제도는 중앙정부가 기업으로부터 재정수입을 안정적으로 확보할 수 있다는 점과 기업에 대한 통제권을 유지할 수 있다는 점 그리고 기업의 경우 계약을 완수하면 이윤유보가 가능하고 직원도 유보이윤을 통해 임금인상 및 상여금을 지급받을 수 있다는 점에서 당시 중국의 체제유지가 요구되는 상황에서 현실성이 높았다. 그러나 청부경영책임제가 정부와 기업 간의 완전한 단절을 의미하는 것이 아니었기 때문에 연성예산제약(soft budget constraint)의 한계가 존재하였다.

또한 이 시기 중국의 국유기업개혁은 청부경영책임제 외에 경영관리방식의 개혁 일환으로 주식제(股份制)를 시범 실시하기도 하였다. 당시 중국이 시범 실시한 주식제는 소유와 경영분리의 한 형태였지만, 청부경영책임제나 임대경영책임제보다 상대적으로 재산권을 분명하게 구분할 수 있었다. 또한 경영메커니즘의 전환, 자금조달, 직원지주제를 통한 유인효과 등의 기대로 급속도로 확산되었다. 즉 1985년 광둥성(广东省) 광저우시(广州市)의 3개 중소형 국유기업에 대해 시범적으로 실시된 중국의 주식제는 1986년에 최고조에 이르고, 급기야 선전(深圳)에서는 주식으로 인한 폭동까지 일어나는 사태가 벌어지기도 했다. 주식제의 시범적 실시는 1987년 중국의 반자산계급자유화운동(反资产阶级自由化运动)과 1989년 천안문사태 등의 정치적 요인으로 인해 한때 침체를 맞기도 했지만, 그 후 급속도로 발전하여 1991년 말 기준으로 국유기업 중 3,229개 기업으로 확대되었다(乡镇企业, 中外合作企业 그리고 区内联合企业 제외).

이처럼 급속도로 발전해 온 주식제는 1992년 덩샤오핑(邓小平)의 남순강화(南巡讲话) 이후 중국 국유기업개혁의 가장 효율적인 방법으로 인식되었고, 같은 해 5월 15일 〈중국 주식제 기업의 시험적 방법(中国股份制企业试点办法)〉과 〈중국 주식유한공사 규정 의견(中国股份有限公司规范意见)〉이 공포됨으로써 정식으로 합법적 국유기업의 개방안이 되었다. 그리고 현재는 중국 국유기업개혁의 중심으로 자리 잡고 있다. 그러나 중국에서 실시되고 있는 주식제는 국가가 51% 이상의 주식을 점유하는 전제조건하에서 실시되고 있기 때문에 주식발행을 통해 약간의 자금조달효과를 얻을 수 있을 뿐 주식제의 주요 역할인 기업의 지배구조를 개편하는 데는 한계를 안고 있다.

3. 현대기업제도 건립(1993~2003)

중국의 국유기업개혁은 1980년대에 사회주의 계획경제의 기본틀을 유지하는 가운데 소유와 경영을 분리한 경영자주권 확대에 있었다면, 1990년대 이후의 개혁은 사회주의시장경제라는 새로운 개념과 함께 재산권개혁을 중심으로 한 새로운 기업시스템을 구축하는 데 중점을 두었다.

중국의 국유기업개혁이 이처럼 방향을 완전히 전환한 데는 1980년대에 다양한 개혁을 추진했음에도 불구하고 국유기업의 문제 중 핵심적 문제라고 할 수 있는 비효율성의 문제를 해결하지 못하고 있었기 때문이다. 즉 중국의 국유기업은 1990년대에 들어서도 1/3에 해당하는 국유기업이 적자를 나타내고 있었고, 적자규모 또한 매년 1,000억 위안 이상인 것으로 조사되는 등 경영손실과 자산손실을 나타내는 기업들이 많았다.[30]

중국이 사회주의시장경제와 재산권개혁을 중심으로 새로운 기업시스템을 구축하고자 하는 국유기업의 개혁안은 재산권의 명확화(产权清晰)와 권한과 책임의 명확화(权责明确) 그리고 정부와 기업의 분리(政企分离) 및 과학적 관리(管理科学)를 추구하는 현대기

30) 일부 조사에 의하면 1990년대 초 중국 국유기업의 적자는 음성적 적자와 양성적 적자를 합하여 3,000억 위안에 이르는 것으로 알려져 있다.

업제도(现代企业制度)의 건립이다. 현대기업제도는 국유기업을 회사제(公司制)로 전환하여 표준화된 주식회사(股份有限公司)와 유한책임회사(有限责任公司)를 건립하고,[31] 이를 통해 정기분리(政企分离), 경영메커니즘 전환, 기업의 행정기관 의탁 배제, 국가의 기업에 대한 무한적 책임부담 해제 등을 실현하고 출자자의 소유권과 기업법인의 재산권을 분리하고자 하는 것이다.

중국은 이러한 국유기업의 현대기업제도 건립을 위해 다음과 같은 정책적 방안을 제시하였다. 첫째, 기업은 국가를 포함한 모든 출자자의 투자를 소유하며, 이렇게 형성된 재산은 모두 법인재산으로 한다. 그리고 기업은 민사적 권리와 책임을 향유하는 법인실체가 된다. 둘째, 기업은 법에 따라 자주경영을 하며 납세 및 출자자에 대하여 재산보전과 증자의 책임을 진다. 셋째, 출자자는 기업에 투자한 자본액에 따라 소유자로서의 권리, 즉 자산수익과 주요 정책결정 그리고 관리자 선정 등의 권한을 가지며 기업이 파산할 경우에는 투자액에 한하여 유한책임을 진다. 넷째, 기업은 노동생산성과 경제효율을 증대하기 위해 시장수요에 따라 경영하며, 정부는 기업의 생산경영활동에 직접적으로 관여하지 않는다. 또한 장기적으로 손실을 보고 있는 기업이나 부채가 과다한 기업은 법에 따라 파산시킨다. 다섯째, 과학적인 기업관리체제와 조직관리제도를 건립하여 소유자와 경영자 그리고 직공 간의 관계를 조정하며 '인센티브와 규제(激励和约束)'가 결합된 경영메커니즘을 형성시킨다.

이러한 정책적 방침에 따라 중국 중앙정부에서는 1994년부터 100개 기업을 선정하여 회사제 개조를 시험 실시하였고, 지방정부에서는 1996년부터 2,343개의 기업을 선정하여 시험적 회사제 개조를 진행하였다. 이 중 1997년 상반기까지 각각 540개씩의 기업이 주식회사(股份有限公司)와 유한책임회사(有限责任公司)로 개조되었고, 999개의 기업이 국유독자회사로 개조되었다.

그러나 중국 국유기업의 이러한 개조가 효율성을 제고시키는 근본적 방안이 되지는 못했다. 왜냐하면 다수의 국유기업이 국유독자회사로 개조되어 정부와 기업의 분리가 제대로 이루어지지 않았기 때문이다. 즉 정부와 기업이 분리되지 않은 상태에서는 정부가 투자와 금융지원, 개인적인 연고, 규정 등을 통해 기업의 의사결정에 여전

31) 중국의 회사제(公司制)는 기업의 내부에 이사장(董事长), 이사회(董事会), 주주총회(股东大会), 감사와 같은 자본주의의 주식회사 조직구조를 설치하여 기업의 지배구조를 현대화함으로써 기업이 독자적인 법인재산권을 가지고 소유와 분리된 경영을 확실하게 확보하자는 의미에서 실시되었다.

히 관여할 수밖에 없고, 또한 주식제로 전환된 기업일지라도 국가주식이 절대적 비중을 차지하고 있는 상황에서는 여전히 과거의 국유기업처럼 행동할 수밖에 없기 때문이다.

한편 중국 국유기업의 현대기업제도 회사제로는 주식회사(股份有限公司), 유한책임공사(有限责任公司), 국가독점기업(国家独资企业), 합작합영기업(合作经营企业), 주식합작기업(股份合作企业), 합작주식기업(合股企业), 외자기업(外资企业), 사유기업(私有企业) 등 다양한 형식이 있었다.32) 그러나 이 중 단연 중심이 된 것은 주식회사의 형식이었다. 그 이유는 중국정부가 '주식제는 소유와 경영의 분리는 물론 자본의 효율적 운영에 유리하기 때문에 자본주의와 사회주의에서 모두 이용할 수 있으며 이를 사유제와 동일시할 수 없다' 고 인식하고 적극적으로 수용했기 때문이다. 이처럼 주식제 중심의 현대기업제도의 회사제개혁은 1997년 당시 국무원 총리였던 주룽지(朱鎔基)가 국유기업개혁을 금융개혁 및 정부개혁(精简机构)과 함께 국가 3대 개혁과제로 지정하고 3년 이내에 중대형 국유기업의 적자를 기본적으로 해결하는 현대기업제도를 구축할 것이라고 선언하면서 국유기업개혁의 중심으로 자리 잡게 되었다.

그러나 중국의 주식제는 앞에서 언급한 바와 같이 국가가 51% 이상의 주식을 보유하도록 되어 있는 등 국가주식이 중심이어서 주식제의 주요 기능인 기업의 지배구조 개선은 사실상 불가능했고, 자금조달의 보완적 수단으로밖에 기능할 수 없었다.

4. 국유경제의 전략적 재편(2004 ~)

2000년대 이전까지 중국의 국유기업개혁은 대체로 사회주의 계획경제체제의 유지와 기업의 효율성 제고라는 두 마리 토끼를 좇으며 추진되었다. 그러나 이러한 개혁은 기업의 비효율성을 해결하지 못하였다. 또한 개혁과정 중 내부자 지배라는 새로운

32) 중국은 현대기업제도를 추진함에 있어서 모든 기업에 일괄적으로 적용한 것이 아니라 기업의 종류에 따라 서로 다른 정책과 방법을 다양하게 추진하였는데, 그 중심은 '큰 것은 잡아두고 작은 것은 풀어주는(抓大放小)' 방침에 따라 다음과 같은 방식을 추진하였다. 첫째, 군수공업과 같은 특수한 제품을 생산하는 기업과 특정 업종인 철도, 통신 등은 국무원의 허가를 얻은 후 국유독자기업으로 개편 추진하였다. 둘째, 경영상태가 양호하고 흑자를 기록하는 국유기업은 국가가 주식을 통제하거나 주식에 참여하는 형식의 주식회사제도를 도입하였다. 셋째, 경영상태는 양호하나 주식회사제도의 조건을 갖추고 있지 않은 기업은 유한책임공사로 전환하고, 그 밖의 소형기업에 대해서는 외자기업과 합작이나 임대 혹은 직공에게 매도하는 방식을 채택하였다.

문제를 야기시켜 국유자산의 유실을 가져오는 등 국가경제 전체에 막대한 영향을 주기도 했다.[33] 이러한 상황에서 중국이 추진한 국유기업개혁의 중점은 국유경제의 전략적 조정이다.

중국 국유기업의 전략적 조정은 1990년대 후반 소유구조의 개혁에 관한 이론적 기초가 확립되면서 시작되었다. 즉 1997년 9월에 개최된 중국 공산당 제15차 당 대표대회에서 당시 총서기인 장쩌민(江泽民)이 보고를 통해 "공유경제는 국유경제와 집체경제를 포함할 뿐만 아니라 혼합소유제경제 중 국유부분과 집체부분이 포함된다" 고 규정하고 "공유제의 실현형식은 다양화될 수 있다" 고 강조함에 따라 국유기업이 구조개편, 연합, 합병, 임대, 청부경영, 주식제, 매각 등 다양한 형식을 취하면서 나타나게 되었다. 물론 그 이전인 1993년 11월에 개최된 중공 14기 3중전회에서 향후 국유기업개혁의 기본방향을 '현대기업제도 건립' 으로 정하고 회사제(公司制)를 도입하면서 전략적 조정의 움직임은 충분히 있었다. 왜냐하면 당시 중대형 국유기업의 경우 국유독자회사(国有独资公司), 유한책임회사(有限责任公司) 및 주식회사(股份有限公司)로 전환하였고 소형기업은 주식합작제기업으로 개조하여 민간에게 매각하였기 때문이다.[34] 그러나 당시에 추진되었던 국유기업의 회사제를 민영화로 보기는 어려웠다. 그 이유는 국유자산의 재산권 대표기구가 불명확했을 뿐 아니라 다수의 기업이 국유독자회사로 개조되어 소유권 측면에서 정부와 기업의 분리가 이루어지지 않았으며, 또한 기업의 법인지배구조가 제도적으로 확립되지 못했기 때문이다.

중국의 소유제개혁이 합법화되면서 본격화되기 시작한 국유기업의 전략적 조정은 1999년 중공 제15기 4중전회에서 국유기업 재산권개혁의 방향이 분명해져 조대방소(抓大放小)의 방침에 따라 국유기업이 전략적으로 재편되었다. 첫째, 국유경제 배치구조의 전략적 재편에서 국유경제가 반드시 통제해야 할 업종과 영역을 분명히 결정하였다. 즉 국가 안정과 관련된 업종, 자연독점적 업종 그리고 주요 공공재와 서비스 제공업종 및 지주 산업과 하이테크 산업 중의 핵심기업 등 4개 영역을 통제영역으로 정하고 기타영역에서는 국유기업이 퇴출하고 비국유기업에 진입의 길을 열어줌으로써 전략적 조정 전개의 기초를 다지게 되었다. 둘째는 중대형 국유기업, 특히 우량기업을 증권시

33) 국유자산관리국(国有资产管理局) 국장 장우재(张佑才)가 발표한 바에 따르면 중국은 개혁개방 이후부터 1995년까지 이미 5000억 위안(元)의 국유자산이 손실되었으며, 1일 평균 1억 위안의 금액이 손실되었다.
34) 중국의 국유기업은 1997년 상반기까지 중대형 국유기업 중 유한책임회사(有限责任公司)와 주식회사(股份有限公司)로 개조된 기업이 각각 540개였을 뿐만 아니라 전국의 약 50%에 해당하는 소형 국유기업에서 재산권개조가 이루어졌다.

장에 상장시켜 중외합자 및 기업 상호 간의 주식참여 등의 방식을 통해서 주식제 기업으로 개조할 것을 제기하였다. 셋째는 중대형 국유기업의 회사제개혁에서 기업의 법인지배구조를 회사제의 핵심 내용으로 개조할 것을 제기함으로써 주주총회-이사회-감사회와 경영층으로 구성되는 기업지배구조의 확립과 개선이 본격화되었다. 넷째는 방소(放小)의 대상을 종래의 소형 국유기업부터 중형기업으로까지 확대함으로써 전체 국유기업의 약 95%에 이르는 중소형 국유기업이 민영화의 대상이 되었다.

이러한 배경하에서 중국은 국무원과 지방정부 소속의 2,473개 실험기업 중 1999년 말까지 81.5%인 2,016개의 기업을 개조하였다. 구체적으로 유한책임회사로 개조한 기업이 603개, 주식회사로 개조한 기업이 713개, 국유독자회사로 개조한 기업이 700개였다. 이 중 유한책임회사와 주식회사로 개조된 기업 중 82.7%가 주주총회를 하고 있고 95.1%가 이사회를 구성하고 있으며 또한 84.5%가 감사회를 설치하고 있어 기업지배구조가 제도적으로 개선되었다. 이밖에도 중국은 520개의 국가중점기업 중 430개를 회사제로 개혁하였는데, 그중 282개의 기업이 전체 혹은 부분적으로 유한책임회사와 주식회사로 개조되어 민영화를 위한 투자주체의 다원화가 실현되었다. 또한 중소형 기업인 현급(县级) 이하 국유기업의 경우도 2000년도 말까지 약 90%가 각종 형식의 재산권개혁이 추진됨으로써 민영화의 발판이 마련되었다.

제3절 국유기업개혁의 성과와 한계

1. 국유기업개혁의 성과 평가

중국의 국유기업개혁은 중국의 경제구조에 많은 변화를 가져다주었다. 특히 최근 10여 년간 추진된 국유기업의 전략적 개조는 중국경제의 구조는 물론 국유기업의 발전에 상당한 성과를 가져다주었다. 예컨대 중국의 국유기업은 개혁개방 초기는 물론이고 국유기업개혁이 상당수준 진행된 1990년대 말에도 중국경제의 전 분야에서 상당한 비중을 차지하고 있었지만, 2015년 말 기준으로 대폭 감소한 반면 사영기업과 외자기업을 포함한 다양한 기업이 늘어나 다양한 소유구조가 동시에 존재하는 구조가 되었다. 그림 7-2 그뿐만 아니라 국유기업의 경영성과도 상당수준 제고되었다.

그림 7-2 중국기업의 소유형태별 비중 변화

(단위: %)

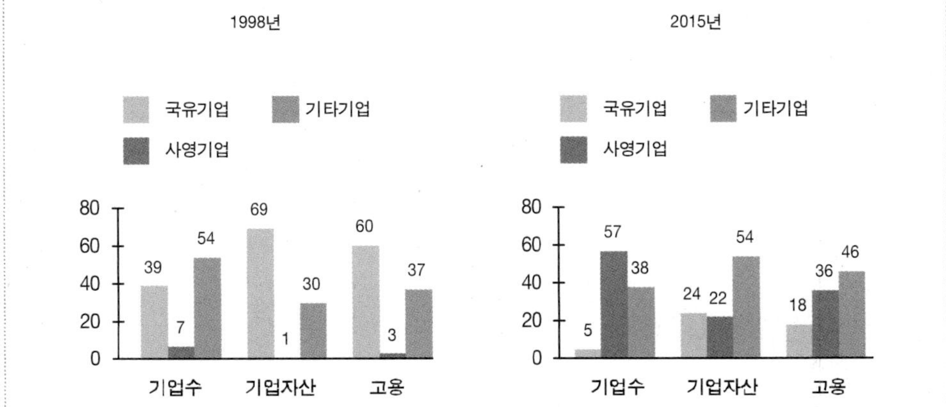

자료: 中国国家统计局(http://www.stats.gov.cn/)에서 정리.

구체적으로 1998년도 중국의 공업분야 국유기업 수는 64,737개였다가 2015년에는 19,273개로 약 30% 감소하였지만, 자산총액은 74,916억 위안에서 397,404억 위안으로 530% 증가되었다. 또한 영업수익은 33,566억 위안에서 241,669억 위안으로 720% 증가되었고 이윤총액은 525억 위안에서 11,417억 위안으로 2,175%나 증가되었다. 표 7-1

그뿐만 아니라 중국의 국유기업개혁은 중국경제의 국제경쟁력을 제고시키는 역할도 하였다. 2015년도 〈포춘(*Fortune*)〉지가 발표한 세계 500대 기업 중 중국기업은 94개인데, 이 중 88개가 국유기업일 정도로 국유기업의 역할이 지대했다.

그러나 중국의 국유기업은 이윤 대비 자산의 비율인 총자산수익률(return on assets) 측면에서 경영성과가 낮게 나타나고 있다. 즉 중국의 국유기업개혁이 강력하게 추진되었던 1998년부터 2002년도까지는 총자산수익률이 제고되었으나, 2011년부터는 하락하였다. 2015년 말 기준 국유기업의 총자산이익률은 2.87%로 총자산수익률이 가장 높았던 2007년보다 3.08%p 하락한 수준이다. 반면 중국의 사영기업은 국유기업보다 총자산수익률이 7.72%p 높은 10.59%를 나타내고 있다. 그림 7-3

표 7-1 공업부문 국유기업의 경제총량 변화

(단위: 억 위안)

연도	기업수	자산총액	영업수익	이윤총액
1998	64,737	74,916	33,566	525
2000	53,489	84,015	42,203	2,408
2005	27,477	117,630	85,574	6,520
2010	20,253	247,760	194,340	14,738
2011	17,052	281,674	228,900	16,458
2012	17,851	312,094	245,076	15,176
2013	18,574	343,986	257,817	15,918
2014	18,808	371,309	262,692	14,508
2015	19,273	397,404	241,669	11,417

자료: 中国国家统计局(http://www.stats.gov.cn/)에서 정리.

그림 7-3 소유제별 중국기업의 총자산수익률 비교

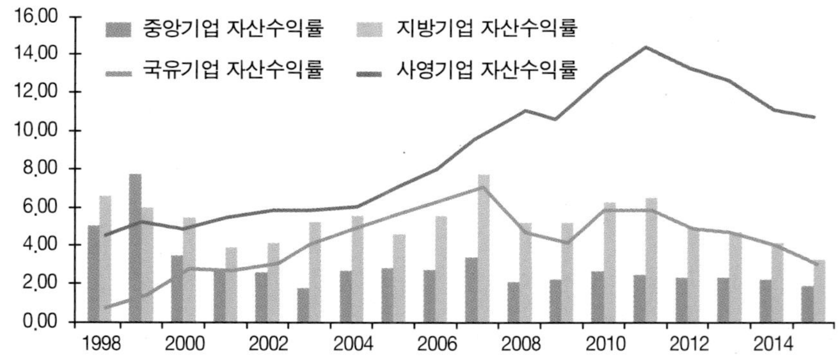

자료: 经济观察研究院(http://www.cfci.org.cn/)

특히 중국의 국유기업은 연초와 자동차제조업 등 일부 업종을 제외한 대부분의 업종에서 사영기업보다 총자산수익률이 낮다. 특히 설비와 화학, 철강 등에서는 사영기업에 훨씬 못 미치고 있을 뿐 아니라 심지어 총자산수익률이 마이너스인 업종도 많다. 그림 7-4

그림 7-4 국유기업과 사영기업의 총자산수익률 비교(2015)

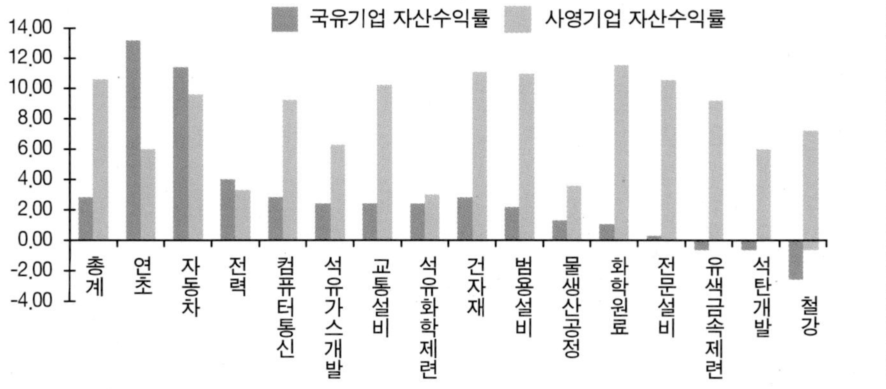

주: 자산총액 7,000억 위안 이상인 업종의 비교임.
자료: 经济观察研究院(http://www.cfci.org.cn/)

또한 중국의 국유기업은 부채비율이 상당이 높을 뿐 아니라 적자기업도 상당수에 이르고 있다. 2015년 말 기준 국유공업기업의 총 부채규모는 24조 6천억 위안으로 규모 이상 공업기업 총 부채의 42%를 차지하고 있다. 반면에 사영기업은 총 부채규모가 11조 9천 억 위안으로 규모 이상의 공업기업 총 부채의 20.5%를 차지하고 있다. 그림 7-5

그림 7-5 국유기업과 사영기업의 자산부채비율 비교

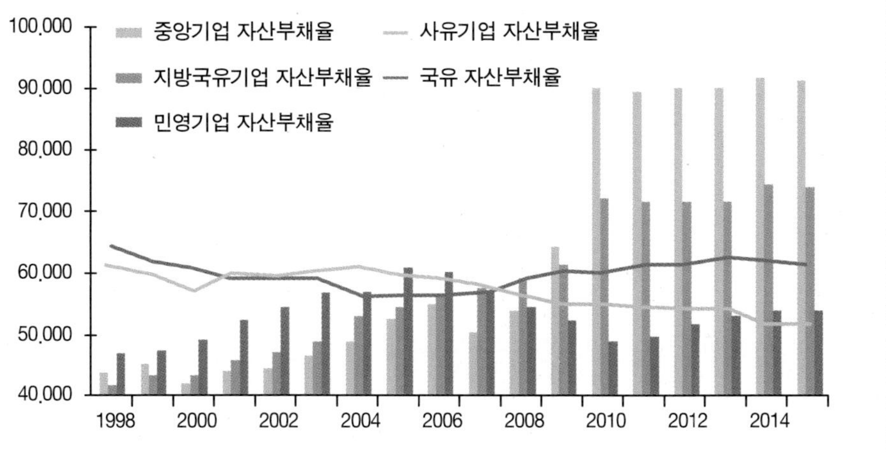

자료: 经济观察研究院(http://www.cfci.org.cn/)

2. 국유기업개혁의 문제

중국의 국유기업은 다양한 개혁이 추진되었음에도 불구하고 생산성 제고 부족과 적자기업 발생 등 많은 문제를 안고 있다. 이러한 문제에는 다양한 원인이 지적되고 있지만, 지금까지 크게 두 가지 견해가 있다. 우선 소유구조학파(ownership school)는 중국의 국유기업은 정부기관에 의해 통제되고 있는 한 본질적으로 비효율적일 수밖에 없다는 입장이다. 즉, 중국의 국유기업은 기업경영에 대한 관료주의적 통제와 정치적 영향으로 인해 비효율적일 수밖에 없다는 것이다. 따라서 이러한 견해를 견지하는 학자들은 국유기업개혁의 핵심은 정부와 기업의 분리이며 이를 위해서는 민영화가 필수적이라는 입장이다. 반면 경영학파(management school)는 국유기업도 주식제 실시 등으로 다수가 지분을 보유하고 있는 시장경제체제의 상장사들과 다를 바 없기 때문에 국유기업의 비효율성은 정부의 소유로 인한 필연적인 결과가 아니라 최대주주인 정부가 효율적으로 투자관리를 하지 못하고 있기 때문으로 보고 있다. 따라서 경영학파는 국유기업의 문제를 해결하기 위해서는 정부의 관리능력을 항상시키면 된다고 주장하면서 국유기업에 자율성을 부여하고 경영진과 직원들에게 실적에 따라 성과급을 지급하는 방안을 해결책으로 제시하고 있다.

그러나 지금까지의 국유기업개혁에서 보았듯이 두 가지 견해를 모두 수용해 왔으므로 중국 국유기업의 비효율성은 어느 일방이 지적하는 문제로 귀결된다고 볼 수 없고, 보는 관점에 따라 정도의 차이가 있겠지만 양자가 지적하는 문제를 모두 안고 있다고 할 수 있을 것이다. 양자가 지적하는 문제점을 고려한 국유기업의 비효율성 문제는 크게 개혁의 부진으로 인한 원인과 개혁 중 나타난 또 다른 문제의 결과로 대별할 수 있을 것이다.

우선 개혁의 부진으로 지적되는 것은 첫째, 개혁개방 후 중국의 시장환경은 날로 경쟁이 치열해지고 있음에도 불구하고 국유기업의 개혁은 이러한 시장경쟁체제에 부합하는 개혁이 제대로 이루어지지 않았다는 것을 들 수 있다. 즉 개혁개방 후 중국의 국유기업은 국민경제에서 차지하는 비중이 지속적으로 하락하였지만 여전히 30%에 육박하는 높은 비중을 차지하고 있다. 또한 중국의 국유기업은 개혁을 추진했음에도 불구하고 여전히 거의 모든 산업에 포진되어 있을 뿐만 아니라 지역마다 유사한 구조를 갖고 있으며, 규모 면에서도 초대형기업에서 소형기업까지 모두 포함하고 있다. 특히 중국의 국유기업은 치열한 시장경쟁을 요구하는 제조업 등의 업종에도 여전히 많이 존재하고 있다. 이는 시장경쟁이 날로 치열해져 가는 중국의 시장환경 속에서 생존하기 어려운 실정을 반영하고 있다고 하겠다.

둘째는 정부와 기업의 미분리(政企不分)로 인한 연성예산제약(soft budget constraint)의 문제가 지속되고 있다는 것이다. 중국은 그동안 기업개혁의 중심을 기업의 자주권 확대에 주력해 왔다. 그 결과 구매, 생산, 판매, 인사 등의 측면에서 과거에 비해 자주권이 대폭 신장되었다. 그러나 정부와 기업의 분리가 제대로 이루어지지 못해 여전히 상당부분에서 정부의 영향력이 크게 작용하고 있었으며, 그 결과 기업이 완전한 자주권을 행사하기 어려운 한계가 존재하고 있다. 예컨대 주요 간부의 임명과 기업합병, 직원채용, 확대생산 등에서는 기업의 자주권이 크게 제한을 받고 있는 실정이며, 경영상의 의사결정 또한 주관부문과의 협상을 통한 결정이 중심을 이루고 있다. 반면에 기업은 정부로부터 금융 및 조세 등의 지원을 받고 있을 뿐 아니라 손실에 대해서도 책임을 지지 않고 정부지원을 받고 있는 실정이다. 이에 따라 지속적으로 적자상태에 있는 기업이라 할지라도 퇴출되는 기업이 극소수에 불과할 수밖에 없으며 결국에는 기업의 경영부실을 초래할 수밖에 없는 실정이다.

셋째는 기업의 사회적 부담 미해결이다. 사회주의체제의 중국에서 국유기업은 경제적 역할 외에 사회적으로 도시인구의 주요 취업장소와 사회복지기능을 담당해 왔다. 따라서 중국의 국유기업은 불필요한 잉여노동력을 고용해야 했다. 또한 고용된 직원에 대해서는 현직직원이나 퇴직직원을 막론하고 주택, 의료, 연금, 탁아, 교육 등의 서비스를 제공해야 했다. 그러나 국유기업의 이러한 기능은 기업의 효율성을 저하시키는 결정적 역할을 하고 있다. 현재 중국 국유기업의 잉여노동력은 그동안 감원을 통한 효율증대(減人增效)와 정리해고(下岗分流) 등으로 상당히 줄어들었지만 여전히 높은 비중을 차지하고 있다. 또한 국유기업이 부담하고 있는 직원의 주택, 의료, 학교 등에 투입되는 자금이 총 투자액의 20% 정도인 것으로 추정되고 있다. 이러한 비생산영역에 투입되는 막대한 자금 문제를 해결하지 않은 상태에서는 국유기업의 경쟁력 제고는 물론 효율성 제고가 불가능하다고 하겠다.

한편 개혁과정 중 나타난 문제로는 '내부자 지배' 문제를 지적할 수 있다. 내부자 지배 문제는 개혁과정에서 일부 경영자주권과 이윤처분권이 기업경영자에게 제공됨에 따라 경영자 및 직원 등의 내부자가 다양한 방식으로 소유자인 국가의 이익을 침해하는 현상을 말한다. 내부자 지배 문제는 정부와 기업이 미분리된 상태에서는 나타나기 어렵지만 제한적이나마 주어진 자주권을 확보한 기업이 과도한 차입을 통한 외형의 확장, 임금 및 보너스의 과도한 인상, 기업간부들의 과도한 재직 소비, 기업간부가 소유한 비공유기업에 대한 특혜거래, 합작기업 설립 혹은 주식제 전환 시 국유자산의 저평가 등의 방식으로 나타나고 있다. 이는 국유기업을 감독하는 정부가 기업에 대한 정보가 부족하고 또한 재산권관계가 불명확한 상태에서 정부가 엄격하게 관리할 만한 메커니즘이 없기 때문에 나타나는 문제로 국유재산 유실 및 기업부채의 직접적인 원인이 되고 있다. 따라서 중국의 국유기업은 정기미분리로 인한 연성제약의 문제와 기업의 자주권 확대로 인해 발생하는 내부자 문제를 동시에 해결하기 위해서는 기업 스스로 경영성과에 책임을 질 수 있는 방법을 강구해야 할 것이다.

3. 국유기업개혁의 한계

1) 민영화와 체제유지의 갈등

중국이 국유기업을 개혁함에 있어 사회주의체제 유지와 기업의 효율성 제고 사이의 갈등은 최근 들어 적극적으로 추진되고 있는 국유경제의 전략적 재편과정에 그대로 나타나고 있다. 예컨대 중국은 2000년 이후부터 국유기업에 대한 대대적인 매각을 추진하는 등 민영화에 박차를 가하고 있지만, 이는 완전한 사유제를 전제로 추진하는 것이 아니라 국가가 절대적 지분을 소유하는 가운데 추진하는 혼합소유 형태를 중심으로 하고자 하는 것이다. 즉 중국에서 실시되고 있는 민영화는 주식제가 중심이 되고 있지만 주식거래는 전체 주식 중 30% 정도의 개인주식만이 주식시장에서 유통이 허용되고 있고 70%에 가까운 국가주(国家股)와 법인주(法人股) 그리고 직공주(职工股)는 유통이 금지되고 있다. 이는 국유기업의 경영에 필요한 자금조달에는 어느 정도의 역할을 하겠지만 기업의 경영효율 제고와 밀접한 관계가 있는 기업지배구조 개선에는 분명한 한계가 있음을 보여준다 하겠다.

따라서 중국이 주식제를 통한 국유기업의 활성화를 모색하고자 한다면 주식시장을 완전히 자유화함과 동시에 주주총회와 이사회의 권한을 확대해야 할 것이다. 또한 실질적인 사유제를 전제로 한 민영화를 실시하여 그동안 문제시되어 왔던 정부와 기업의 미분리, '내부자 지배' 등의 문제를 적극 해결해야 할 것이다. 그 이유는 첫째, 정부가 최종소유자의 기능을 수행할 경우 민간소유자와 같이 자산가치의 보존과 증식이라는 목표에 충실하여 대리자인 기업경영자를 효과적으로 감독할 수 없기 때문이다. 즉 국가주가 중심을 이룰 경우 주식제라 하지만 기업의 입장에서는 아무런 변화를 기대할 수 없기 때문이다. 둘째는 국가주 중심일 경우 기업의 주주총회나 이사회가 형식화되고 실질적으로는 소유권의 절편화 현상만 나타날 수 있기 때문이다. 셋째는 정기분리(政企分离)와 내부자 지배 문제의 해결은 실질적인 사유화에 의해서만 가능하기 때문이다.

그러나 이러한 개혁은 중국지도부가 공산당 일당지배체제의 유지와 사회주의 노선의 견지를 포기하지 않는 한 사회주의체제의 근간인 국유기업으로서는 한계가 있을 수밖에 없다.

2) 기업의 효율성 제고와 사회적 역할의 갈등

중국의 국유기업은 정치와 경제뿐만 아니라 사회적으로도 중요한 역할을 해왔다. 즉 도시인구의 주요 취업장소일 뿐만 아니라 사회보장을 담당하는 기능을 담당해 왔다. 따라서 개혁 이전 중국의 국유기업은 방대한 노동력 포용과 퇴직자의 연금, 학교 및 병원 설립 등 복지 문제를 담당하는 막대한 사회적 기능을 담당해 왔다. 국유기업의 이러한 역할은 기업의 생산성 증대에는 부정적 영향을 주었지만 방대한 인구를 가진 중국의 사회안정에는 긍정적 역할을 하였다. 그러나 국유기업의 개혁으로 이러한 기능이 점차 축소됨에 따라 사회안정에 적잖은 영향을 주고 있다. 예컨대 국유기업을 시장메커니즘에 적응시키기 위해 적자기업에 대하여 파산, 개조(사회복지부분의 분리), 잉여노동력의 분산(分流) 등의 조치가 취해졌는데, 이로 인해 대량의 실업이 발생하여 사회문제가 되어 왔다.

중국정부가 공식적으로 발표하고 있는 중국의 실업은 2015년 말 기준 966만 명으로 4.1%를 나타내고 있다. 표 7-2 그러나 이러한 수치는 중국의 진정한 실업을 반영하지 못하고 있다는 것이 일반적 견해이다. 중국은 정부가 공식적으로 발표하는 실업 외에 우리나라의 정리해고에 해당하는 '샤강인원(下岗人员)'이 존재하고 있기 때문이다.[35] 중국학자들의 추산에 의하면 중국의 실업인구는 샤강인원을 포함해서 약

10%에 육박하는 것으로 알려지고 있다. 이처럼 매년 증가되고 있는 중국의 실업은 비록 장기적인 경제발전과 국유기업의 심화개혁과정에서 피할 수 없는 현상이지만, 그것이 노동자에게 가져다주는 생활상의 문제는 심각한 사회문제가 되어 사회안정에 영향을 줄 것으로 보인다.

표 7-2 중국 도시의 실업률 변화 추이

(단위: 만 명/%)

연도	1978	1990	2000	2005	2010	2011	2012	2013	2014	2015
등록실업인구	520.0	383.2	595.0	839.0	908.0	922.0	917.0	926.0	952.0	966.0
등록실업률	5.3	2.5	3.1	4.2	4.1	4.1	4.1	4.1	4.1	4.1

자료: 中国国家统计局(http://www.stats.gov.cn/)

물론 중국 당국은 실업과 '샤강인원' 문제를 해결하고자 재취업 프로그램을 제정하여 실업자의 재취업을 위해 여러 가지 조치를 실시하여 왔다. 예컨대 첫째, 정기적으로 취업지도 좌담회를 개최하여 실직 직공에게 취업정보와 구직방법을 제공해 주었고, 둘째, 전업훈련을 실시하여 재취업의 가능성을 높이도록 했으며, 셋째, 구직면담과 공작시험을 실시하여 직업의 선택을 제공하기도 하였다. 그리고 넷째는 노동취업서비스기업을 세워 조직적으로 생산자구노력을 추진했으며, 다섯째는 정책적 지도와 격려를 통해 실직직공과 기업의 잉여노동력이 스스로 취업할 수 있도록 도움을 주기도 했다. 그러나 이러한 조치는 많은 취업기회를 제공하기는 했지만 실업과 하강이 지속적으로 증가하는 상황 속에서 그 성과에는 한계가 있었다. 그리하여 실업자와 '샤강인원'을 중심으로 노동시위가 빈번했으며 그 규모도 점점 커지는 현상을 나타냈다. 따라서 실업과 하강 문제를 적절히 처리하지 못한다면 사회혼란이 심각하게 대두될 가능성은 얼마든지 있으며 이러한 현상은 국유기업의 진일보개혁에도 분명한 장애요인이 될 것이다.

35) 샤강인원(下岗人员)은 국유기업의 경영사정으로 근무지에서 일시적으로 물러난 직공을 지칭한다. 샤강인원은 근무지에서 물러나기는 했지만 일정기간(3년) 동안 원 근무기관에 소속되어 급여도 받고 사회복지혜택도 누리고 있다. 따라서 용어상 실업이라 볼 수 없지만, 샤강인원이 받는 급여는 정상급여의 반액 정도를 받고 있어 생활을 할 수 없을 뿐 아니라 원래의 근무지로 다시 복귀되는 예가 거의 없어 엄격한 의미에서는 실업이라 할 수 있다.

한편 국유기업은 사회보장기능도 담당하고 있는데 사회보장에 부담하는 비용은 실로 막대하다. 최근 들어 사회복지비용은 국유기업으로부터 분리하는 추세에 있지만 퇴직직공에 부담하는 양로보험금은 여전히 기업이 상당부분 담당하고 있다. 2015년 말 기준 중국의 이·퇴직직공의 양로보험 참여자는 9,141.9만 명으로 방대하기 그지없다. 표 7-3 따라서 국유기업의 사회적 부담을 해결하지 않고는 민영화를 포함함 어떠한 내용의 개혁이 추진되더라도 국유기업의 효율성 제고는 사실상 어렵다 하겠다.

표 7-3 중국 국유기업 이·퇴직자의 양로보험 참여자 변화 추이

(단위: 만 명)

연도	1989	2000	2010	2015
국유기업 이·퇴직자 양로보험 참여자	893.4	3,016.5	5,811.6	8,536.5

자료: 中国国家统计局(http://www.stats.gov.cn/)

제8장 중국의 금융체제개혁과 금융시장

제1절 금융체제개혁과 금융체계

개혁개방 이전 중국의 금융체제는 고도로 집중된 계획경제에 부합하는 투융자체제로 줄곧 단일은행제도였으며, 다음과 같은 특징을 가지고 있었다. 첫째, 전국에 단 하나의 은행, 즉 중국인민은행(中国人民银行)만이 존재하고 있었으며, 이곳에서 화폐발행과 금융의 일상적 업무를 동시에 담당하였다. 둘째, 정부가 은행업무를 행정방식으로 일괄 관리(统收统支)하여, 은행은 국가재정의 출납기구에 불과한 실정이었다. 셋째, 계획경제체제하에서 사회경제자원이 국가의 통제를 받는 상황에서 금융자금 또한 고도로 집중된 재정금융체계의 통제를 받았을 뿐만 아니라 금융시장과 장기대출 및 직접적 금융활동이 허락되지 않았다. 게다가 금리도 통일적으로 관리되었다. 따라서 개혁개방 이전 중국의 금융체제는 단일은행체제로 신용대출을 대표로 하는 채권융자가 기업의 융자활동에서 철저히 배제되는 등 금융기관의 역할이 극도로 제한되어 있었다.

그러나 1978년 '11기 3중전회' 이후 중국의 경제체제가 계획경제에서 시장경제로 전환되면서 중국의 금융체제인 투융자체제도 과거의 재정주도에서 금융주도로 전환되었으며, 이에 따라 금융체계도 단일은행시스템(大一统)에서 벗어났을 뿐 아니라 금융관리감독기구도 나타나게 되었다.

1. 금융체제개혁의 추진 방향

1) 단일은행체제의 타파

개혁개방 초기 중국의 금융개혁은 은행부터 시작되었다. 은행이 진정한 은행으로서의 역할을 할 수 있도록 하는 것이 금융개혁의 기본적 목표였다. 중국이 금융개혁을 은행부터 실시한 이유는 크게 두 가지 이유에서다. 하나는 중국인민은행(中国人民银行) 중심의 단일은행체제를 타파하고 은행구조를 다원화시켜 중앙은행 관리하의 전업은행(专业银行)체계를 형성시키기 위해서이고, 또 다른 하나는 자금분배를 재정 중심의 계획적 분배에서 은행 중심의 신용대출 중심으로 전환하여 은행의 경제적 역할을 부여하기 위해서이다.

중국인민은행 중심의 단일은행체제 타파는 중국농업은행(中国农业银行)을 회복하면서부터 시작되었다. 1979년 2월 농업경제의 지원을 강화하기 위해 중국농업은행(中国农业银行)을 회복 설립한 중국은 곧이어 동년 3월에 중국은행(中国银行)을 중국인민은행으로부터 독립시키고 외환을 담당하는 전업은행으로 전환하였다. 동시에 외환관리국도 설립하였다. 또한 외자도입과 경제특구의 발전을 촉진시키고 대외개혁개방을 가속시키기 위해 1979년 말 중국국제신탁투자공사(中国国际信托投资公司, CITIC)를 설립하였으며, 국내의 보험업무도 회복시켰다. 1980년에는 중국인민건설은행(中国人民建设银行, 후에 中国建设银行으로 개칭)을 재정부로부터 독립시키고 단순한 자금지출기구에서 기본건설과 장기투자를 담당하는 은행으로 전환하기도 하였다. 그리고 1984년에는 중국공상은행(中国工商银行)을 설립하여 원래 중국인민은행이 담당하던 예대업무를 담당하도록 하였다. 이로써 중국의 금융체계는 중앙은행과 4대 국유상업은행을 중심으로 한 이원적 은행체계가 형성되게 되었고, 이전 단일은행체계의 계획적 금융체제구도는 완전히 역사의 뒤안길로 사라지게 되었다.

한편 중국정부는 중국인민은행을 1978년에 재정부로부터 독립시키고 1983년 국무원이 반포한 〈중국인민은행의 중앙은행 직능 담당에 관한 정책(关于中国人民银行专门行使中央银行职能的决策)〉에 따라 국무원 지도하에서 전국의 금융업을 관할관리하는 국가기관으로 규정하였다. 그리하여 중국인민은행은 과거 상업은행의 역할까지 겸업하던 체제에서 금융의 거시정책으로 관할하는 중앙은행으로 남게 되었다.

2) 금융업의 대외개방

개혁개방 이전 중국의 금융업은 국가가 철저히 통제하여 외자은행이 중국에 진출할 수 있는 여지가 전혀 없었다. 그러나 금융의 시장화개혁 이후 외자은행이 중국에 진출할 수 있게 되었다. 외자은행의 중국 금융시장 진출은 중국 금융업의 경쟁력 제고와 중국의 금융기관이 국제시장에 진출할 수 있는 기반을 제공하였다.

중국의 금융시장 개방은 1979년 중국에 외자은행 사무소 설치를 허용하는 것부터 시작되었으며, 이에 따라 외자은행의 중국진출은 빠르게 이루어졌다. 중국은감원 자료에 의하면, 2015년 말 기준 중국에 진출한 외자금융기관은 40개이며, 그중 평판도가 높은 상위 10개 은행은 그림 8-1과 같다.[36)]

그림 8-1 중국진출 외자은행의 평판도(2015)

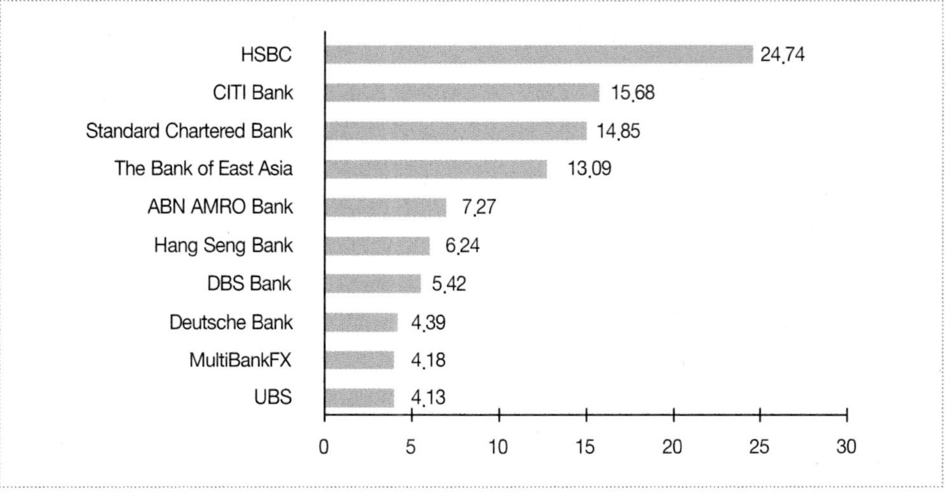

자료: 北京证券网(http://www.bjzq.com.cn/)에서 필자 정리.

한편 중국의 은행업 개방은 개혁개방 초기 경상항목에서 나타난 적자를 자본항목 흑자를 통해 해소시키는 역할을 하였을 뿐 아니라 중국기업이 해외시장 상장 등의 역할에 상당한 기여를 하였다.

중국의 금융업 개방은 2001년 WTO 가입 이후 급속도로 추진되었다. 중국의 금융업은 2006년 12월 11일 WTO 유예기간이 끝나면서 외자은행에 대하여 내국인대우(国民待遇)를 실시하면서 전면적 개방에 들어갔다. 구체적으로 WTO 규정에 근거하여

36) 한편 한국계은행의 중국 진출은 2016년 6월 말 기준 우리은행, 하나은행, 신한은행, 국민은행, 기업은행, 산업은행, 대구은행, 부산은행, 수출입은행, 농협 등 10개 은행 96개 영업점이 진출해 있다. 그러나 2016년 말 총자산 기준 중국 은행업시장에서 한국계은행이 차지하는 비중은 0.07%에 불과하고, 중국에 진출한 전체 외국계은행 중에서도 5% 수준에 그치고 있는 실정이다.(출처: 데일리한국 http://daily.hankooki.com/)

중국은 외자은행에 대하여 그동안 25개 지역에 한정하여 허가하던 위안화 업무를 전국적으로 확대하였다. 또한 외자은행의 위안화 업무대상 제한도 취소하였다. 즉 이전까지는 외자기업에 한해 허가하던 위안화 업무를 중국 인민들에게까지 할 수 있도록 하였다. 이밖에도 외자은행의 소유권 제한과 경영 그리고 금융기관 경영형태의 복잡한 심의조치를 취소 내지 간소화하였다.

2. 중국의 금융체계

개혁개방 이후 중국의 금융체계는 개혁개방 이전 중국인민은행 중심의 단일은행체계에서 중앙은행인 중국인민은행을 중심으로 중국농업발전은행(中国农业发展银行), 중국수출입은행(中国进出口银行), 중국개발은행(中国开发银行) 등의 정책성은행 체계와 중국공상은행(中国工商银行), 중국농업은행(中国农业银行), 중국은행(中国银行), 중국건설은행(中国建设银行) 등 국유상업은행을 중심으로 하는 상업은행체계, 그리고 신탁회사(信托公司), 재무회사(财务公司), 보험회사(保险公司) 등의 비은행금융체계를 이루고 있는 가운데 중국은행관리감독위원회(中国银行管理监督委员会), 중국보험관리감독위원회(中国保险管理监督委员会), 중국증권관리감독위원회(中国证券管理监督委员会) 등의 관리감독체계를 이루고 있다. 그림 8-2

그림 8-2 중국의 금융체계도

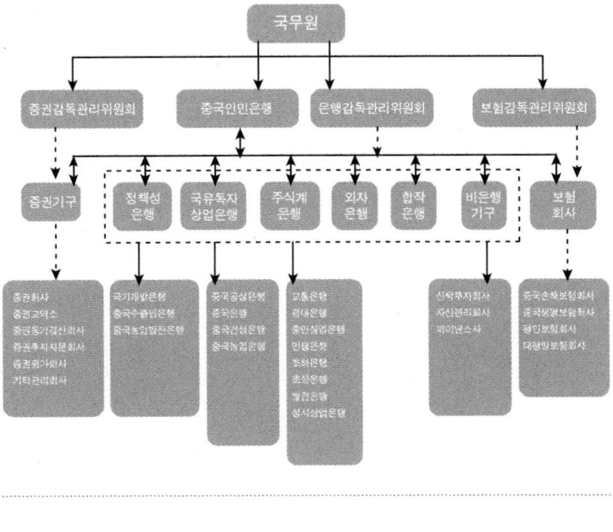

자료: 张健华(2010).

1) 중국인민은행

중국인민은행(中国人民银行, The People's Bank of China)은 중국의 중앙은행이자 중국 국무원의 주요 조직으로 1948년 12월 1일 허베이성(河北省) 스자좡(石家庄)에서 성립되었다. 중국인민은행은 개혁개방 이전 중국의 유일한 은행이었으나 개혁개방 이후 1983년 국무원에서 중앙은행으로서의 직능 수행을 결정한 데 이어 1995년 제8기 전인대(全人大) 3차회의에서 중화인민공화국중국인민은행법(中华人民共和国中国人民银行法)을 통과시키고 중앙은행으로서의 법률적 요건을 갖추었다.

한편 중국인민은행은 중국 국무원의 직속기관으로 중화인민공화국인민은행법에 근거하여 국무원 지도하에 독립적인 화폐발행과 중앙은행으로서의 업무를 집행하고 있으며, 주요 직능은 다음과 같다.

① 금융 관련 법률과 행정법규 초안 및 금융기관운영규칙 개선 및 공포
② 화폐정책의 제정과 집행
③ 은행 간 시장(inter bank market)관리감독
④ 금융위험 방지 및 해결과 금융안정 유지
⑤ 위안화 환율정책 확정과 위안화의 합리적 환율수준 보호, 외환관리 및 국가의 외환보유와 황금축적관리
⑥ 위안화 발행 및 유통관리
⑦ 국고관리
⑧ 지불 및 청산체계 운영
⑨ 금융통계제도 제정 실시 및 거시경제 분석
⑩ 자금세탁 방지 및 금융자산관리
⑪ 여신관리 및 사회신용체계 확립
⑫ 중앙은행으로서의 국제금융활동
⑬ 관련 규정에 따른 금융업 추진
⑭ 국무원이 위탁한 기타 업무

2) 정책성은행

중국의 정책성은행(policy lender/non-commercial bank)은 정부가 발기하고 출자하여 설립한 은행으로 중국의 특정 경제정책을 관철시키거나 협력하기 위하여 설립한 금융기관이다.

중국은 1994년에 국가개발은행(国家开发银行), 중국수출입은행(中国进出口银行), 중국농업발전은행(中国农业发展银行) 등 3개의 정책성은행을 설립했으며, 모두 국무원 직속으로 운영되고 있다.

(1) 국가개발은행

1994년 국무원 직속으로 설립된 국가발전은행(国家发展银行)은 정책성 금융기구로 2008년 12월에 '국가개발은행주식유한공사(国家开发银行股份有限公司)' 로 개편되었다.

국가개발은행은 국가의 중점건설과 산업을 지원하는 금융기관으로 등록자본이 4,212.48억 위안이며, 중화인민공화국 재정부, 중앙회금투자유한책임공사(中央汇金投资有限责任公司), 우통수투자플랫폼유한공사(梧桐树投资平台有限公司) 그리고 전국사회보장기금이사회 등이 주주로 구성되어 있다.

중국의 국가개발은행은 세계에서 가장 큰 개발지원 금융기관일 뿐만 아니라 중국 최대의 대외투자 합작은행이다. 2015년 〈포춘(*Fortune*)〉지 발표에서 세계 500대 기업 중 87위를 차지한 국가개발은행은 현재 중국 내에 40개 지점을 가지고 있으며, 홍콩, 카이로, 모스크바, 리우데자네이루, 카라카스, 런던, 비엔티안 등 6개의 해외 대표처를 두고 있다.

(2) 중국수출입은행

중국수출입은행(中国进出口银行)도 국가개발은행과 마찬가지로 1994에 설립되어 국무원 직속으로 운영되는 금융기관이다. 중국수출입은행은 국가의 산업정책과 대외무역정책을 집행하며, 국내의 기계설비와 전력설비 등의 수출입을 확대하기 위하여 정책적 금융을 지원하는 금융기관이다.

중국수출입은행의 본점은 북경에 설치되어 있으며, 현재까지 22개의 지점이 들어서 있다. 그뿐만 아니라 세계 각국에 1,000여 개의 분점 및 지점과 대표처를 설치하고 있다. 특히 2015년 말 기준, 중국수출입은행은 '일대일로' 주변지역 국가에 5,200억 위안의 차관을 지원했다고 알려져 있다.

(3) 중국농업발전은행

중국농업발전은행(中国农业发展银行)은 국무원 직속의 유일한 농업정책은행으로 역시 1994년에 설립되었다. 주요 역할은 농업과 농촌경제발전 지원이다.

3) 상업은행체계

중국의 상업은행체계는 크게 국유상업은행과 기타 상업은행 그리고 비은행금융기관으로 나눠져 있다.

(1) 국유상업은행

중국의 국유상업은행은 중국공상은행(中国工商银行), 중국농업은행(中国农业银行), 중국은행(中国银行) 그리고 중국건설은행(中国建设银行) 등 4개로 구성되어 있다. 이들 국유상업은행은 국무원 직속의 경제실체이지만, 중국인민은행의 지도와 관리를 받고 있다. 각각의 국유상업은행은 국가에서 규정한 영업범위 내에서 국가의 경제와 금융정책, 법령, 법규 그리고 계획에 따라 독립적인 권한 행사와 독립채산을 실시한다.

① 중국공상은행: 신용대출과 저축 업무를 담당하는 상업은행
② 중국농업은행: 농촌의 금융 업무를 담당하는 상업은행
③ 중국은행: 외환 업무를 담당하는 상업은행
④ 중국건설은행: 고정자산투자부분의 금융 업무를 담당하는 상업은행

(2) 기타 상업은행

중국의 기타 상업은행은 주식제를 실시하고 있으며, 교통은행(交通银行), 중신실업은행(中信实业银行), 광대은행(光大银行), 초상은행(招商银行), 푸젠부흥은행(福建复兴银行), 화하은행(华夏银行), 민생은행(民生银行), 도시합작은행(城市合作银行) 등이 대표적이다. 주식제 상업은행 외에 중국의 기타 은행은 외자은행과 합작은행이 있다.

4) 비은행금융기구

중국의 비은행금융기구로는 보험회사(保险公司), 신탁투자공사(信托投资公司), 재무회사(财务公司), 리스회사(租赁公司), 증권회사(证券公司), 신용합작사(信用合作社), 우정저축기구(邮政储蓄机构) 등이 있다.

5) 금융관리감독기구

1990년대 초까지 금융관리감독체계를 제대로 갖추고 있지 않던 중국은 1993년 반포된 〈금융체제개혁에 관한 국무원 결정(国务院关于金融体制改革的决定)〉에서 은행업, 증권업, 신탁업 그리고 보험업에 대하여 분업경영과 분업관리 실시를 결정한 데 이어, 1995년 통과된 상업은행법(商业银行法)에서 은행업 분업관리원칙을 법규화하면서 금융관리감독체계를 갖추게 되었다. 중국은 이러한 분업관리원칙에 따라 1998년 중국증권감독관리위원회(中国证券监督管理委员会, 약칭 证监会)를 설립하여 원래 국무원 증권위원회에서 담당하던 관리감독 업무를 담당하기 시작하였다. 또한 1998년 11월에는 중국보험감독관리위원회(中国保险监督管理委员会, 약칭 保监会)를 설립하고 보험업의 관리감독을 실시하였다. 그리고 2003년에는 중국은행감독관리위원회(中国银行监督管理委员会, 약칭 银监会)를 설립하여 은행업과 신탁업의 관리감독을 실시하고 있다. 이로써 중국은 중국인민은행(中国人民银行), 은감회(银监会), 증감회(证监会), 보감회(保监会)로 구성된 '1행3회(一行三会)' 체제의 금융업의 분업관리감독체계를 형성하고 있다. 또한 이들 관리감독기구는 연석회의제도를 두고 관리감독의 협력체제를 구축하고 있다.

(1) 중국은행감독관리위원회

중국은감회(China Banking Regulatory Commission, CBRC)는 2003년 4월 25일에 설립된 국무원의 직속기구이다. 국무원이 부여한 권한에 따라 은행과 금융자산관리공사(金融资产管理公司) 그리고 신탁투자공사(信托投资公司) 및 기타 여신관리기구를 통일적으로 관리감독하고 있다.

(2) 중국증권감독관리위원회

중국증감회(证监会) 역시 국무원의 직속기구로, 법률과 법규 그리고 국무원이 부여한 권한에 따라 전국의 증권선물시장을 관리하고 질서를 유지시키는 역할을 하고 있다. 베이징에 설치되어 있으며, 주석 1명, 부주석 4명, 서기 1명(부부장급), 주석조리 3명을 두고 있다.

중화인민공화국증권법(中华人民共和国证券法) 제14조 규정에 근거하여 중국증감회는 주식발행심사위원회(股票发行审核委员会)를 설치하고, 위원은 중국증감회 전문위원과 초빙된 외부인사로 구성하고 있다. 중국증감회는 성, 자치구, 직할시 그리고 계획된 독립 시에 36개의 증권감독국(证券监督局)을 설립하고 상하이(上海)와 선전(深圳)에 증권감독관리 사무소를 두고 있다. 국무원은 '선물교역관리조례' 중에 중국증감회가 선물시장을 관리하는 규정을 두고 있는데, 이는 중국증감회가 정부가 권한을 부여한 법정관리부문을 나타내는 것이다.

(3) 중국보험감독관리위원회

중국보감회(China Insurance Regulatory Commission, CIRC)는 1998년 11월 18일에 설립된 국무원직속기관이다. 보감회는 국무원이 부여한 행정관리 권한과 법률 그리고 법규에 따라 전국의 보험시장을 관리감독하고 보험업의 합법과 안정적인 운영을 유지시키는 역할을 하고 있다.

제2절 중국의 금융관리정책과 금융 현황

1. 중국의 주요 금융관리정책

1) 공개시장조작

중국 중앙은행은 1994년 3월 외환에 대한 공개시장조작을 실시한 데 이어, 1998년 5월 26일 위안화에 대한 공개시장조작을 다시 시작하였다. 1998년 이후 실시된 중국의 위안화 공개시장조작은 중앙은행이 발행하는 어음을 중심으로 환매와 채권거래를 보조로 하고 있다. 공개시장조작은 원칙적으로 매주 1회 실시하나, 상업은행의 거액

요구와 실제상황에 따라 특별거래를 실시하고 있으며, 다음과 같은 발전적 특징을 가지고 있다.

첫째, 거래대상을 점진적으로 확대하고 있다. 중국의 공개시작조작은 1급거래기관제도(一级交易商制度)를 실시하고 있다.[37] 이에 따라 중국인민은행은 거액의 채권거래를 담당할 능력을 갖춘 규범적이고 신용도 등이 높은 상업은행을 중심으로 1급거래기관을 선정하고 있으며, 1998년 25개에 불과하던 공개시장조작 1급거래기관은 2016년 말 기준 40개로 확대되었다. 이들 1급거래기관은 전국 은행 간 채권시장의 주체이자 국채와 정책성 금융채권의 입찰기관들이다. 중국이 이러한 1급거래기관제도를 두는 이유는 중국인민은행이 직접 거래하는 것보다 중앙은행의 화폐정책 추진이 유리하다는 판단 때문이다.

둘째, 거래기한이 확대되고 있다. 2016년 말 기준으로 중국의 공개시장조작 채권거래기한은 7일, 14일, 28일, 91일, 182일, 365일 등이 있다. 그러나 공개시작조작 중 상업은행의 유동성 변화에 따라 선택하고 있기 때문에 실제로는 7일과 14일 기한이 가장 많다.

셋째, 거래종류의 확대이다. 국채와 정책성 금융채권 모두 공개시장조작의 대상에 포함시키고 있다.

넷째, 다른 교역방식이 시도되고 있다. 공개시장조작이 다시 시작된 후 가격입찰과 수량입찰 등 서로 다른 입찰방식을 채택하고 있다. 가격입찰은 금리 혹은 가격을 기준으로 하며, 은행 간 시장의 실제 환율수준과 상업은행의 금리에 대한 예측을 기준으로 한다. 수량입찰은 사전에 확정된 금리 혹은 가격을 토대로 수량을 기준으로 입찰을 진행하며, 채권시장 환매금리와 은행 간 시장금리추세를 기준으로 한다.

다섯째, 지속적 환매거래 및 채권조작의 확대이다. 1999년 9월 이후 중국인민은행은 발행한 국채와 정책성 금융채권의 채권에 대한 매입을 강화하였다. 2000년 말 누계 상업은행에 융자한 금액은 1,032억 위안이며 그중 채권환매는 721억 위안, 채권매입이 311억 위안으로 효과적으로 통화량을 공급하고 중국인민은행의 채권자산을 증가시켜 채권의 자산구조를 개선시켰다.

37) 1급거래기관(一级交易商)은 일정한 자격을 갖추고 직접 국고권 발행기관에 수탁판매나 국고권을 입찰하는 거래기관단체로 대개 자금능력이 충분한 상업은행과 증권회사가 여기에 해당한다.

2) 지급준비율제도

중국의 지급준비율제도는 1984년 중국인민은행이 중앙은행의 직능을 수행하면서 실시되었다. 1984년 중국인민은행은 예금의 종류에 따라 지급준비율을 기업예금 20%, 농촌예금 25%, 저축예금 40%로 정하였다. 그러나 지나치게 높은 지급준비율은 당시의 전업은행으로 하여금 심각한 자금부족 현상을 일으켜, 인민은행은 재대출(중앙은행의 전업은행에 대출)의 형식으로 자금을 전업은행에 돌려주게 되었다. 그리고 과도한 지급준비율이 가져다주는 불리한 영향을 극복하기 위해 중국인민은행은 1985년부터 지급준비율을 일괄적으로 10%로 조정하였으며, 그 후 수십 차례에 걸쳐 지급준비율을 조정하였다. 그림 8-3 표 8-1

중국의 지급준비율정책은 초기에는 주로 상업은행의 경영위험을 낮추고 예금자의 예금을 보호하기 위한 정책이 중심이었지만, 점진적으로 다른 나라들과 마찬가지로 통화량 조절정책을 중심으로 한다.

그림 8-3 중국인민은행의 지급준비율 조정 변화 추이

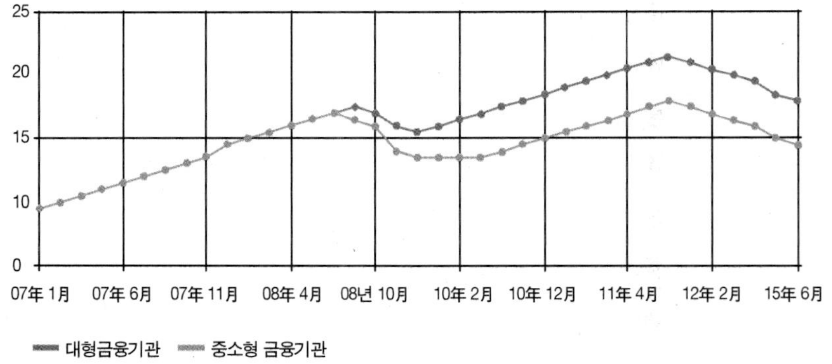

자료: 中国人民银行(http://www.pbc.gov.cn/)

표 8-1 중국인민은행의 지급준비율 조정

공포일자	시행일자	대형금융기관			중소금융기관			익일 주식사장영향	
		조정 전	조정 후	조정폭	조정 전	조정 후	조정폭	상하이	선전
2007. 1.05	2007. 1.15	9.00%	9.50%	0.50%	9.00%	9.50%	0.50%	2.49%	2.45%
2007. 2.16	2007. 2.25	9.50%	10.00%	0.50%	9.50%	10.00%	0.50%	1.41%	0.05%
2007. 4. 5	2007. 4.16	10.00%	10.50%	0.50%	10.00%	10.50%	0.50%	0.13%	1.17%
2007. 4.29	2007. 5.15	10.50%	11.00%	0.50%	10.50%	11.00%	0.50%	2.16%	1.66%
2007. 5.18	2007. 6.05	11.00%	11.50%	0.50%	11.00%	11.50%	0.50%	1.04%	1.40%
2007. 7.30	2007. 8.15	11.50%	12.00%	0.50%	11.50%	12.00%	0.50%	0.68%	0.92%
2007. 9. 6	2007. 9.25	12.00%	12.50%	0.50%	12.00%	12.50%	0.50%	2.16%	-2.21%
2007.10.13	2007.10.25	12.50%	13.00%	0.50%	12.50%	13.00%	0.50%	2.15%	-0.24%
2007.11.10	2007.11.26	13.00%	13.50%	0.50%	13.00%	13.50%	0.50%	2.40%	-0.55%
2007.12. 8	2007.12.25	13.50%	14.50%	1.00%	13.50%	14.50%	1.00%	1.38%	2.07%
2008. 1.16	2008. 1.25	14.50%	15.00%	0.50%	14.50%	15.00%	0.50%	2.63%	-2.41%
2008. 3.18	2008. 3.25	15.00%	15.50%	0.50%	15.00%	15.50%	0.50%	2.53%	4.45%
2008. 4.16	2008. 4.25	15.50%	16.00%	0.50%	15.50%	16.00%	0.50%	2.09%	-3.32%
2008. 5.12	2008. 5.20	16.00%	16.50%	0.50%	16.00%	16.50%	0.50%	1.84%	-0.70%
2008. 6. 7	2008. 6.15	16.50%	17.00%	0.50%	16.50%	17.00%	0.50%	7.73%	-8.25%
2008. 9.15	2008. 9.25	17.00%	17.50%	0.50%	17.00%	16.50%	-0.50%	4.47%	-0.89%
2008.10. 8	2008.10.15	17.50%	17.00%	-0.50%	16.50%	16.00%	-0.50%	0.84%	-2.40%
2008.11.26	2008.12.05	17.00%	16.00%	-1.00%	16.00%	14.00%	-2.00%	1.05%	2.30%
2008.12.22	2008.12.25	16.00%	15.50%	-0.50%	14.00%	13.50%	-0.50%	4.55%	-4.69%
2010. 1.12	2010. 1.18	15.50%	16.00%	0.50%	13.50%	13.50%	0.00%	3.09%	-2.73%
2010. 2.12	2010. 2.25	16.00%	16.50%	0.50%	13.50%	13.50%	0.00%	-0.49%	-0.74%
2010. 5. 2	2010. 5.10	16.50%	17.00%	0.50%	13.50%	13.50%	0.00%	-1.23%	-1.81%
2010.11.10	2010.11.16	17.00%	17.50%	0.50%	13.50%	14.00%	0.50%	1.04%	-0.15%
2010.11.19	2010.11.29	17.50%	18.00%	0.50%	14.00%	14.50%	0.50%	-0.15%	0.06%
2010.12.10	2010.12.20	18.00%	18.50%	0.50%	14.50%	15.00%	0.50%	2.88%	3.57%
2011. 1.14	2011. 1.20	18.50%	19.00%	0.50%	15.00%	15.50%	0.50%	-3.03%	-4.55%
2011. 2.18	2011. 2.24	19.00%	19.50%	0.50%	15.50%	16.00%	0.50%	1.12%	2.06%
2011. 3.18	2011. 3.25	19.50%	20.00%	0.50%	16.00%	16.50%	0.50%	0.08%	-0.62%
2011. 4.17	2011. 4.21	20.00%	20.50%	0.50%	16.50%	17.00%	0.50%	0.22%	0.27%
2011. 5.12	2011. 5.18	20.50%	21.00%	0.50%	17.00%	17.50%	0.50%	0.95%	0.70%
2011. 6.14	2011. 6.20	21.00%	21.50%	0.50%	17.50%	18.00%	0.50%	-0.90%	-0.99%
2011.11.30	2011.12.05	21.50%	21.00%	-0.50%	18.00%	17.50%	-0.50%	2.29%	2.32%
2012. 2.18	2012. 2.24	21.00%	20.50%	-0.50%	17.50%	17.00%	-0.50%	0.27%	0.01%
2012. 5.12	2012. 5.18	20.50%	20.00%	-0.50%	17.00%	16.50%	-0.50%	-0.59%	-1.16%
2015. 2. 4	2015. 2.05	20.00%	19.50%	-0.50%	16.50%	16.00%	-0.50%	-1.18%	-0.46%
2015. 4.19	2015. 4.20	19.50%	18.50%	-1.00%	16.00%	15.00%	-1.00%	-1.64%	-1.96%
2015. 6.27	2015. 6.28	18.50%	18.00%	-0.50%	15.00%	14.50%	-0.50%	-3.34%	-5.78%
2015. 8.25	2015. 9.06	18.00%	17.50%	-0.50%	14.50%	14.00%	-0.50%	-1.27%	-2.92%
2015.10.23	2015.10.24	17.50%	17.00%	-0.50%	14.00%	13.50%	-0.50%	0.50%	0.73%

자료: 中国人民银行(http://www.pbc.gov.cn/)에서 필자 정리.

3) 금리정책

중국의 금리정책은 1996년 6월 은행 간 단기대출금리 개방을 시작으로 은행 간 채권시장의 금리 개방을 비롯한 다양한 금리의 시장화 개방을 실시하였다. 그림 8-4 특히 2007년에는 상하이의 은행 간 금리인 SHIBOR을 정식으로 실시하고 2015년에는 예금과 대출의 보험제도 등을 실시하기도 하였다.

그림 8-4 중국 금리의 시장화 과정

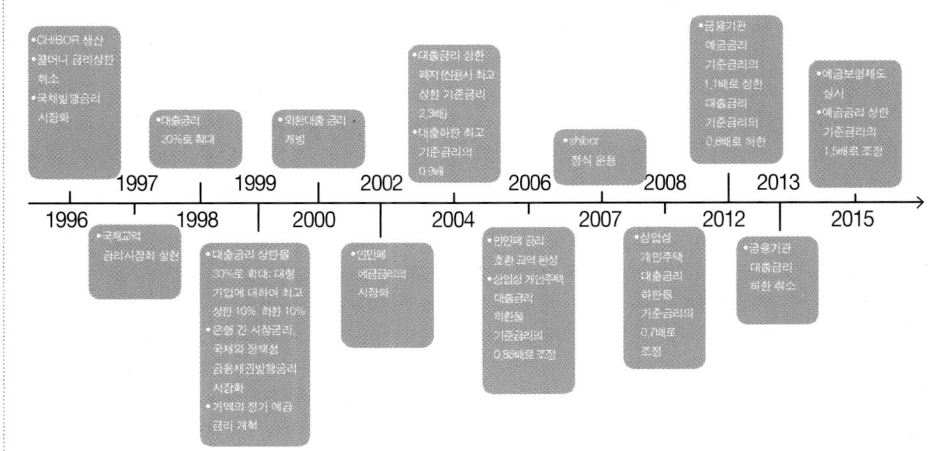

자료: 财经杂志(http://finance.sina.com.cn)

한편 중국인민은행은 중앙은행의 기준금리 조정과 금융기관의 법정 예대금리 조정 그리고 금융기관 예대금리의 변동범위 제정 등에 대해 경제환경을 고려하여 금리를 조정하고 있다. 중국의 금리는 1995년을 기점으로 지속적 인하 추세를 나타내고 있으며, 특히 최근 들어서는 현저한 인하폭을 나타내고 있다. 표 8-2 표 8-3

표 8-2 중국 위안화의 예금금리 변화 추세

(단위: %)

조정시기	보통예금	정기예금					
		3개월	6개월	1년	2년	3년	5년
1990.04.15	2.88	6.30	7.74	10.08	10.98	11.88	13.68
1990.08.21	2.16	4.32	6.48	8.64	9.36	10.08	11.52
1991.04.21	1.80	3.24	5.40	7.56	7.92	8.28	9.00
1993.05.15	2.16	4.86	7.20	9.18	9.90	10.80	12.06
1993.07.11	3.15	6.66	9.00	10.98	11.70	12.24	13.86
1996.05.01	2.97	4.86	7.20	9.18	9.90	10.80	12.06
1996.08.23	1.98	3.33	5.40	7.47	7.92	8.28	9.00
1997.10.23	1.71	2.88	4.14	5.67	5.94	6.21	6.66
1998.03.25	1.71	2.88	4.14	5.22	5.58	6.21	6.66
1998.07.01	1.44	2.79	3.96	4.77	4.86	4.95	5.22
1998.12.07	1.44	2.79	3.33	3.78	3.96	4.14	4.50
1999.06.10	0.99	1.98	2.16	2.25	2.43	2.70	2.88
2002.02.21	0.72	1.71	1.89	1.98	2.25	2.52	2.79
2004.10.29	0.72	1.71	2.07	2.25	2.70	3.24	3.60
2006.08.19	0.72	1.80	2.25	2.52	3.06	3.69	4.14
2007.03.18	0.72	1.98	2.43	2.79	3.33	3.96	4.41
2007.05.19	0.72	2.07	2.61	3.06	3.69	4.41	4.95
2007.07.21	0.81	2.34	2.88	3.33	3.96	4.68	5.22
2007.08.22	0.81	2.61	3.15	3.60	4.23	4.95	5.49
2007.09.15	0.81	2.88	3.42	3.87	4.50	5.22	5.76
2007.12.21	0.72	3.33	3.78	4.14	4.68	5.40	5.85
2008.10.09	0.72	3.15	3.51	3.87	4.41	5.13	5.58
2008.10.30	0.72	2.88	3.24	3.60	4.14	4.77	5.13
2008.11.27	0.36	1.98	2.25	2.52	3.06	3.60	3.87
2008.12.23	0.36	1.71	1.98	2.25	2.79	3.33	3.60
2010.10.20	0.36	1.91	2.20	2.50	3.25	3.85	4.20
2010.12.26	0.36	2.25	2.50	2.75	3.55	4.15	4.55
2011.02.09	0.40	2.60	2.80	3.00	3.90	4.50	5.00
2011.04.06	0.50	2.85	3.05	3.25	4.15	4.75	5.25
2011.07.07	0.50	3.10	3.30	3.50	4.40	5.00	5.50
2012.06.08	0.40	2.85	3.05	3.25	4.10	4.65	5.10
2012.07.06	0.35	2.60	2.80	3.00	3.75	4.25	4.75
2014.11.22	0.35	2.35	2.55	2.75	3.35	4.00	-
2015.03.01	0.35	2.10	2.30	2.50	3.10	3.75	-
2015.05.11	0.35	1.85	2.05	2.25	2.85	3.50	-
2015.06.28	0.35	1.60	1.80	2.00	2.60	3.25	-
2015.08.26	0.35	1.35	1.55	1.75	2.35	3.00	-
2015.10.24	0.35	1.10	1.30	1.50	2.10	2.75	-

자료: 中国人民银行(http://www.pbc.gov.cn/)

표 8-3 중국 위안화의 대출금리 변화 추세

(단위: %)

조정시기	6개월	6개월~1년	1~3년	3~5년	5년 이상
1991.04.21	8.10	8.64	9.00	9.54	9.72
1993.05.15	8.82	9.36	10.80	12.06	12.24
1993.07.11	9.00	10.98	12.24	13.86	14.04
1995.01.01	9.00	10.98	12.96	14.58	14.76
1995.07.01	10.08	12.06	13.50	15.12	15.30
1996.05.01	9.72	10.98	13.14	14.94	15.12
1996.08.23	9.18	10.08	10.98	11.70	12.42
1997.10.23	7.65	8.64	9.36	9.90	10.53
1998.03.25	7.02	7.92	9.00	9.72	10.35
1998.07.01	6.57	6.93	7.11	7.65	8.01
1998.12.07	6.12	6.39	6.66	7.20	7.56
1999.06.10	5.58	5.85	5.94	6.03	6.21
2002.02.21	5.04	5.31	5.49	5.58	5.76
2004.10.29	5.22	5.58	5.76	5.85	6.12
2006.04.28	5.40	5.85	6.03	6.12	6.39
2006.08.19	5.58	6.12	6.30	6.48	6.84
2007.03.18	5.67	6.39	6.57	6.75	7.11
2007.05.19	5.85	6.57	6.75	6.93	7.20
2007.07.21	6.03	6.84	7.02	7.20	7.38
2007.08.22	6.21	7.02	7.20	7.38	7.56
2007.09.15	6.48	7.29	7.47	7.65	7.83
2007.12.21	6.57	7.47	7.56	7.74	7.83
2008.09.16	6.21	7.20	7.29	7.56	7.74
2008.10.09	6.12	6.93	7.02	7.29	7.47
2008.10.30	6.03	6.66	6.75	7.02	7.20
2008.11.27	5.04	5.58	5.67	5.94	6.12
2008.12.23	4.86	5.31	5.40	5.76	5.94
2010.10.20	5.10	5.56	5.60	5.96	6.14
2010.12.26	5.35	5.81	5.85	6.22	6.40
2011.02.09	5.60	6.06	6.10	6.45	6.60
2011.04.06	5.85	6.31	6.40	6.65	6.80
2011.07.07	6.10	6.56	6.65	6.90	7.05
2012.06.08	5.85	6.31	6.40	6.65	6.80
2012.07.06	5.60	6.00	6.15	6.40	6.55
2014.11.22	5.60		6.00		6.15
2015.03.01	5.35		5.75		5.90
2015.05.11	5.10		5.50		5.65
2015.06.28	4.85		5.25		5.40
2015.08.26	4.60		5.00		5.15
2015.10.24	4.35		4.75		4.90

자료: 中国人民银行(http://www.pbc.gov.cn/)

2. 중국의 주요 금융 현황

1) 금융기관

중국은감회(中国银行业监督管理委员会)의 자료에 의하면, 2015년 말 기준 중국의 은행 관련 금융기관은 정책성은행 3개를 비롯하여 4,262개의 금융기관이 있으며, 380만 명이 금융업에 종사하고 있다. 그림 8-5

그림 8-5 중국의 은행 관련 금융기구수(2015년 말 기준)

자료: 中国银行业监督管理委员会(www.cbrc.gov.cn/)

2) 통화공급량

중국의 통화공급량은 2008년 이후 가파른 상승세를 나타냈으며, 2015년 말 기준 1조 3,923억 위안을 기록하고 있다. 특히 최근 5년(2010~2015)간 중국의 통화공급량은 66조 6천억 위안이 증가하여 거의 1배 이상 증가하였으며, 이는 GDP 대비 비중도 증가시켰다. 통화 총량의 확대 추세가 실질경제와 같이 움직일 경우 GDP 대비 M2는 대체로 1.5배가 적당한 수준이지만 중국의 통화공급량은 이보다 훨씬 높은 2배를 넘어서고 있다. 표 8-4

통화량과 통화지표

통화량(money supply)은 일국의 일정시점에서 화폐의 유통량을 말한다. 통화량은 측정하는 지표에 따라 다양하게 나타나는데, 보통 민간이 보유하는 현금통화(currency in circulation)와 일반은행의 예금통화(monetary deposits)의 합계로 정의된다. 여기서 현금통화는 민간이 지급수단으로 보유하는 화폐를 말하며, 중앙은행이 발행한 화폐발행액에서 중앙은행을 제외한 그 밖의 금융기관이 보유하는 시재금(时在金, notes in vault)을 공제한 잔액이다. 예금통화는 당좌예금·보통예금과 같은 요구불예금(demand deposits)에서 미청산 타점 수표액을 공제한 것이다. 이 밖에 저축성예금과 거주자외화요금까지 합한 것을 총통화라고 한다. 통화량은 일국의 국민경제에 매우 큰 영향을 미치는데, 일반적으로 통화량이 너무 많아지면 통화의 가치가 떨어지고 물가가 상승하는 인플레이션이 나타나며, 반대로 통화량이 부족하면 경제활동이 위축될 우려가 있다.

한편 통화지표로는 협의통화(M1), 광의통화(M2), 금융기관유동성(Lf), 광의유동성(L) 등이 있는데 시중에서 유통되는 화폐의 흐름을 파악하는 기준이다. 우선 협의통화(M1)는 지급수단으로서의 화폐의 기능을 중시한 통화지표로, 민간이 보유하고 있는 현금과 예금취급기관의 결제성예금의 합계이다(M1 = 민간보유현금 + 은행 요구불예금 + 은행 저축예금 + 수시입출식예금(MMDA) + 투신사(MMF)), 둘째 광의통화(M2)는 협의통화(M1)에 예금취급기관의 정기예금, 정기적금 등 기간물 정기 예·적금 및 부금, 거주자외화예금 그리고 양도성예금증서(CD), 환매조건부채권(RP), 표지어음 등 시장형 금융상품, 금전신탁, 수익증권 등 실적배당형 금융상품, 금융채, 발행어음, 신탁형 증권저축 등을 포함한다. 다만, 유동성이 낮은 만기 2년 이상의 장기금융상품은 제외한다(M2 = M1 + 정기 예·적금 및 부금 + 거주자외화예금 + 시장형 금융상품 + 실적배당형 금융상품 + 금융채 + 발행어음 + 신탁형 증권저축). 셋째, 광의유동성(L)은 한 나라 경제가 보유하고 있는 전체 유동성 크기 지표로 회사채, 국공채, 기업어음이 추가된다.

자료: 박은태(2010)에서 정리.

표 8-4 **중국의 통화공급량**

(단위: 억 위안)

연도	통화량(M2)	통화량(M1)	통화량(M0)	GDP	M2/GDP
1990	15,293.4	6,950.7	2,644.4	18,667.8	0.8192
1991	19,349.9	8,633.3	3,177.8	21,781.5	0.8884
1992	25,402.2	11,731.5	4,336.0	26,923.5	0.9435
1993	34,879.8	16,280.4	5,864.7	35,333.9	0.9871
1994	46,923.5	20,540.7	7,288.6	48,197.9	0.9736
1995	60,750.5	23,987.1	7,885.3	60,793.7	0.9993
1996	76,094.9	28,514.8	8,802.0	71,176.6	1.0691
1997	90,995.3	34,826.3	10,177.6	78,973.0	1.1522
1998	104,498.5	38,953.7	11,204.2	84,402.3	1.2381
1999	119,897.9	45,837.2	13,455.5	89,677.1	1.3370
2000	134,610.3	53,147.2	14,652.7	99,214.6	1.3568
2001	158,301.9	59,871.6	15,688.8	109,655.2	1.4436
2002	185,007.0	70,881.8	17,278.0	120,332.7	1.5375
2003	221,222.8	84,118.6	19,746.0	135,822.8	1.6288
2004	253,207.7	95,969.7	21,468.3	159,878.3	1.5838
2005	298,755.7	107,278.8	24,031.7	184,937.4	1.6154
2006	345,603.6	126,035.1	27,072.6	216,314.4	1.5977
2007	403,442.2	152,560.1	30,375.2	265,810.3	1.5178
2008	475,166.6	166,217.1	34,219.0	314,045.4	1.5131
2009	610,224.5	220,001.5	38,246.0	340,902.8	1.7900
2010	725,851.8	266,621.5	44,628.2	401,512.8	1.8078
2011	851,590.9	289,847.7	50,748.5	473,104.1	1.8000
2012	974,148.8	308,664.2	54,659.8	534,123.1	1.8238
2013	1,106,524.9	337,291.1	58,574.4	588,018.7	1.8818
2014	1,228,374.8	348,056.4	60,259.5	635,910.0	1.9317
2015	1,392,300.0	400,953.4	63,216.6	676,708.0	2.0575

자료: 中国人民银行(http://www.pbc.gov.cn/)

3) 예금과 대출

2015년 말 기준 중국 금융기관의 각종 예금은 139조 8천억 위안으로 전년 대비 12.4% 증가하였으며, 그중 저축예금은 15조 3천억 위안으로 전년 대비 2조 7천억 위안 증가하였다. 그림 8-6 또한 각종 대출은 99조 3천억 위안으로 전년 대비 13.4% 증가하였는데, 그중 단기대출은 35조 9천억 위안으로 전년 대비 2조 3천억 위안 증가하였고, 중장기대출은 53조 8천억 위안으로 전년 대비 6조 6천억 위안 증가하였다.

표 8-5 그리고 예금 대비 대출은 약 71%를 차지하고 있다.그림 8-6 한편 금융기관의 예금은 가계예금이 가장 많고, 대출은 기업대출이 68조 7,728억 위안으로 가장 많다. 그림 8-7 그림 8-8

그림 8-6 중국 금융기관의 예금과 대출 추이

(단위: 억 위안)

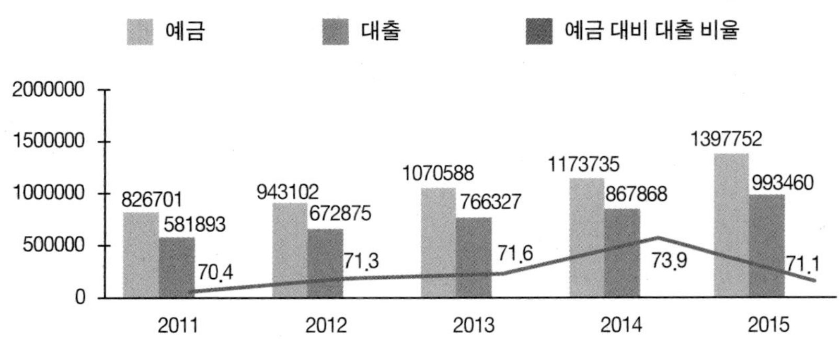

자료: 中国人民银行(http://www.pbc.gov.cn/)에서 필자 정리.

표 8-5 중국의 장단기대출 현황(2015)

(단위: 억 위안/%)

대출 대상	대출 구분	금액	비중
가계대출	단기대출	89,085	33.0
	중장기대출	181,228	67.0
비금융기업 및 기관단체 대출	단기대출	270,106	43.1
	중장기대출	356,604	56.9

주: 비중은 총 대출액 중 차지하는 비중임.

자료: 中国人民银行(http://www.pbc.gov.cn/)에서 필자 정리.

그림 8-7 중국의 주체별 예금 현황(2015)

(단위: 억 위안)

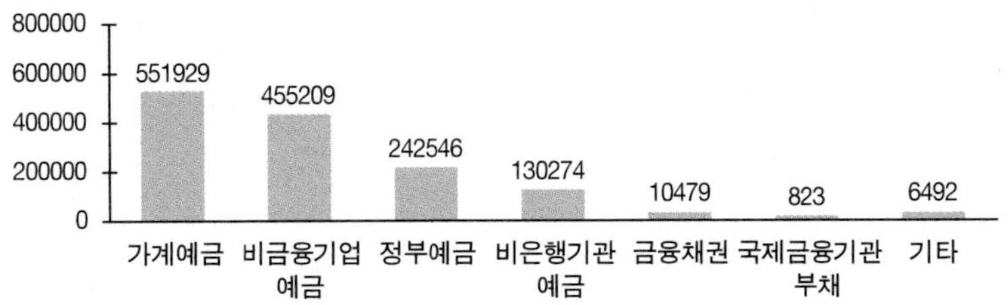

자료: 中国人民银行(http://www.pbc.gov.cn/)에서 필자 정리.

그림 8-8 중국의 대출 현황(2015)

(단위: 억 위안)

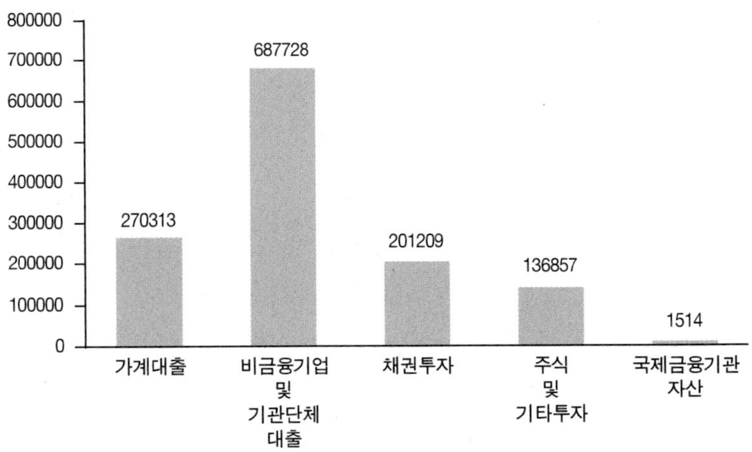

자료: 中国人民银行(http://www.pbc.gov.cn/)에서 필자 정리.

4) 자기자본비율과 자산 건전성

개혁개방 초기 중국은행의 자기자본비율은 심각한 수준으로 심지어 마이너스인 경우도 있었다. 그러나 2007년 중국의 은행은 자기자본비율이 8.4%로 높아졌다. 그중 주식제로 전환한 국유은행들의 자기자본비율은 평균 12%에 달하고 있다. 특히 2004년 이후 중국은 불량자산 정리, 자본투입, 투자유치, 국내외 상장, 증자, 채권발행 등을 통해 상업은행의 자기자본비율을 제고시켰다. 2015년 말 기준 중국 상업은행의 평균 자기자본비율은 10.91%를 나타내고 있다.

한편 2015년 말 기준 중국의 은행업 관련 금융기관의 자산총액은 199조 3천억 위안이며, 부채총액은 184조 1천억 위안이다. 그리고 은행업 관련 금융기관의 부실대출은 1조 9,600억 위안으로 부실대출 비중이 1.94%를 차지하고 있다. 그림 8-9 그림 8-10

그림 8-9 중국 은행업 관련 금융기관의 자산과 부채 총량

(단위: 조 위안)

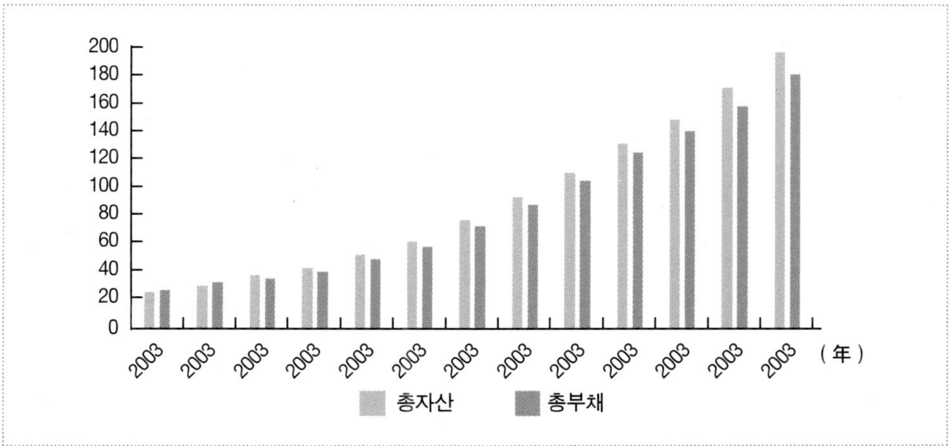

자료: CBRC Annual Report 2015, 中国银行业监督管理委员会(http://www.cbrc.gov.cn/)

그림 8-10 중국 은행업 관련 금융기관의 부실대출 변화 추이

(단위: %)

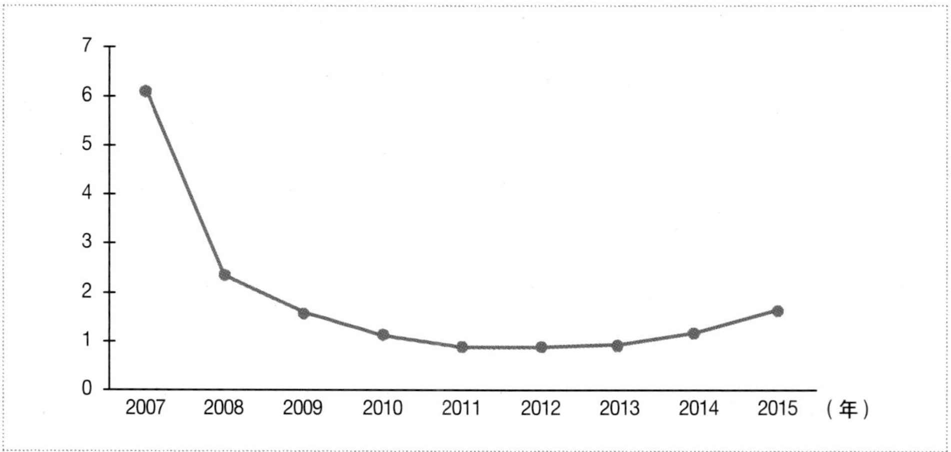

자료: CBRC Annual Report 2015, 中国银行业监督管理委员会(http://www.cbrc.gov.cn/)

제3절 중국 금융시장의 형성과 발전

중국의 금융시장은 1980년대부터 형성되기 시작하였다. 중국의 금융시장은 화폐시장과 자본시장 그리고 외환시장 및 보험시장 등이 대표적이다.

1. 화폐시장

화폐시장은 주로 단기융자와 유동성 관리를 위해 금융기관 간에 단기금융거래가 이루어지는 시장이다. 중국의 화폐시장은 은행 간 시장(inter bank market)과 채권환매시장 그리고 어음시장이 대표적이다. 특히 이 가운데 은행 간 시장은 중국의 화폐시장 중 가장 먼저 생성되었고 빠른 속도로 발전하고 있는 화폐시장이다. 그림 8-11 중국의 은행 간 시장은 1985년 여신관리체제를 개선하면서 금융기관 간의 상환방식으로 자금을 융통할 수 있도록 하면서 시작되었다. 그리고 1986년 '은행관리 잠정조례(银行管理暂行条例)'에 전업은행 간 상호 단기대출을 할 수 있도록 하였다.

그림 8-11 중국의 은행 간 시장의 거래규모 증가 추세

(단위: 억 위안)

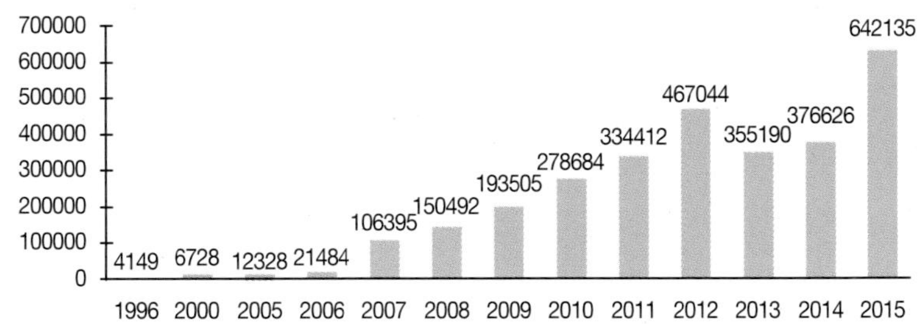

자료: 中国人民银行(http://www.pbc.gov.cn/)에서 필자 정리.

그러나 당시 중국의 화폐시장은 자본시장의 미발달로 은행 간 거래는 지불준비금의 관리가 아니라 금융기관 간 중장기 자금부족의 해결수단이었다. 따라서 연해지역에서는 내륙지역으로부터 단기자금을 끌어들여 부족한 자금을 충당하려는 현상이 나

타났다.

이에 대하여 중국 중앙은행은 1996년 1월부터 단기시장을 개혁하고 전국적으로 통일된 은행 간 시장을 건립하였다. 우선 단기시장에 참여하는 금융기관을 두 부류로 나누고 자격을 분명히 하였다. 즉 상업은행 본점과 그에 해당하는 은행 그리고 재무회사 및 일부 증권회사 등을 전국 은행 간 단기거래은행으로 지정하고 기타 금융기관을 참여자로 하였다. 또한 중앙은행은 모든 금융기관의 단기거래기간과 금액을 제하였다. 각 상업은행의 단기거래는 최장 4개월을 넘지 못하게 하고 금액도 예금잔액에 비례하여 결정하도록 하였다. 그리고 비은행금융기관의 단기거래기간은 모두 7일 이내로 하고 금액은 자본금수준에 따라 심사를 받도록 하였다. 이는 금융기관의 과도한 단기자금거래 및 단기자금을 장기자금으로 전환하는 것을 방지하기 위한 조치이다.

2. 자본시장

1) 채권시장

중국의 채권시장은 은행 간 시장과 거래소시장 그리고 은행창구시장으로 구성되어 있다. 그중 은행 간 시장이 핵심으로 1997년부터 2015년까지 시장화개혁을 통해 빠른 발전을 이룩하였다. 2015년 말 기준 은행 간 채권시장 잔액은 국채 15조 4,524억 위안, 회사채권 14조 4,329억 위안, 중앙은행 어음 4,222억 위안, 국가기관채권 125억 위안, 금융채권 21억 위안 등 30조 3,221억 위안이며그림 8-12, 채권발행량은 국채가 5조 9408억 위안, 회사채가 6조 7,209억 위안 규모이다.그림 8-13

그림 8-12 중국의 은행 간 채권시장 잔액 구조(2015년 말 기준)

(단위: 억 위안)

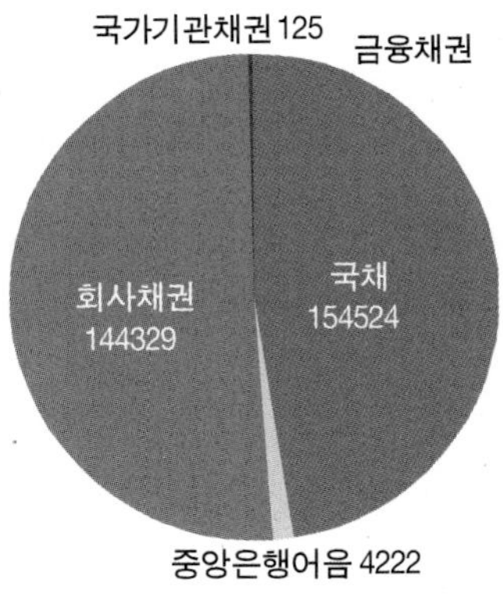

자료: 中国人民银行((http://www.pbc.gov.cn/)에서 필자 정리.

그림 8-13 중국의 채권발행량 증가 추세

(단위: 억 위안)

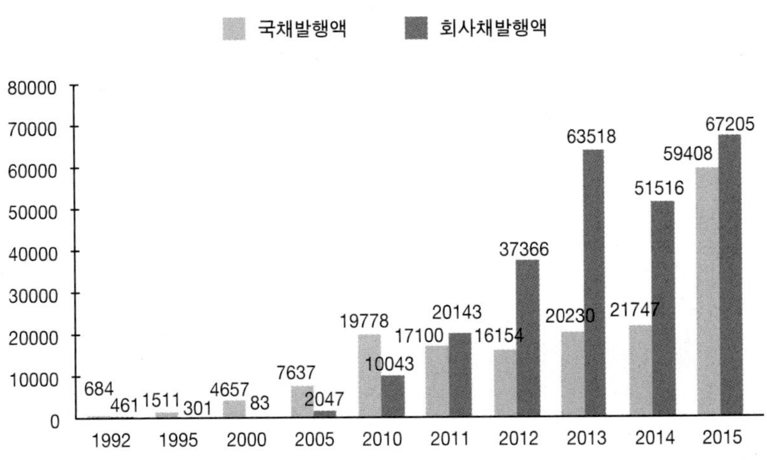

자료: 中国国家统计局(http://www.stats.gov.cn/)과 中国人民银行((http://www.pbc.gov.cn/)에서 필자 정리.

2) 증권시장

중국의 증권시장은 1988년부터 점진적으로 개방하였다. 중국은 1990년 11월 26일 상하이증권거래소(上海证券交易所)를 설립한 데 이어 1992년 7월 3일에는 선전증권거래소(深圳证券交易所)를 설립하였다. 이들 증권거래소는 영리목적이 아닌 회원제 법인으로 운영되며 그 직능은 다음과 같다.

① 증권거래의 장소와 시설 제공
② 증권거래소의 업무규칙 제정
③ 상장신청 접수와 증권상장 안배
④ 증권거래의 조직과 관리감독
⑤ 회원의 관리감독
⑥ 상장회사에 대한 관리감독
⑦ 증권등기결산기구 설립
⑧ 시장정보 관리와 공포
⑨ 증감회(证监会)가 허가한 기타 직능 실시

1992년 이전까지 중국의 주식종류와 출자자본(股本) 그리고 주식의 시장가치가 제한적이었고, 주식의 교역규모 또한 크지 않았다. 그러나 1992년 이후 중국의 주식시장은 빠른 속도로 발전하였다. 우선 주식시장의 규모가 지속적으로 확대되었다. 표 8-6 1992년 53개에 불과하던 상장사가 2015년 말 기준 2,827개로 5,234.0% 증가하였고, 시가 총액 또한 1,048억 위안에서 53조 1,304억 위안으로 50,596.9%나 증가하였다.

표 8-6 중국 주식시장의 발전 상황

항목	1992년	2015년	명목증가율(%)
상장회사 수	53	2,827	5,234.0
총 발행주식(억 주)	73.5	43,015	58,423.8
시가총액(억 위안)	1,048	531,304	50,596.9
거래금액(억 위안)	681	2,368,150	347,646.0
선전 종합지수	241	12,665	5,155.2
상하이 종합지수	780	3,539	358.7

자료: 中国人民银行((http://www.pbc.gov.cn/)에서 필자 정리.

한편 중국의 주식은 주로 A형 주식, B형 주식, H형 주식 등 3가지 형태의 주식으로 상장유통되고 있다. A형 주식은 중국에서 상장거래되고 위안화로 결재되며, B형 주식은 원래 외국인 전용주식이었으나 2001년 2월부터는 중국인에게도 거래가 허용되고 있다. 그러나 B형 주식은 외환으로 결재되고 있다. H형 주식은 해외증권거래소에 상장된 중국 주식으로 홍콩에 상장된 주식을 말한다.

3. 외환시장

개혁개방 이후 중국의 환율제도는 개혁개방 이전 달러화에 연동된 고정환율제도를 폐지하고 이중환율제도를 채택하였다. 즉 무역거래와 무역 외 거래의 환율을 다르게 책정하였다. 중국의 이러한 이중환율제도는 수출을 장려하고 수입을 억제하기 위한 방안이었다.

그러나 중국은 이러한 이중환율제도를 1994년에 단일환율제도로 전환하였다. 하지만 당시 중국이 채택한 단일환율제도는 관리형변동환율제도(有管理的浮动汇率制度)로 사실상 고정환율제도와 차이가 없었다. 왜냐하면 중국의 일일 환율변동폭을 ±0.3%로 제한하는 가운데 정부의 강력한 통제가 있었기 때문이다. 이에 따라 중국의 환율은 시장환율에 맞추어 1994년에 달러당 5.82위안이었던 환율을 8.72위안으로 49.8% 절하하였다. 일일 변동폭 ±0.3%에 따른 환율의 평가절하 추이는 1997년 동아시아 금융위기 직전까지 유지하여 왔으나, 동아시아 금융위기 이후 적극적으로 환율을 통제하면서 2005년 중반까지 1달러당 8.29위안에 고정되어 있었다.

중국의 이러한 환율통제에 대하여 미국을 비롯한 많은 나라들이 위안화가 상대적으로 저평가되었다면서 압박을 가하자, 중국은 2005년 7월 1달러당 8.11위안으로 2.1% 절상하면서 복수통화바스켓 관리변동환율제도로 전환하였다. 이는 이전의 관리형변동환율제도와 미국 달러 외에 다른 나라의 통화도 바스켓에 포함시켰다는 점에서 차이가 있다. 그 후 중국은 2007년에 다시 환율의 일일 변동폭을 ±0.3%에서 ±0.5%로 확대하였고, 또다시 2012년 4월에 일일 환율변동폭을 ±0.5%에서 ±1.0%로 확대하였으며, 이로 인해 중국의 환율은 2016년 12월 기준 1달러당 6.95위안을 나타내고 있다.

중국은 위안화의 변동폭이 확대되고 있는 상황에서 기업과 금융기관의 위안화환율에 대한 위험을 방지하기 위해 은행 간 환율시장이 위안화환율로 파생된 상품을 출시해 왔다. 2005년 8월에는 위안화와 외환의 장기거래를 출시하고, 2006년 4월에는 위안화와 외환의 스왑거래를 출시하였다. 그리고 2007년 8월에는 외환 스왑거래를 출시하였다.

한편 중국의 외환보유고는 1990년대부터 증가하기 시작하였으며, 특히 2000년대 진입 이후 급속도로 증가하였다. 중국의 외환보유고는 2006년 말 1조 달러를 돌파한 데 이어 2015년 말 기준 3조 5,255억 달러로 세계에서 가장 많은 외환을 보유하고 있다.그림 8-14 중국의 이처럼 막대한 외환보유고는 중국의 국제지불능력이 충분하다는 것을 의미하고 있을 뿐 아니라 세계경제에 적잖은 영향을 주고 있음을 나타내는 것이다.

그림 8-14 중국의 외환보유고 증가 추이

(단위: 억 달거)

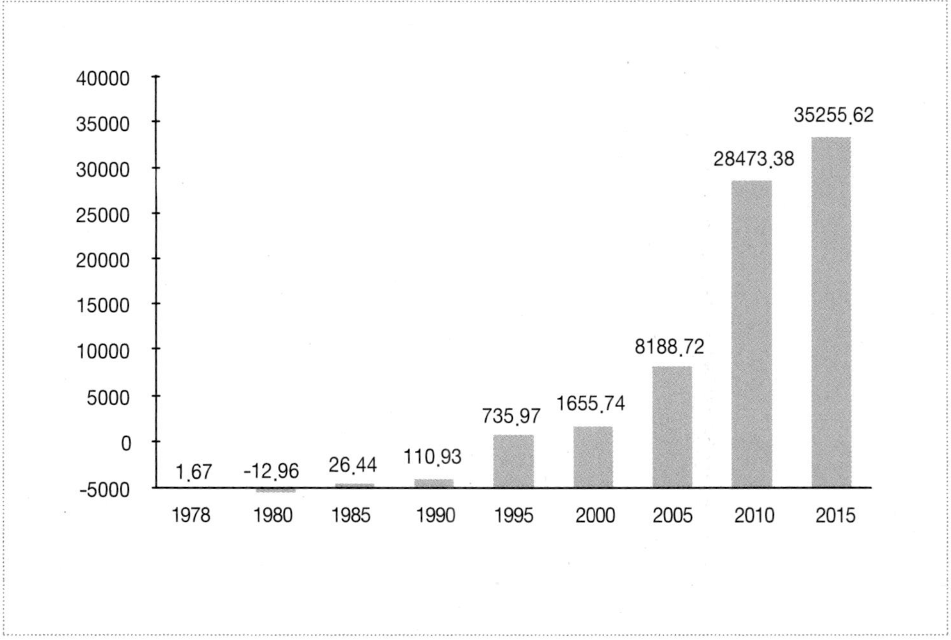

자료: 中国人民银行((http://www.pbc.gov.cn/)에서 필자 정리.

4. 보험시장

중국의 보험업은 여타 산업과 마찬가지로 1978년 중국이 개혁개방을 추진하면서 본격적으로 발전하기 시작하였다. 물론 개혁개방 이전에도 중국의 보험업은 존재하고 있었다. 예컨대 중국의 중앙은행인 중국인민은행(中国人民银行) 산하에 중국인민보험공사(中国人民保险公司)가 있었으며, 이에 종사하는 직원도 3만 4천 명이나 되었다.[38] 그러나 이 시기 중국에서 중국인민보험공사(中国人民保险公司)만이 유일한 보험사였을 뿐만 아니라 이마저도 문화대혁명(文化大革命)을 거치면서 자산계급의 유물로 간주되어 상징적으로 유지되는 수준에 불과하였다.

그러나 1978년 개혁개방과 함께 중국의 보험업은 새롭게 나타나고 빠른 속도로 발전하였다. 특히 1986년 7월 신장생산건설병단농목보험공사(新疆生产建设兵团农牧业保险公司)[39]가 설립된 데 이어 1988년 3월에 선전평안보험공사(深圳平安保险公司)와 1991년 4월에 중국태평양보험공사(中国太平洋保险公司)가 설립되고, 1992년부터는 그동안 철저하게 금지되었던 외국 보험사의 중국 진출이 허용되면서 중국의 보험업은 빠른 속도로 발전하였다. 구체적으로 2015년 말 기준 중국의 보험회사는 본사기준으로 126개의 중국 보험사와 304개의 중외합작 보험사 그리고 57개의 외자보험사 등으로 발전하였다.

한편 중국의 보험시장은 국민소득의 증가와 함께 꾸준히 증가하여 2015년 말 기준 보험수입이 2조 4,283억 위안에 이르고 있다. 그러나 보험의 발전정도와 시장규모를 가늠하는 지표인 보험심도(insurance penetration)과 보험밀도(insurance density)는 선진국에 비해 현저하게 낮은 수준이다.[40] 2015년 말 기준 중국의 보험밀도와 보험심도는 각각 1,766.49위안(277.7달러 상당)과 3.59% 수준에 불과하다. 그림 8-15 그림 8-16

38) 중국인민보험공사(中国人民保险公司)는 중국 최초의 국유보험공사로 1949년 10월 20일에 중앙은행인 중국인민은행이 중앙인민정부 재정위원회의 허가를 받아 설립되었으며, 1952년에 분·지점 기구가 전국적으로 1,300여 개나 설립될 정도로 빠르게 발전하였다.

39) 신장생산건설병단농목보험공사(新疆生产建设兵团农牧业保险公司)는 신장위구르자치구(新疆维吾尔自治区)의 신장생산건설병단(新疆生产建设兵团)농장 내부에서 농업과 목축업에 관한 보험 업무를 담당하는 보험사이다.

40) 보험심도(保险深度)는 보험수익이 국내생산총액(GDP) 중 차지하는 비율을 가리키며, 보험밀도(保险密度)는 한 국가의 전체 보험수입을 총인구수로 나누어 계산한 1인당 평균보험료를 지칭한다.

그림 8-15 중국과 선진국의 보험밀도 비교

(단위: 달러)

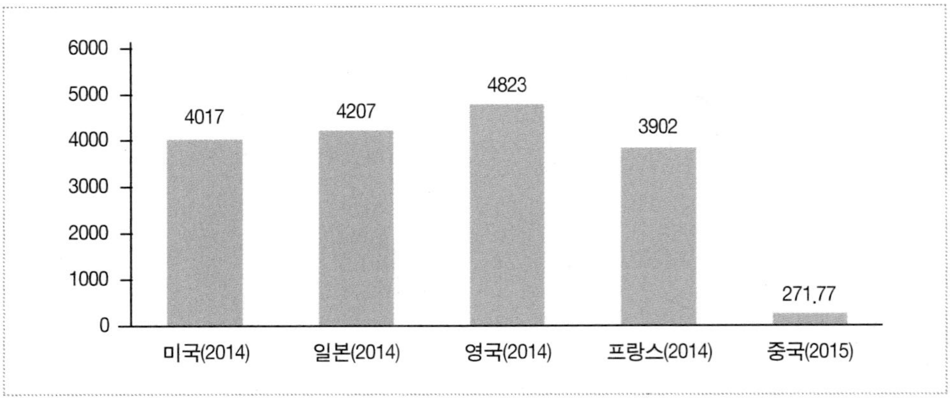

자료: 中保网(http://www.sinoins.com/)

그림 8-16 중국과 선진국의 보험심도 비교

(단위: %)

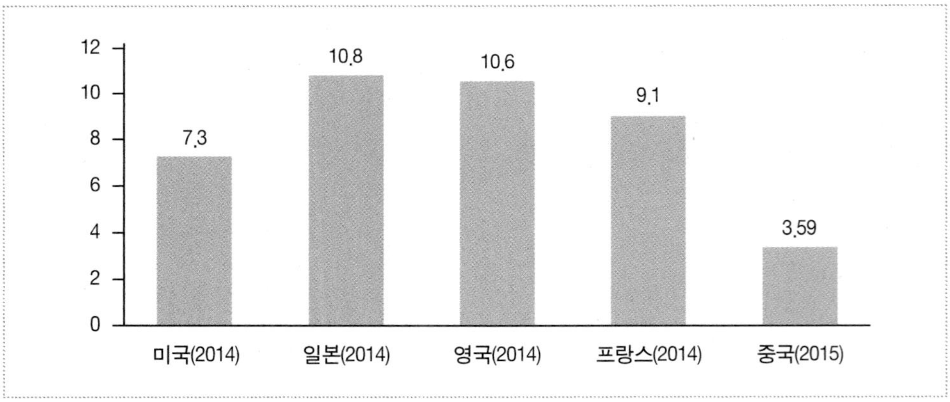

자료: 中保网(http://www.sinoins.com/)

그뿐만 아니라 중국의 보험시장은 일부 중국자본 보험사가 시장을 독점하는 구조를 나타내고 있다. 2015년 말 기준 생명보험의 경우 중국인수보험회사(中国人寿保险公司)가 생명보험 수입 중 22.35%를 차지하고 있는 가운데 중국평안인수보험주식회사(中国平安人寿保险股份有限公司) 및 신화인수보험주식회사(新华人寿保险股份有限公司) 등이 전체 보험시장의 93.92%를 차지하고 있다. 손해보험의 경우도 중국인민재산보험주식회사(中国人民财产保险股份有限公司)가 35.15%를 차지하는 가운데 중국평안재산보험주식회사(中国平安财产保险股份有限公司)와 중국태평양재산보험주식회사(中国太平洋财产保险股份有限公司) 등이 97% 이상을 차지하고 있다. 반면에 외국 보험사의 시장점유율은 손해보험의 경우 2%대에 불과하다. 표 8-7 이는 다양한 요인이 지적될 수 있으나 무엇보다 중국정부에 의한 인위적인 요인이 가장 큰 것으로 파악된다. 왜냐하면 중국은 보험시장을 개방하면서 지금까지 자국의 보험사, 특히 국유보험사를 보호하기 위해 개방에 소극적이었기 때문이다. 특히 중국정부는 외국보험사의 진출조건을 까다롭고 엄격하게 제한했을 뿐 아니라 1국 1사 진출원칙을 상당기간 실시하여 선진 경영기술을 보유한 보험사일지라도 진출에 제한을 받아왔다.

표 8-7 보험사별 중국 보험시장 점유율(2015)

보험종류	보험사	보험수입(억 위안)	비중(%)
	보험수입 총액	24,282.52	100.00
생명보험	생명보험 합계	16,287.55	67.08
	中国人寿(중국인수보험)	3,640.54	22.35
	平安人寿(평안인수보험)	2,084.48	12.80
	新华人寿(신화인수보험)	1,118.59	6.87
	외자보험사 합계	991.09	6.08
	기타보험사 합계	8,452.85	51.90
손해보험	손해보험 합계	7,994.97	32.92
	人保财险(중국인민재산보험)	2810.1	35.15
	平安财险(평인재산보험)	1,636.41	20.47
	太平洋财险(태평양재산보험)	955.39	11.95
	외자보험사 합계	174.52	2.183
	기타보험사 합계	2,418.55	30.25

자료: 中国保险监督管理委员会(http://www.circ.gov.cn/)

제4절 중국 금융발전의 문제

개혁개방 40여 년간 중국의 금융체계는 장족의 발전을 이룩하였다. 하지만 시장화에 부합하는 금융체제와는 여전히 거리가 있다는 평가다. 중국의 금융체계가 일반적 금융관리체계와는 다른 금융관리방식을 실시하고 있기 때문이다. 중국이 일반적 금융관리체계와 다른 금융방식을 실시하는 이유 내지 목적은 정부가 특정한 금융자원을 확보하여 국유기업 및 기타 영역의 개혁을 지원하고 금융위기를 신속하게 방지하기 위해서이다. 중국의 이러한 금융관리정책은 비록 금융체계 발전의 안정성을 유지시켜 주었지만, 시장화개혁이 전반적으로 진전됨에 따라 금융체계의 기능적 측면에서 문제점을 드러내고 있다.

1. 미흡한 시장화수준

첫째, 중국의 금융체계는 금융기관 자금운용에 대한 정부의 관여가 심하여 은행을 기초로 하는 금융체계가 철저하게 개혁되지 못하였다. 개혁개방 이후 중국의 금융체계는 비록 다양화된 간접금융체계가 형성되었지만, 여전히 대형 국유은행이 독점하고 있는 구조이다. 국유은행 중심의 금융체계는 중국경제의 핵심인 국유기업과 정부지원 사업에 안정적으로 대출해주는 역할을 할 수 있었으나, 국유경제의 전환과정 중 은행에 많은 부실자산을 안겼다. 표 8-8 이러한 상황에서 중국은 1990년대 후반부터 국유은행의 부실과 국유기업의 융자 문제를 해결하기 위해 국유기업 상장에 대한 융자정책을 채택하여 주식시장도 국유기업의 주요 자금확보통로가 되도록 하였다.

표 8-8 중국 은행의 부실대출 증가 추이

(단위: 억 위안/%)

항목	2010	2011	2012	2013	2014	2015
부실대출 잔액	12,437.0 (2.4)	10,533.4 (1.8)	10,746.3 (1.6)	11,762.7 (1.5)	14,334.7 (1.6)	19,624.4 (1.9)
次级(차급)	5,852.5 (1.1)	4,784.3 (0.8)	5,270.6 (0.8)	5,649.4 (0.7)	7,295.2 (0.8)	9,678.1 (1.0)
可疑(의심)	4,967.8 (1.0)	4,400.9 (0.7)	4,386.7 (0.6)	4,899.4 (0.6)	5,639.3 (0.6)	7,987.9 (0.8)
损失(손실)	1,616.7 (0.3)	1,348.1 (0.2)	1,089.0 (0.2)	1,213.9 (0.2)	1,400.2 (0.2)	1,958.4 (0.2)

주: 1) 차급, 가의, 손실은 부실의 등급을 말하며, 이중 차급은 발생의 최초단계, 가의는 의심단계, 손실은 확정단계를 말함.
2) 괄호 안은 부실대출비율임.

자료: 中国银行业监督管理委员会(www.cbrc.gov.cn/)에서 정리.

하지만 중국정부의 금융시장 관여는 2000년대 진입 이후에도 계속되었다. 국유은행을 중심으로 한 금융체제에서 비록 상장된 은행일지라도 절대적 국유자산으로 주식지분을 통제하였다. 따라서 국유은행은 정부에 의한 경영관리를 벗어날 수 없었다.

한편 중국정부의 이러한 금융시장 관여는 국유경제와 민영경제의 불균형은 물론 국유경제 간의 산업구조도 심각하게 왜곡시켜 지속적 경제성장의 장애요인이 되기도 하였다. 왜냐하면 안정성을 우선으로 하는 은행들이 정부주도하에 국가가 담보하는 국유기업에 자금을 투입하고자 했기 때문이다. 특히 국유기업 중에서도 업종에 관계없이 상장하는 기업에 우선적으로 자금을 투입하고 있었다. 실제로 2008년 중국은 세계금융위기에 대응하기 위하여 4조 위안의 재정투입 외에 몇십 조 위안의 은행대출 및 지방정부기채가 있었지만, 민영경제는 거의 혜택을 받지 못한 것으로 알려지고 있다.

둘째, 금융자산가격이 시장화되지 못하고 있다. 현재 중국의 금리 및 환율시장은 개혁이 상당히 진전된 상황이지만, 여전히 금리와 환율은 완전히 시장에 의한 결정이 아니라 이중제(双轨制)가 실시되고 있다. 즉 일부 금리는 정부가 관리하고 일부 금리는 시장에서 결정되고 있다. 특히 이 가운데 정부관리금리는 예금금리는 통제하고 대출금리는 시장화하고 있다. 이러한 상황에서 은행들은 낮은 금리로 자금을 끌어들이고 적정 대출금리보다 20~30% 높은 대출금리를 통해 이윤을 창출하는 현상이 나타나고 있다. 중국의 이러한 이중제금리로 인한 거래차액행위는 그림자은행을 형성시켜 자금이 실제로 필요한 부분에 투입되지 못하고 있다.

셋째, 중국의 금융시장은 정보공개와 신용평가 등 기본적 시장원리 그리고 유인메커니즘이 작동되지 않아 여전히 역선택(adverse selection)과 도덕적 해이 문제 등이 나타나고 있다. 중국은 개혁개방 이후 다양한 신용형식이 지속적으로 나타났지만, 은행신용이 높은 가운데 기업신용과 개인신용은 상대적으로 발전하지 못하였다. 신용제도의 낙후는 금융체계 시장화의 중요한 제도적 제한요인으로 작용하고 있다.

2. 금융구조의 결함

금융구조와 경제발전 측면에서 볼 때, 현재 중국의 금융구조는 기업의 생성과 발전,

특히 하이테크 기업의 생성과 발전에 많은 문제가 있다. 일반적으로 경제성장방식의 전환과 산업구조의 개선 그리고 도시화의 가속과 새로운 서비스업 및 고기술 산업이 발전하게 되면, 이에 따라 자금수요도 급격하게 증가된다. 중국의 경우, 은행, 증권, 보험, 부동산, 인터넷, 생명과학과 물류 등이 대표적이다. 그리고 이들 기업이 필요로 하는 것은 주식투자자금과 위험투자메커니즘, 자본운용 부분의 금융서비스이다. 그러나 중국의 금융자금은 이러한 분야에 제대로 공급이 이루어지지 않았다. 중국의 금융구조는 대규모 자금의 대출권이 대형은행에 집중되어 있고, 자금은 늘 대형기업이 개발하는 프로젝트에 대부분 흘러들어갔다. 특히 부동산, 도로, 항구 등의 기초시설 건설에 집중되어 다른 분야의 기업은 위험부담이 크다는 입장에서 별로 지원받지 못했다. 이러한 문제를 해결하기 위해서는 직접금융체계의 활성화가 필요한데, 현재 중국의 자본시장은 주식활성화가 충분히 발휘되지 못하고 있다. 이러한 직접금융 위주의 금융구조는 중국의 경제발전에 상당한 영향을 주고 있다. 2015년 말 기준 중국의 사회융자규모 중 기업채권과 비금융기업 국내주식융자는 23.43%에 불과한 실정이다. 표 8-9

표 8-9 중국의 사회융자규모(2015)

(단위: 억 위안)

기간	사회융자 규모	위안화 대출	외환대출 (인민폐 계산)	위탁대출	신탁 대출	미할인 은행 어음	기업 채권	비금융기업 국내주식 융자
1월	20,469	14,708	212	832	52	1,946	1,821	526
2월	13,564	11,437	-146	1,299	38	-592	670	542
3월	12,407	9,920	-4	1,111	-77	-910	1,318	639
4월	10,557	8,045	-265	344	-46	-74	1,591	597
5월	12,362	8,510	81	324	-195	961	1,675	584
6월	18,334	13,240	560	1,414	536	-1,028	2,082	1,051
7월	7,419	5,890	-133	1,137	99	-3,317	2,740	615
8월	10,856	7,756	-620	1,198	317	-1,577	2,880	479
9월	13,290	10,417	-2,344	2,422	-159	-1,279	3,524	349
10월	5,303	5,574	-1,317	1,390	-201	-3,697	3,041	121
11월	10,224	8,873	-1,142	910	-301	-2,545	3,347	568
12월	18,151	8,323	-1,308	3,530	370	1,545	3,560	1,531
합계	152,936	112,693	-6,427	15,911	434	-10,569	28,249	7,604

자료: 中国人民银行((http://www.pbc.gov.cn/)에서 필자 정리.

또한 중국의 금융구조는 자금배치구조를 불합리하게 하고 있다. 우선 사회주의시장경제메커니즘의 개선과정 중 경제적으로 낙후된 지역과 군중들은 효율적인 금융지원이 필요하지만, 농촌과 일부 낙후된 지역의 금융서비스는 거의 이루어지고 있지 않다. 특히 낙후지역과 오지지역의 소액대출은 아직 이루어지고 있지 않다.

둘째는 중소형은행의 발전이 부족하다. 전 세계 어느 나라든 경제발전의 단계적 측면에서 중소형은행은 금융구조 중 중요한 역할을 해왔다. 즉, 중소형은행은 일국의 경제발전 초기에 중소기업에 금융서비스를 제공하는 역할을 해왔다. 그뿐만 아니라 경제가 발전하여 대형기업이 발전한 시기에도 절대다수의 기업은 중소기업이기 때문에 중소형은행이 중요한 역할을 해왔다. 현재 중국의 경제는 중소형은행의 발전이 어느 나라보다 필요한 상황이다. 왜냐하면 중국의 중소기업은 기업의 수와 경제성장의 동력 그리고 취업 문제 해결 등에서 중요한 역할을 하고 있지만, 이에 대한 대출지원 등 금융지원이 부족하기 때문이다. 이러한 이유는 중국의 금융체계상 지역성은행이 적은 가운데 중대형은행은 많고 소형은행은 적기 때문이다. 중국의 대출은 중국공상은행, 중국농업은행, 중국은행, 중국건설은행 등의 4대 국유상업은행을 중심으로 이루어지고 있을 뿐 아니라 민간대출과 융자는 줄곧 불법이다.그림 8-17 이러한 대형은행 중심의 융자구조에서 지방의 개체나 소형 그리고 중소기업의 대출은 사실상 불가능하다. 따라서 중국은 지역성 민영중소은행을 핵심으로 하는 은행(금융기관)을 설립하고 일부 대형은행과 자본시장에 맞는 금융체계를 형성하고 개선해야 할 것이다.

그림 8-17 중국기업의 자금융자구조

(단위: %)

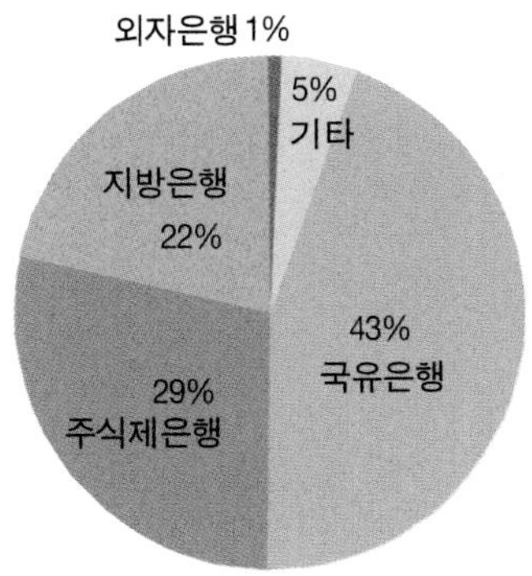

자료: 中国人民银行((http://www.pbc.gov.cn/)에서 필자 정리.

P/A/R/T

04

중국경제의 발전과 도전

제9장 중국경제의 발전과 도전

제1절 중국경제의 발전수준

1. 국민경제의 고속성장과 세계 2위 경제대국

1) 국민경제의 고속성장

최근 들어 중국경제는 6%대의 성장으로 성장률이 둔화되고 있지만 개혁개방 이후 지금까지 연평균 9.7%의 고속성장을 이룩하였다. 중국은 이러한 고속성장으로 개혁개방 당해 연도인 1978년에 국내총생산액(GDP)이 3,679억 위안이었으나 38년이 지난 2015년에는 67조 6,708억 위안으로 180배 이상 증가하였다. 그리고 1인당 GDP도 1978년에 385위안에 불과하였으나 2015년에는 49,531위안(8,280 달러 상당)으로 13배 이상 증가하였다. 그림 9-1 중국경제의 이러한 고속성장은 세계 역사상 전례가 없는 경제성장으로 2010년에 이미 세계 2위의 경제대국이 되었다.

그림 9-1 중국의 GDP / 1인당 GDP 증가 추이

(단위: 억 위안/위안)

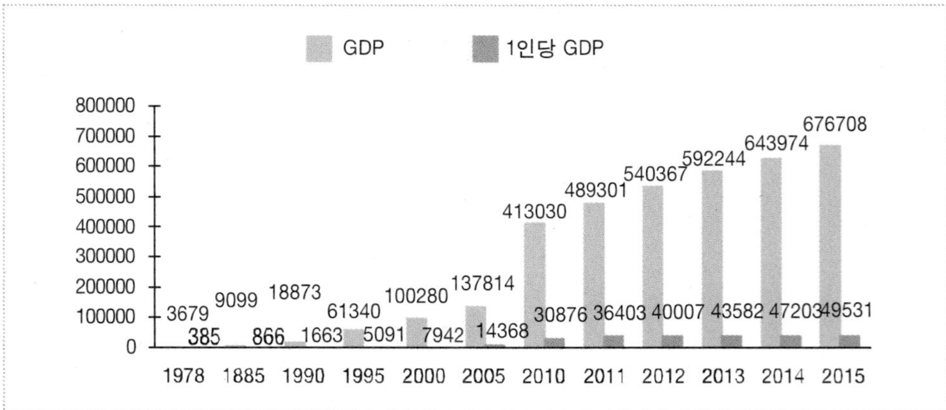

자료: 中国国家统计局(http://www.stats.gov.cn/)에서 필자 정리 작성.

중국경제의 이러한 성장에는 투자와 소비 그리고 순수출(수출-수입)이 중요한 역할을 했다. 개혁개방 초기인 1978년에 중국의 투자와 소비규모는 그리 크지 않았고 순수출도 적자상태였다. 그러나 21세기 진입 이후 최종 소비지출과 자본형성 총액 그리고 상품 및 서비스무역의 순수출이 대폭 증가하면서 경제성장의 주요 동력이 되었다. 하지만 2008년 이후부터는 순수출의 경제성장기여도는 거의 없고, 소비와 투자가 중심이 되고 있다. 표 9-1

표 9-1 중국 투자, 소비, 순수출의 GDP성장기여도

연도	GDP (억 위안)	소비			투자			순수출(수출-수입)		
		총액 (억 위안)	GDP 비중 (%)	기여도 (%)	총액 (억 위안)	GDP 비중 (%)	기여도 (%)	총액 (억 달러)	GDP 비중 (%)	기여도 (%)
2006	219,439	79,145	36.1	38.7	109,998	50.1	42.0	1,775	6.5	19.3
2007	270,232	93,572	34.6	39.4	137,324	50.8	40.9	2,643	7.5	19.7
2008	319,516	114,830	35.9	45.7	172,828	54.1	55.2	2,981	6.5	9.1
2009	349,081	133,048	38.1	52.5	224,599	64.3	92.3	1,957	3.8	-44.8
2010	413,030	158,008	38.3	37.3	251,684	60.9	54.8	1,815	3.0	7.9
2011	489,301	187,206	38.3	51.6	311,485	63.7	54.2	1,549	2.1	-5.8
2012	540,367	214,433	39.7	51.8	374,695	69.3	50.4	2,303	2.7	-2.2
2013	595,344	242,843	40.8	50.0	446,294	75.0	54.4	2,590	2.7	-4.4
2014	643,974	271,896	42.2	50.2	512,021	79.5	48.5	3,835	3.7	1.3
2015	676,708	300,931	44.5	66.4	562,000	83.0	31.7	5,945	5.5	1.9

자료: 中国国家统计局(http://www.stats.gov.cn/)에서 필자 정리 작성.

중국의 이러한 경제성장은 2000년대 초반까지 계속되어 왔다. 그러나 2010년부터 둔화되기 시작한 중국의 경제성장은 2015년도에 국내총생산액(GDP)이 전년 대비 6.9% 증가하는 데 그쳤다. 이는 3.9%의 성장률을 기록한 1990년 이후 25년 만의 최저치이다. 7%에도 못 미치는 중국의 경제성장률은 실업에 직접적인 영향을 주는 등 중국의 경제발전에 적지 않은 어려움을 가져다 줄 것으로 예상된다. 하지만 리커창(李克强) 국무원 총리는 2015년의 6.9%성장률은 2014년 '양회'(两会)의 정부공작보고에서 제시한 7% 수준의 성장목표에 부합하는 결과라는 입장이다.[41] 그러나 국제통화기금(IMF)을 비롯한 국제금융기관들은 작금의 국제경제환경과 급증하는 중국의 부채와 과잉생산 그리고 금융부문의 리스크 등을 고려할 때 향후 중국의 경제성장률은 6% 수준 혹은 그 이하인 5%대까지 하락할 것으로 예측하고 있어 향후의 성장이 주목된다.[42]

2) 세계 2위 경제대국

개혁개방 초기 중국의 GDP규모는 1,473억 달러로 세계 10위 수준이었으며, 세계 GDP에서 차지하는 비중도 1.7%에 불과하였다. 그러나 개혁개방이 가속되면서 중국의 GDP는 고속성장으로 2010년도에 6조 1,010억 달러로 미국에 이어 세계 2위의 경제대국이 되었다. 그리고 2015년 말 기준 11조 80억 달러로 세계 GDP의 15.5%를 차지하고 있다. 표 9-2 중국의 GDP규모는 아직 세계 1위의 경제대국인 미국경제의 61% 수준에 불과하지만, 그 격차가 점점 줄어들고 있고, 또 향후 중국의 경제발전 잠재력을 고려할 때 가깝게는 2030년 이전에 미국을 앞질러 세계 1위의 경제대국이 될 것이라는 예측이 있다.

한편 중국경제의 이러한 고속성장은 세계 GDP성장에 절대적으로 기여하고 있다는 평가다. 세계은행자료에 의하면 중국의 세계 GDP성장의 기여는 2009년에 이미 14.5%로 미국을 앞섰으며, 이러한 기여율 증가 추세는 향후에도 지속될 것으로 본다. 비록 최근 들어 중국의 경제성장률이 둔화 현상을 보이고 있지만 향후에 상당기간 세계 평균수준을 훨씬 웃돌 것으로 예측되고 있을 뿐만 아니라 세계 GDP 총량 중에서 중국의 GDP가 차지하는 비중이 지속적으로 증가하고 있기 때문에 중국경제의 세계 GDP성장 기여는 지속될 수밖에 없다는 것이다. 그림 9-2 그림 9-3 실제로 국제통화기금(IMF)이 2020년도 세계경제총량 중에서 중국경제가 차지하는 비중이 20%에 이를 것이라는 예측을 근거로 평가한 중국경제의 세계 GDP성장기여율은 2015년도의 경우 32.4%이고, 2016~2020년도는 25% 이상이 될 것으로 예측하고 있기도 하다. 따라서 작금의 세계경제발전에서 중국경제를 제외하고는 논하기 어렵고, 중국경제

41) 양회(两会)는 1959년 이후 개최되는 중국의 전국인민대표대회(全国人民代表大会-全人大)와 전국인민정치협상회의(中国人民政治协商会议-政协)의 통칭으로 매년 봄(3월경)에 열리는 중국 최대의 정치행사로 중국정부의 운영방침을 결정한다.

42) 최근 국제통화기금(IMF)에서는 향후 중국의 경제성장률에 대하여 2017년에 6.2%, 2018년과 2019년은 6%, 2020년은 5.9%, 2021년은 5.8%로 점점 둔화될 것으로 예측 전망하고 있다.

또한 세계경제와 분리된 상황에서 발전하기는 어렵다 하겠다.

표 9-2 세계 주요 국가의 GDP규모와 비중

(단위: 억 달러/%)

국가	1978	1980	1990	2000	2005	2010	2015
세계	84,380 (100.0)	110,720 (100.0)	225,170 (100.0)	335,480 (100.0)	473,920 (100.0)	658,530 (100.0)	741,520 (100.0)
미국	26,320 (31.2)	28,630 (25.9)	59,800 (26.6)	102,850 (30/7)	130,940 (27.6)	149,640 (22.7)	180,370 (24.3)
중국	1,495 (1.8)	1,912 (1.7)	3,609 (1.6)	12,110 (3.6)	22,860 (4.8)	61,010 (9.3)	110,080 (14.8)
일본	9,967 (11.8)	10,870 (9.8)	31,040 (13.8)	48,880 (14.6)	47,750 (10.1)	57,000 (8.7)	43,830 (5.9)
독일	7,377 (8.7)	9,467 (8.6)	17,650 (7.8)	19,500 (5.8)	28,610 (6.0)	34,170 (5.2)	33,630 (4.5)
영국	3,359 (4.0)	5,649 (5.1)	10,930 (4.9)	16,350 (4.9)	25,080 (5.3)	24,300 (3.7)	28,580 (3.9)
프랑스	5,082 (6.0)	7,036 (6.4)	12,750 (5.7)	13,680 (4.1)	22,040 (4.7)	26,470 (4.0)	24,190 (3.3)
인도	1,045 (1.2)	1,895 (1.7)	3,266 (1.5)	4,766 (1.4)	8,342 (1.8)	16,570 (2.5)	20,950 (2.8)
이탈리아	3,140 (3.7)	4,757 (4.3)	11,770 (5.2)	11,420 (3.4)	18,530 (3.9)	21,250 (3.2)	18,210 (2.5)
브라질	na	na	4,620 (2.1)	6,554 (2.0)	8,916 (1.9)	22,090 (3.4)	17,550 (2.4)
캐나다	2,186 (2.6)	2,739 (2.5)	5,939 (2.6)	7,423 (2.2)	11,690 (2.5)	16,130 (2.4)	15,510 (2.1)
한국	543 (0.6)	678 (0.6)	2,848 (1.3)	3,765 (1.1)	8,981 (1.9)	10,940 (1.7)	13,780 (1.9)
러시아	na	na	5,168 (2.3)	1,959 (0.6)	7,640 (1.6)	15,250 (2.3)	13,310 (1.8)
스페인	1,602 (1.9)	2,321 (2.1)	5,351 (2.4)	5,954 (1.8)	11,570 (2.4)	14,320 (2.2)	11,900 (1.6)
멕시코	1,025 (1.2)	2,501 (2.6)	2,627 (1.2)	6,836 (2.0)	8,663 (1.8)	10,510 (1.6)	11,440 (1.5)

주: 괄호 안은 세계 전체 GDP 중에서 차지하는 비중임.

자료: IBRD(http://www.worldbank.org)에서 필자 정리 작성.

그림 9-2 중국과 세계 기타 지역의 경제성장률 비교

(단위: %)

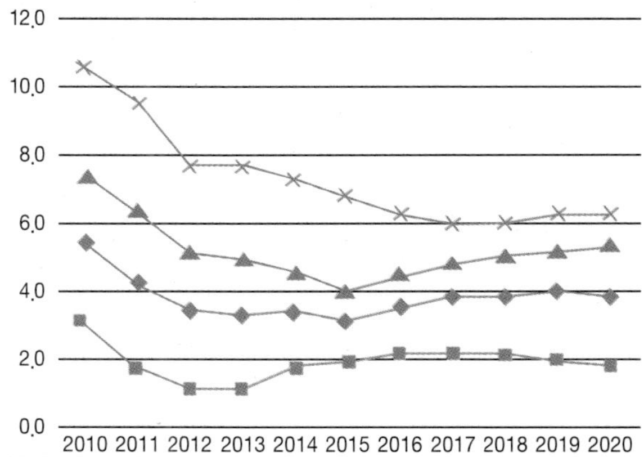

	2010	2011	2012	2013	2014	2015	2016	2017	2018	2019	2020
세계	5.4	4.2	3.4	3.3	3.4	3.1	3.6	3.8	3.9	4.0	4.0
선진국	3.1	1.7	1.2	1.1	1.8	2.0	2.2	2.2	2.2	2.0	1.9
신흥시장과개발 도상국	7.5	6.3	5.2	5.0	4.6	4.0	4.5	4.9	5.1	5.2	5.3
중국	10.6	9.5	7.7	7.7	7.3	6.8	6.3	6.0	6.1	6.3	6.3

주: 2015년까지는 실제수치이고, 이후자료는 예측수치임.
자료: IMF(http://www.imf.org/)에서 필자 정리.

그림 9-3 중국의 세계 GDP성장에 대한 기여율

(단위: %)

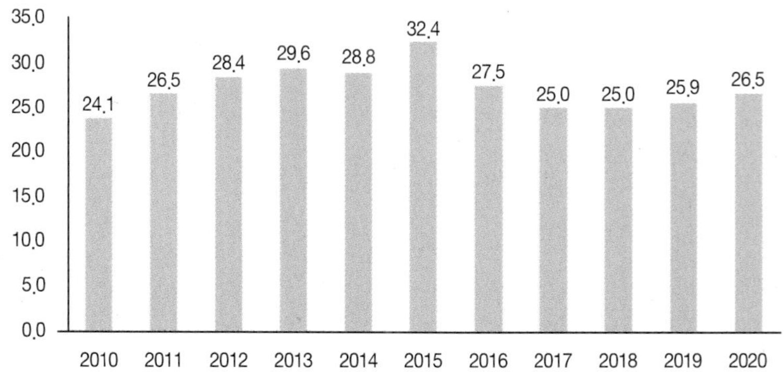

주: 1) 중국의 세계 GDP성장기여율 = 중국 GDP 연도 증가/세계 GDP 연도 증가
2) 2015년도 이전은 실제수치이고, 이후 수치는 예측수치임.
자료: IMF(http://www.imf.org/)에서 필자 정리.

2. 세계 제1의 생산대국

개혁개방 이전 중국의 공업화는 기본적으로 폐쇄적인 상황에서 진행되어 왔기 때문에 중국의 제조업은 세계와 관계가 거의 없었으며 발전도 하지 못했다. 그러나 1978년 개혁개방 이후 중국의 제조업은 빠른 속도로 발전하여 중국경제에 대한 기여는 물론 세계경제를 지탱시켜주는 중요한 역량으로 발전하였다. 예컨대 2014년 중국의 공업증가액은 22.8억 위안으로 GDP의 35.8%를 차지하고 있는 가운데 제조업생산이 세계생산의 20% 정도로 1위를 차지하며 세계 최고의 제조업생산기지로 확고하게 자리매김하였다.

특히 중국은 세계 500여 종의 주요 공업제품 중 조강, 석탄, 시멘트 화학비료, 면포 등의 초급제품은 물론 TV, 냉장고, 휴대폰, 자동차, 조선 등 220여 종의 제품을 세계 1위로 생산하고 있다. 표 9-3 그뿐만 아니라 2015년 〈포춘(*Fortune*)〉지 선정 세계 500대 기업 중 중국기업은 94개가 진입되어 있는데, 그중 제조업 관련 기업은 56개로 미국(130여 기업)에 이어 2위를 차지하고 있다. 표 9-4

한편 중국은 이러한 공업제품 외에 농산품도 막대한 양을 생산하고 있다. 곡물, 육류, 땅콩, 차, 과일, 면화, 유채씨 등은 줄곧 세계에서 가장 많은 양을 생산하고 있으며 표 9-5, 이로 인해 중국의 농업생산(임업, 목축업, 어업 포함)액은 1978년에 1,397억 위안에 불과하였으나, 2015년에는 10조 7,056억 위안으로 76배 이상 증가하였다.

표 9-3 중국의 주요 공업품 생산량 증가 추이

품목 \ 연도	1978	1985	1990	1995	2000	2005	2010	2015
철강(만 톤)	3,178	4,679	6,635	9,536	12,850	35,324	63,723	80,339(1)
석탄(억 톤)	6	9	11	14	14	24	34	36(1)
시멘트(만 톤)	6,524	1,455	20,971	47,561	5,9700	106,885	188,191	234,796(1)
발전량(1000KW/h)	2,566	4,107	6,212	10,070	13,556	25,003	42,072	56,184
원유(만 톤)	10,405	12,490	13,831	15,010	16,300	18,135	20,301	21,331
자동차(천 대)	149	437	514	1,453	2,070	5,705	18,265	24,598(1)

주: 괄호 안의 숫자는 세계 순위임.
자료: 中国国家统计局(http://www.stats.gov.cn/)에서 필자 정리 작성.

표 9-4 세계 500대 기업 중 100위 내에 진입한 중국기업(2015)

순위	전년 순위	회사명칭	영업수익 (100만 달러)	본사 소재도시
2	3	中国石油化工集团公司 (SINOPEC GROUP)	446811	北京
4	4	中国石油天然气集团公司 (CHINA NATIONAL PETROLEUM)	428620	北京
7	7	国家电网公司 (STATE GRID)	339426.5	北京
18	25	中国工商银行 (INDUSTRIAL & COMMERCIAL BANK OF CHINA)	163174.9	北京
29	38	中国建设银行 (CHINA CONSTRUCTION BANK)	139932.5	北京
36	47	中国农业银行 (AGRICULTURAL BANK OF CHINA)	130047.7	北京
37	52	中国建筑股份有限公司 (CHINA STATE CONSTRUCTION ENGINEERING)	129887.1	北京
45	59	中国银行 (BANK OF CHINA)	120946	北京
55	55	中国移动通信集团公司 (CHINA MOBILE COMMUNICATIONS)	107529.4	北京
60	85	上海汽车集团股份有限公司 (SAIC MOTOR)	102248.6	上海
71	-	上海汽车集团股份有限公司 (SAIC MOTOR)	99537.9	北京
72	79	中国海洋石油总公司 (CHINA NATIONAL OFFSHORE OIL)	99262.2	北京
79	80	中国铁道建筑总公司 (CHINA RAILWAY CONSTRUCTION)	96395.2	北京
87	122	中国铁道建筑总公司 (CHINA RAILWAY CONSTRUCTION)	89908.4	北京
94	98	中国人寿保险(集团)公司 (CHINA LIFE INSURANCE)	87249.3	北京
96	128	中国平安保险(集团)股份有限公司 (PING AN INSURANCE)	86021.8	深圳

자료: FORTUNE 500(http://beta.fortune.com/fortune500)

표 9-5 중국의 주요 농산품 생산량

(단위: 만 톤)

항목 \ 연도	1978	1990	2000	2005	2010	2015
곡물	na	na	40,533(1)	42,776(1)	49,637(1)	57,228(1)
육류	na	2,857(1)	6,234(1)	6,939(1)	7,926(1)	8,625(1)
면화	217(2)	451(1)	4419(1)	571(1)	596(1)	560(1)
땅콩	237(2)	637(2)	1,444(1)	1,434(1)	1,605(1)	1,644(1)
유채	187(2)	696(1)	1,138(1)	1,305(1)	1,343(1)	1,493(1)
차	27(2)	54(2)	68(2)	94(1)	148(1)	225(1)
과일	na	na	6,225(1)	15,341(1)	21,401(1)	27,375(1)

주: 괄호 안의 숫자는 세계 순위임.

자료: 중국국가통계국.

3. 산업구조 고도화와 기초시설 개선

1) 산업구조의 고도화

개혁개방 초기 중국의 산업구조는 2차산업이 전체 GDP의 47.7%로 절대적 비중을 차지하는 가운데 1차산업(27.7%)과 3차산업(24.6%)은 2차산업의 절반수준에 불과한 실정이었다. 그러나 개혁개방이 진행되면서 중국의 산업구조는 2차산업은 크게 변동이 없었으나, 1차산업은 감소하고 3차산업의 비중은 꾸준히 증가해 왔다. 특히 1990년 이후 3차산업의 비중은 빠른 속도로 증가하여 2015년 말 기준 50.5%로 산업 중 가장 큰 비중을 차지하고 있다. 그림 9-4

그림 9-4 중국의 산업별 GDP 비중 변화

(단위: %)

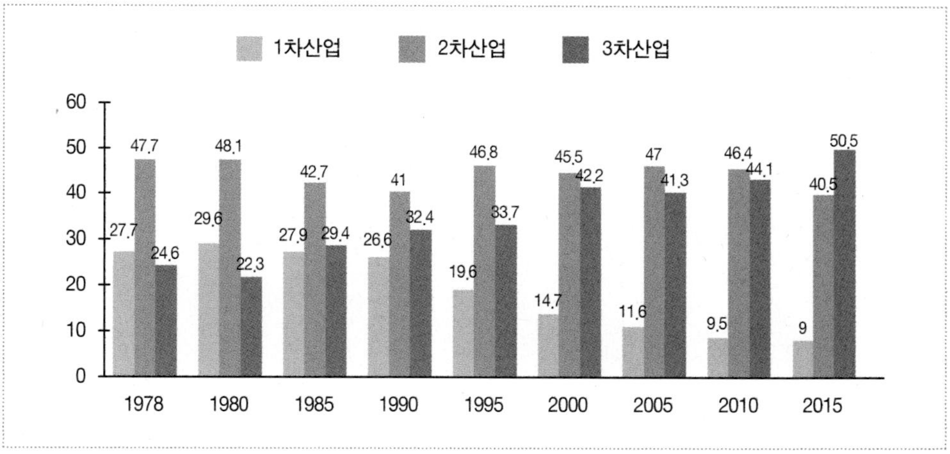

자료: 中国国家统计局(http://www.stats.gov.cn/)에서 필자 정리 작성.

중국의 이러한 산업구조 변화는 무엇보다 취업구조에 많은 영향을 주었다. 1978년 중국의 산업별 취업구조는 1차산업이 절대적 비중을 차지했으나, 개혁이 진행됨에 따라 1차산업 종사자는 줄어들고 2차산업과 3차산업 종사자는 꾸준한 증가세를 보여 왔다. 특히 3차산업 종사자의 증가세가 두드러져 1995년부터는 3차산업 종사자가 2차산업 종사자를 앞질렀다. 그림 9-5

그림 9-5 중국의 산업별 취업구조 변화

(단위: %)

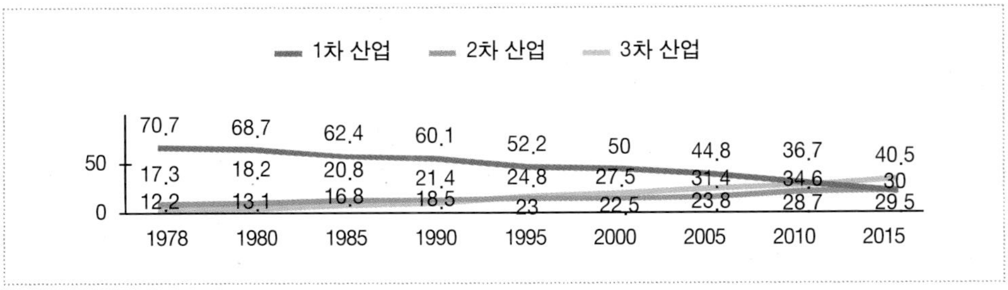

자료: 中国国家统计局(http://www.stats.gov.cn/)에서 필자 정리 작성.

그러나 중국의 3차산업구조는 아직 선진국은 물론 개발도상국과의 비교에서도 낮은 편이다. 그림 9-6 따라서 지금까지 중국의 경제발전은 2차산업, 특히 공업발전에 의해 이루어졌음을 알 수 있다. 이로 인해 중국은 제조업의 대국일 뿐만 아니라 세계의 공장으로 지칭되고 있기도 하다.

그림 9-6 중국과 기타 주요 국가 GDP의 산업구성 비교

(단위: %)

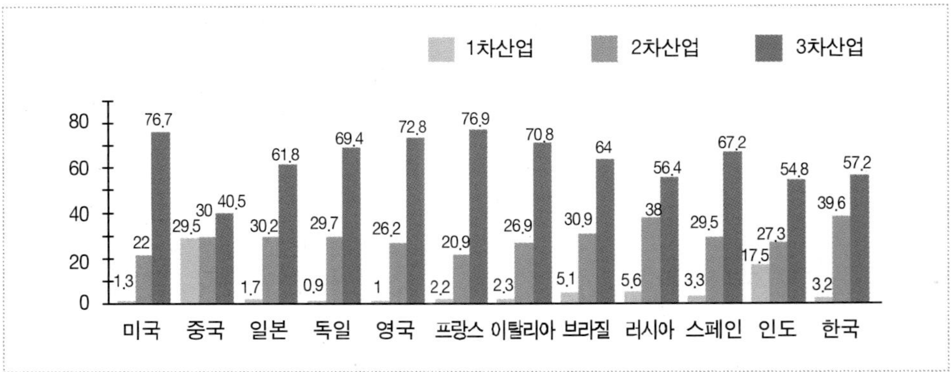

주: 중국은 2015년도 수치이고, 미국과 일본은 2004년, 독일, 영국, 프랑스, 이탈리아, 러시아, 스페인은 2005, 그리고 인도와 한국은 2006년 수치임.

자료: 中国产业地图编委会编(2008)과 中国国家统计局(http://www.stats.gov.cn/)에서 필자 정리 작성.

2) 기초시설의 개선

개혁개방 이후 중국은 대대적 기초시설 건설의 일환으로 교통운송 건설에 박차를

가하였으며, 그 결과 상당한 성과를 거두었다. 우선 철로의 경우 2006년 7월 1일 하`늘열차로 불리는 '칭짱철로'(清藏铁路)의 전 노선을 개통한 것을 비롯하여 시속 200km 이상의 고속철 '허세호'(和谐号)를 국산화하여 개통하였다. 2015년 말 기준 중국의 철로는 12.1만km로 아시아에서는 첫 번째, 세계에서는 세 번째로 긴 철로보유국이 되었다. 도로에서는 1988년에 중국 최초의 고속도로 '후자고속도로'(沪嘉高速公路: 상하이에서 저장성(浙江省)의 자싱(嘉兴)까지의 20.5km의 거리)를 개통한 이후 대대적인 고속도로 건설로 2015년 말에 총 12.35만km의 고속도로를 완성했다. 또한 항공분야에서는 2015년 말 기준 201개의 공항과 4,168대의 항공기 및 660개의 국제항공노선을 갖추고 있다. 해상운송분야에서는 1,400개의 항구와 35,000개의 부두 그리고 만 톤 이상이 정박할 수 있는 항구가 1,200개에 이르고 있다.

한편 2015년 중국의 화물운송 총량은 417억 톤이며, 규모 이상 항구의 화물처리량은 114.3억 톤에 이르고 있다. 또한 여객운송 총량은 194.4억 명이며, 그중 육상운송이 161.9억 명으로 가장 많다. 그림 9-7

그림 9-7 중국의 운송수단별 운송량(2015)

(단위: 억 명/억 톤)

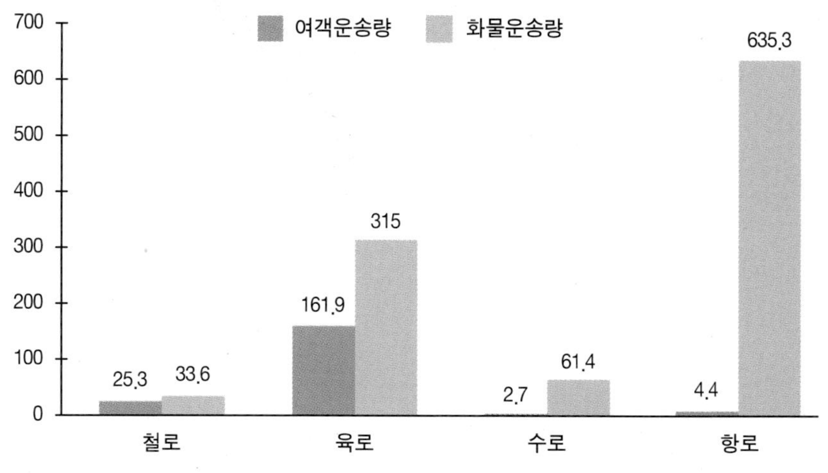

자료: 中国国家统计局(http://www.stats.gov.cn/)에서 필자 정리 작성.

칭짱철로/清藏铁路

칭짱철로(清藏铁路)는 칭하이성(青海省)의 시닝시(西宁市)에서 출발하여 거얼무시(格尔木市), 쿤룬산(昆仑山) 입구, 타타강변(沱沱河沿)을 거치고 탕구라산(唐古拉山) 입구를 넘어 티베트자치구(西藏自治区)의 안두오(安多), 나취(那曲), 땅슝(当雄), 양빠징(羊八井)을 거쳐 라싸(拉萨)에 이르는 철로이다. 전장 1,956km의 칭짱철로는 티베트로 들어가는 중요한 통로로 하늘길이라 불린다. 세계에서 해발이 가장 높고, 동토의 길이가 가장 긴 고원철로로 남수북조(南水北调), 서기동수(西汽东输), 서전동송(西电东送)과 함께 중국의 4대 공정(工程) 중의 하나이다.

青藏鐵路

青藏鐵路 路線圖

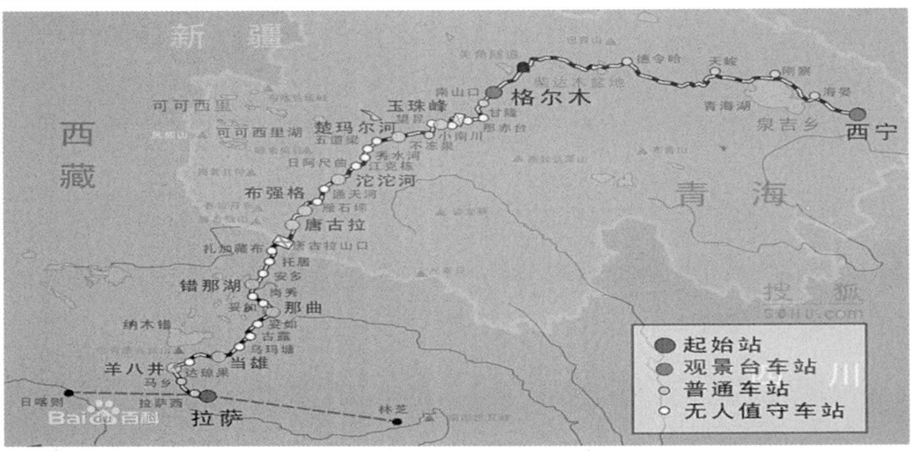

자료: 百度图片(http://image.baidu.com/)

4. 대외무역의 발전과 FDI 유치

1) 대외무역의 대폭적 신장

개혁개방 이전 중국의 대외무역은 서방국가의 봉쇄와 자력갱생(自力更生)의 일환으로 추진되었던 수입대체전략으로 규모가 크지 않았을 뿐 아니라, 주로 사회주의권 국가들로부터 농부산품을 수출하고 일부 공업설비를 들여오는 것이 전부였다. 따라서 이 시기 중국의 대외무역은 적자 일색이었으며, 국민경제에서 차지하는 비중도 크지 않았다. 표 9-6

표 9-6 1952~1978년 중국의 대외무역 현황

(단위: 억 달러)

연도	수출입총액	수출	수입	무역수지
1952	19.4	8.2	11.2	-3.0
1957	31.0	16.0	15.0	1.0
1962	26.6	14.9	11.7	3.2
1965	42.5	22.3	20.2	2.1
1970	45.9	22.6	23.3	-0.7
1975	147.5	72.6	74.9	-2.3
1978	206.4	97.5	108.9	-11.4

자료: 中国国家统计局(http://www.stats.gov.cn/)에서 필자 정리 작성.

그러나 1978년 개혁개방이 추진되면서 중국의 대외무역은 급속도로 발전하였다. 즉 1978년도 중국의 수출액은 97.5억 달러였으나 2015년에는 23,427.5억 달러로 240배 이상 증가하였고, 수입액도 108.9억 달러에서 19,602.9억 달러로 180배 이상 증가하였다. 비록 2010년 이후 중국의 대외무역은 감소 추세에 있고, 특히 2015년에는 전년 대비 수출입 총액이 7% 감소하였지만, 전년도의 무역수지 흑자 3,830.6억 달러보다 64% 이상 증가된 5,945.0억 달러의 무역수지 흑자를 내는 등 중국 경제발전에 중요한 역할을 해왔다. 표 9-7 그림 9-8 중국의 대외무역은 이러한 발전에 힘입어 2013년도에 이미 세계 1위의 무역대국이 되었고, 그 후에는 무역 강국으로의 발전을 추구하고 있다. 표 9-8

표 9-7 개혁개방 이후 중국의 대외무역 현황

(단위: 억 달러/%)

연도	수출입		수출		수입		무역수지
	총액	증가율	총액	증가율	총액	증가율	
1978	206.4	39.4	97.5	28.4	108.9	51.0	-11.4
1980	378.2	28.9	182.7	33.8	195.5	24.7	-12.8
1985	696.0	30.0	273.5	4.6	422.5	54.1	-149.0
1990	1,154.4	3.3	620.9	18.2	533.5	-9.8	87.4
1995	2,808.6	18.7	1,487.8	23.0	1,320.8	14.2	167.0
2000	4,743.0	31.5	2,492.0	27.8	2,250.9	35.8	241.1
2005	14,221.2	23.2	7,620.0	28.4	6,601.2	17.6	1,018.8
2010	29,740.0	34.7	15,777.5	31.3	13,962.4	38.8	1,815.1
2011	36,420.6	22.5	18,986.0	20.3	17,434.6	24.9	1,551.4
2012	38,671.2	6.2	20,487.1	7.9	18,184.1	4.3	2,311.0
2013	41,589.9	7.6	22,090.0	7.9	19,499.9	7.3	2,590.1
2014	43,030.4	3.4	23,427.5	6.1	19,602.9	0.4	3,824.6
2015	39,586.4	-7.0	22,765.7	-1.8	16,820.7	-13.2	5,945.0

자료: 中国国家统计局(http://www.stats.gov.cn/)과 中国海关总署(http://www.customs.gov.cn/)에서 필자 정리.

그림 9-8 중국경제의 대외무역의존도

(단위: %)

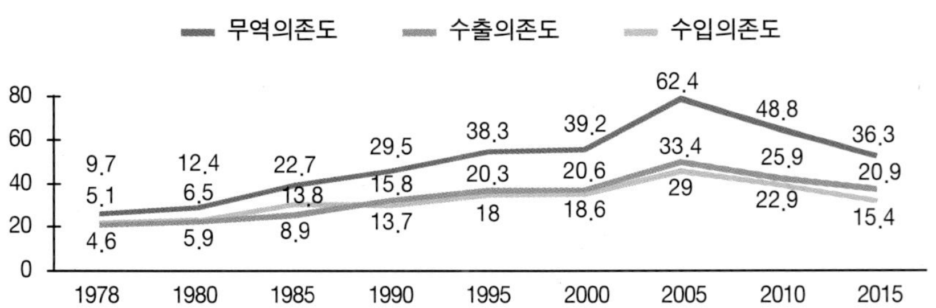

자료: 中国国家统计局(http://www.stats.gov.cn/)과 中国海关总署(http://www.customs.gov.cn/)에서 필자 정리.

표 9-8 2015년 세계 상품무역 수출입 총액 순위

순위		국가	수출입총액(100억 달러)			세계점유 비중(세계=100)		
2015	2014		2015	2014	증가율(%)	2015	2014	점유변화(%P)
		세계	33,248,000	38,099,000	-12.73	100.00	100.00	-
1	1	중국	3,956,900	4,301,526	-8.01	11.9012	11.2904	0.6108
2	2	미국	3,812,859	4,033,078	-5.46	11.4679	10.5858	0.8822
3	3	독일	2,379,493	2,701,649	-11.92	7.1568	7.0911	0.0657
4	4	일본	1,273,432	1,502,402	-15.24	3.8301	3.9434	-0.1133
5	7	영국	1,086,251	1,195,670	-9.15	3.2671	3.1383	0.1288
6	6	프랑스	1,078,558	1,257,073	-14.20	3.2440	3.2995	-0.0854
7	5	네덜란드	1,073,022	1,262,111	-14.98	3.2273	3.3127	-0.0854
8	8	홍콩	1,070,023	1,124,677	-4.86	3.2183	2.9520	0.2663
9	9	한국	963,254	1,098,178	-12.29	2.8972	2.8824	0.0147
10	10	이탈리아	867,999	1,004,092	-13.55	2.6107	2.6355	-0.0248

자료: 세계무역기구(https://www.wto.org/)에서 필자 정리.

한편 중국의 이러한 무역발전에는 가공무역이 중요한 역할을 해왔다. 중국의 가공무역은 1981년 수출입총액 440.2억 달러 중 불과 26억 달러에 불과하였으나, 1990년대 중반부터는 50% 이상을 차지하였다. 물론 2000년대 이후 가공무역의 비중이 점차 줄어들고 있기는 하다. 그러나 중국의 전체 대외무역 중 가공무역의 비중은 여전히 30% 이상을 차지하고 있고, 또 전체 무역수지 흑자 중에서도 가공무역이 59%를 차지하고 있는 등 대외무역발전의 중심적 위치에 있다. 표 9-9

중국의 가공무역이 이처럼 발전한 데는 1970년대 말부터 실시된 삼래일보(三来一补)정책과 1980년대 중반 이후 실시된 대대적인 수출입 확대(大进大出)정책 추진에 힘입은 바 크다. 중국의 이러한 전략은 당시 국제경제의 흐름인 산업이전 추세와 맞물려 국제 분업에서 저렴한 노동력과 토지 등을 갖춘 중국으로서 외국인 투자기업을 유치할 수 있는 절호의 기회였고, 외국인 투자기업들은 생산비 절감을 위해 중국에 진출하여 생산된 제품을 수출하면서 가공무역이 발전하게 되었다.

표 9-9 중국의 가공무역발전 현황

(단위: 억 달러/%)

연도	가공무역 수출입			가공무역 수출			가공무역 수입			수지
	총액	증가율	비중	총액	증가율	비중	총액	증가율	비중	
1995	1,320.7	26.3	47.0	737.0	29.3	49.5	538.7	22.7	44.2	153.3
2000	2,302.1	24.8	48.5	1,376.5	24.2	55.2	925.6	25.8	41.1	450.9
2005	6,905.1	26.0	49.0	4,164.8	27.0	54.7	2,740.3	24.0	41.5	1,424.5
2010	11,577.6	27.3	39.0	7,403.3	26.2	46.9	4,174.3	29.5	29.9	3,229.0
2011	13,052.2	12.7	35.8	8,354.2	12.9	44.0	4,698.0	12.5	26.9	3,656.2
2012	13,439.5	3.0	34.8	8,627.8	3.3	42.1	4,811.7	2.4	26.5	3,816.1
2013	13,578.1	1.0	32.6	8,608.2	-0.2	39.0	4,969.9	3.29	25.5	3,638.3
2014	14,087.4	3.6	32.7	8,843.6	2.7	37.7	5,243.8	5.2	26.8	3,599.8
2015	12,447.9	-13.1	31.4	7,977.9	-10.9	35.0	4,470.0	17.3	26.6	3,507.9

주: 증가율은 중국 전체 수출입에서 차지하는 비중임.
자료: 中国国家统计局(http://www.stats.gov.cn/)와 中国海关总署(http://www.customs.gov.cn/)에서 필자 정리.

한편 중국의 대외무역은 수출입 상품구조와 교역지역에서 변화를 나타내고 있다. 우선 수출입 상품구조에서 중국의 대외무역은 개혁개방 이전 초급제품이 중심이었으나 개혁개방 이후에는 공업제품이 중심을 이루고 있다. 구체적으로 수출에서 초급제품은 두드러지게 감소하고 있으나, 공업제품은 지속적으로 증가하여 95% 이상을 차지하고 있다. 반면에 수입에서 초급제품은 큰 변화가 없는 상태를 유지하고 있으나 공업제품은 작지만 감소하는 현상을 나타내고 있다. 표 9-10

교역지역에서는 수출입 모두 아시아지역이 절대적 비중을 차지하는 가운데 아프리카, 대양주, 남미지역과의 교역이 크게 늘어나고 있는 추세를 나타내고 있다. 구체적으로 수출은 아시아지역으로의 수출이 절대적 비중을 차지하는 가운데 북미와 남미 그리고 아프리카지역이 증가하고 있고, 수입 역시 아시아지역이 절대적 비중을 차지하는 가운데 아시아, 유럽, 북미지역은 감소한 반면 아프리카 대양주, 남미지역은 크게 증가하고 있다. 특히 이 가운데 아프리카지역과의 교역 확대는 자원교역이 절대적 비중을 차지하고 있는 것으로 조사되고 있다. 표 9-11

표 9-10 중국의 수출입상품 구조

(단위: 억 달러/%)

연도	수출					수입				
	수출총액	초급제품	비중	공업제품	비중	수입총액	초급제품	비중	공업제품	비중
1980	181.2	91.1	50.3	90.1	49.7	200.2	69.6	34.8	130.6	65.2
1985	273.5	138.3	50.6	135.2	49.4	422.5	52.9	12.5	369.6	87.5
1990	620.9	158.9	25.6	462.0	74.4	533.5	98.6	18.5	434.9	81.5
1995	1,487.8	214.9	14.4	1,272.9	85.6	1,320.8	244.2	18.5	1,076.6	81.5
2000	2,492.0	254.6	10.2	2,237.4	89.8	2,250.9	467.4	20.8	1,783.5	79.2
2005	7,619.5	490.4	6.44	7,129.1	93.6	6,599.5	1,477.1	22.4	5,122.4	77.6
2010	15,777.5	816.9	5.2	14,960.6	94.8	13,962.4	4,338.5	31.1	9,623.9	68.9
2015	22,765.7	978.9	4.3	21,786.8	95.7	16,820.7	5,752.7	34.2	11,068.0	65.8

자료: 中国国家统计局(http://www.stats.gov.cn/)에서 필자 정리 작성.

표 9-11 중국의 지역별 수출입 비중

(단위: %)

연도/지역	1986		1993		1998		2000		2005		2010		2015	
	수입	수출	수입	수출	수입	수출	수입	수출	수입	수출	수입	수출	수입	수출
아주지역	46.4	60.9	60.2	57.3	62.1	53.4	62.8	53.1	66.9	44.8	59.8	46.4	50.7	48.6
북미지역	12.9	10.1	11.6	19.8	13.7	21.8	11.6	22.2	8.5	28.2	8.4	19.4	18.2	19.0
유럽지역	31.9	21.1	23.1	17.9	18.8	18.2	18.1	18.2	14.6	20.2	15.6	22.5	18.7	19.6
아프리카	0.7	2.4	1.0	1.7	1.1	2.2	2.5	2.0	3.2	2.3	4.8	3.8	4.5	4.7
남미지역	3.7	1.5	1.9	1.9	2.1	2.9	2.4	2.9	4.1	2.9	6.6	5.8	5.8	6.1
대양주지역	4.2	0.9	2.3	1.3	2.2	1.5	2.6	1.6	2.7	1.6	4.7	2.1	2.1	2.1

자료: 中国国家统计局(http://www.stats.gov.cn/)에서 필자 정리 작성.

한편 중국은 이러한 무역발전에 힘입어 세계에서 가장 많은 외환을 보유하고 있다. 이는 국제자본시장에서 무시할 수 없는 역량이 되고 있다. IMF통계자료에 의하면, 2015년 말 기준 중국의 외환보유액은 3조 5,255억 달러로 전 세계의 1/3을 보유하고 있다.그림 9-9 또한 중국은 이러한 외환보유로 미국 국채를 가장 많이 보유하고 있는 국가로 2015년 말 기준 외국이 보유한 미국 국채의 20% 정도를 보유하고 있다.

그림 9-9 중국의 외환보유 변화 추이

(단위: 억 달러)

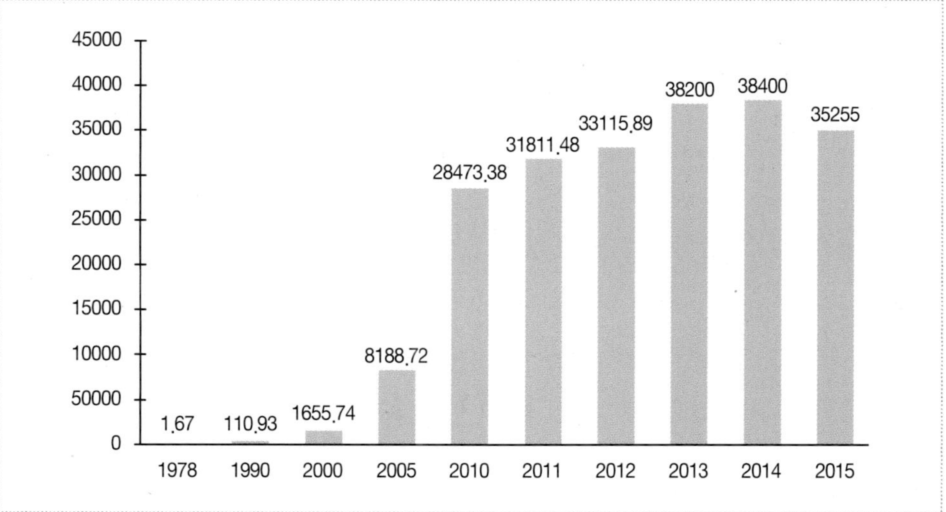

자료: 中国国家统计局(http://www.stats.gov.cn/)에서 필자 정리 작성.

2) 세계 1위의 FDI 유치

중국의 대외경제 중 대외무역의 발전 외에 또 다른 성과는 방대한 규모의 외자유치이다. 중국의 외자유치는 대외차관과 외국인직접투자(FDI) 그리고 외국인 기타투자 등에서 이루어졌지만, FDI가 가장 많은 비중을 차지하고 있다.

중국의 FDI 유치는 1980년에 0.57억 달러였으나, 개혁개방 이후 중국정부가 취한 기업소득세 감면 등 일련의 우대조치와 저렴한 토지비용과 노동력 등의 유리한 투자환경 등으로 증가되기 시작하였다. 특히 1990년대 이후 중국의 FDI 유치는 대대적으로 증가되면서 중국 외자이용의 중심이 되었다. 그뿐만 아니라 2008년에 923.95억 달러 유치로 세계에서 가장 많은 FDI 유치국이 되었고, 2010년부터 지금까지 매년 1,000억 달러 이상의 FDI를 유치하고 있기도 하다. 2015년 말 기준 중국의 누적 FDI 유치규모는 1조 6,394.1억 달러이다. 그림 9-10

그림 9-10 중국의 외자유치 현황

(단위: 억 달러)

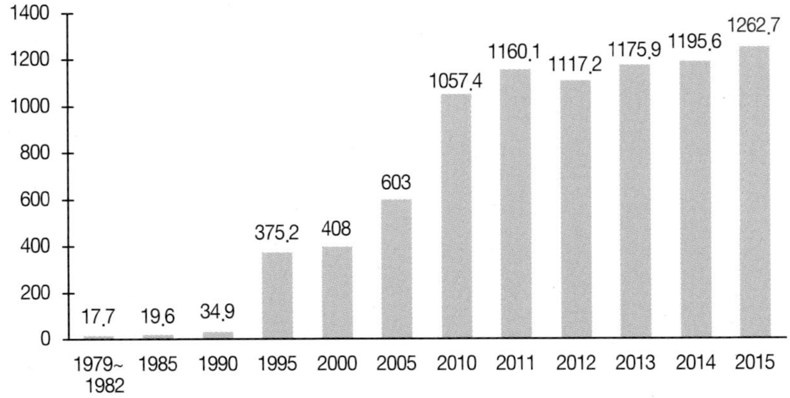

자료: 中国国家统计局(http://www.stats.gov.cn/)에서 필자 정리 작성.

중국의 이러한 FDI 유치는 경제발전에 많은 기여를 하였다. 즉 FDI는 경제발전에 필요한 자금충당의 역할을 비롯해 산업구조 개선, 국가재정수입의 증대, 기술 및 선진 기업경영관리의 습득, 고용기회의 확대, 대외무역의 발전 등 다양한 영역에서 역할을 하였다. 특히 이 가운데 대외무역의 발전과 고용기회의 확대에 적잖은 기여를 하였다. 우선 대외무역에서 외국인투자기업은 중국 전체 수출액의 50% 정도를 차지할 정도로 높은 비중을 차지하고 있으며 표 9-12, 외국인투자기업에 취업하고 있는 인원도 2014년 말 기준 3천만 명에 이른다.[43)]

한편 외국인직접투자기업의 대중국 진출은 제조업분야 중심으로 이루어지는 가운데 정보전달, 컴퓨터서비스, 소프트웨어 및 도소매업 분야의 다양한 영역으로 확대되고 있는 현상을 보이고 있다. 표 9-13 그러나 투자진출지역은 중국정부가 개혁개방 초기에 실시하였던 지역별 우대정책을 산업별 우대정책으로 전환하고, 또 연해지역과 내륙지역의 소득격차 확대에 따른 지역불균형 문제를 해결하기 위해 연해지역의 외국인 직접투자 우대조치를 축소하는 대신 내륙지역에 대한 우대조치를 강화하고 있지만, 외자기업의 대중국 투자진출은 여전히 동부 연해지역이 중심을 차지하고 있다. 그림 9-11

43) 2014년 말 기준 중국진출 외국인투자기업에 취업하고 있는 중국인은 2,955만 명이며, 그중 1,393만 명은 대만, 홍콩, 마카오 등 중국계기업에 취업하고 있다.

그러나 향후에는 중국의 중부굴기(中部崛起)와 서부대개발 등의 전략에 따른 각종 우대 조치와 동부 연해지역의 인건비 상승 등에 따른 투자유인요인 상실 등으로 인해 중서부지역의 진출이 확대될 것으로 보인다.

표 9-12 외자기업의 수출입 규모와 비중

연도	중국의 전체 수출입			외자기업의 수출입		
	수출입총액	수출	수입	수출입총액	수출	수입
2000	4,743.0 (100.0)	2,492.0 (100.0)	2,250.9 (100.0)	2,367.1 (49.9)	1,194.4 (47.9)	1,172.7 (52.1)
2005	14,221.2 (100.0)	7,620.0 (100.0)	6,601.2 (100.0)	8,317.0 (58.5)	4,442.0 (58.1)	3,875.0 (58.7)
2010	29,740.0 (100.0)	15,777.5 (100.0)	13,962.4 (100.0)	16,006.2 (53.8)	8,622.3 (54.6)	7,383.9 (52.9)
2011	36,420.6 (100.0)	18,986.0 (100.0)	17,434.6 (100.0)	18,599.0 (51.1)	9,952.3 (52.4)	8,646.7 (49.6)
2012	38,671.2 (100.0)	20,487.1 (100.0)	18,184.1 (100.0)	18,941.2 (49.0)	10,226.2 (49.9)	8,715.0 (47.9)
2013	41,589.9 (100.0)	22,090.0 (100.0)	19,499.9 (100.0)	19,183.1 (46.1)	10,437.2 (47.2)	8,745.9 (44.9)
2014	43,030.4 (100.0)	23,427.5 (100.0)	19,602.9 (100.0)	19,835.6 (46.1)	10,746.2 (45.9)	9,089.4 (46.4)
2015	39,586.4 (100.0)	22,765.7 (100.0)	16,820.7 (100.0)	18,346.0 (46.3)	10,047.0 (44.1)	8,299.0 (49.3)

자료: 中国国家统计局(http://www.stats.gov.cn/)에서 필자 정리 작성.

표 9-13 외자기업의 대중국 투자업종별 분포(2015)

업종	기업		투자금액	
	기업 수(개)	전년 대비 증가율(%)	실투자금액(억 위안)	전년 대비 증가율(%)
총계	26,575	11.8	7,813.5	6.4
농업, 임업, 목축업, 어업	609	-15.3	94.8	1.3
제조업	4,507	-13.0	2,452.3	0.0
전력, 가스 및 물 생산 공급	264	26.9	139.4	3.1
교통운수, 창고 및 우편	449	19.4	259.7	-5.0
정보전달, 컴퓨터서비스 및 소프트웨어	1,311	33.6	237.1	40.1
도소매업	9,156	14.8	744.0	28.0
부동산	387	-13.2	1,789.8	-15.9
임대 및 컨설팅	4,465	12.7	623.3	-18.8
서비스업	217	19.9	44.4	0.8

주: 은행, 증권, 보험 등 금융업 제외.

자료: 中国国家统计局(http://www.stats.gov.cn/)에서 필자 정리 작성.

그림 9-11 외국인 직접투자기업의 대중국 지역별 투자 현황

(단위: 100억 달러)

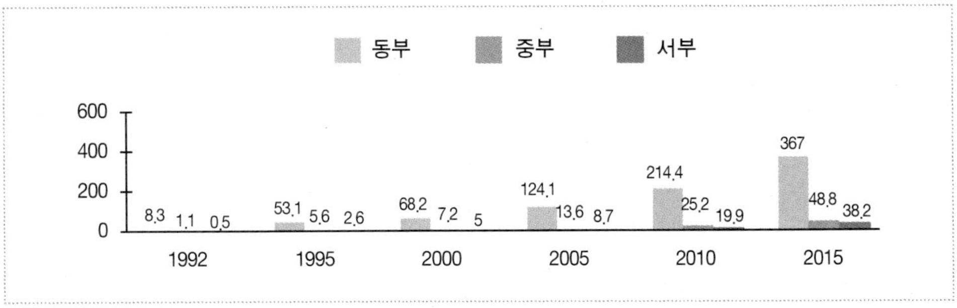

자료: 中国国家统计局(http://www.stats.gov.cn/)에서 필자 정리 작성.

5. 인민의 소득증대와 생활개선

1) 소득증대와 소비구조의 고도화

1978년 개혁개방 이후 중국 인민의 소득수준은 대폭 증대되었다. 우선 도시주민의 1인당 가처분소득은 1978년에는 불과 343위안이었으나 2015년에는 21,966위안으로 64배 증가되었고, 농촌주민의 1인당 가처분소득 또한 1978년에는 134위안이었으나 2015년에는 11,422위안으로 85배 증가하였다.그림 9-12 또한 중국 인민들의 이러한 소득 증대는 저축을 대대적으로 증대시켜 1978년 210.6억 위안이었던 중국 인민의 저축액은 2015년에는 55조 1,929억 위안으로 대폭 증대되었으며, 1인당 평균저축잔고도 40,291위안에 이르고 있다.그림 9-13

그림 9-12 중국 인민의 소득 변화

(단위: 위안)

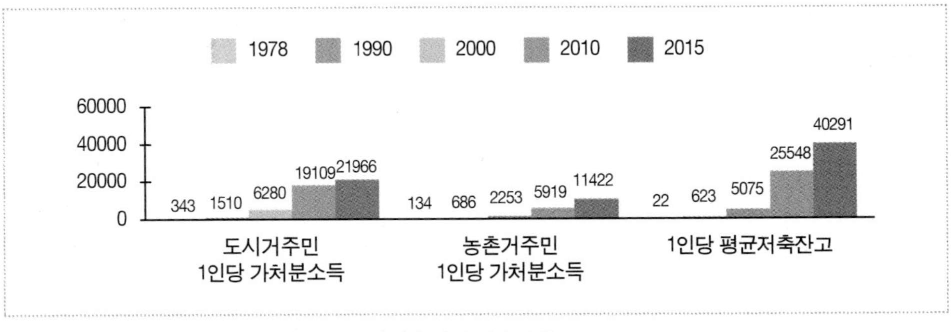

자료: 中国国家统计局(http://www.stats.gov.cn/)에서 필자 정리 작성.

그림 9-13 중국 인민의 위안화 저축 현황

(단위: 억 위안)

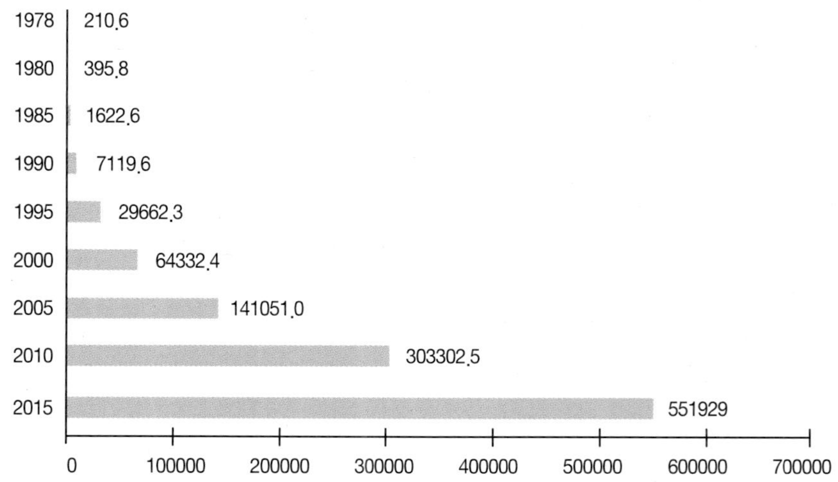

자료: 中国国家统计局(http://www.stats.gov.cn/)에서 필자 정리 작성.

중국 인민의 이러한 소득증대는 가계의 생활수준을 가늠케 하는 엥겔계수를 대폭 낮추었다. 1978년 도시주민가정의 엥겔계수는 57.5%였으나 2015년에는 30.6%로 낮아졌고, 농촌주민가정의 엥겔계수도 1978년의 67.7%에서 38.0%로 낮아졌다.44) 그림 9-14

그뿐만 아니라 중국 인민의 소득증대는 소비구조를 대대적으로 변화시켰다. 개혁개방 초기까지만 하더라도 중국인의 소비구조는 생활필수품인 자전거, 선풍기, 재봉틀, 시계, 라디오 등 생활용품이 주류를 이루고 있었으나, 2000년 이후부터는 컴퓨터, 휴대폰, 자동차 등 생활의 질 개선과 관련된 소비재가 대폭 증가하고 있다. 그림 9-15 그림 9-16 최근 들어서는 자동차와 해외여행의 수요가 폭발적으로 증가하고 있다. 그림 9-17 그림 9-18 특히 자동차의 경우 2020년에 1인당 0.7대의 차량을 보유할 것으로 전망되고 있다.

44) 엥겔계수(Engel coefficient)는 독일의 통계학자 에른스트 엥겔(Ernst Engel)이 발견한 것으로 가계소비지출 총액에서 식료품비가 차지하는 비율을 말하며, 소득이 증가할수록 엥겔계수는 낮아진다. 일반적으로 엥겔계수가 25% 이하이면 최상위 문화생활, 25~30%이면 상위 문화생활, 30~50%이면 중위 건강생활, 50~70%이면 하위 최저생활, 70% 이상이면 극빈층으로 분류되고 있다.

그림 9-14 중국 인민의 엥겔계수 변화

(단위: %)

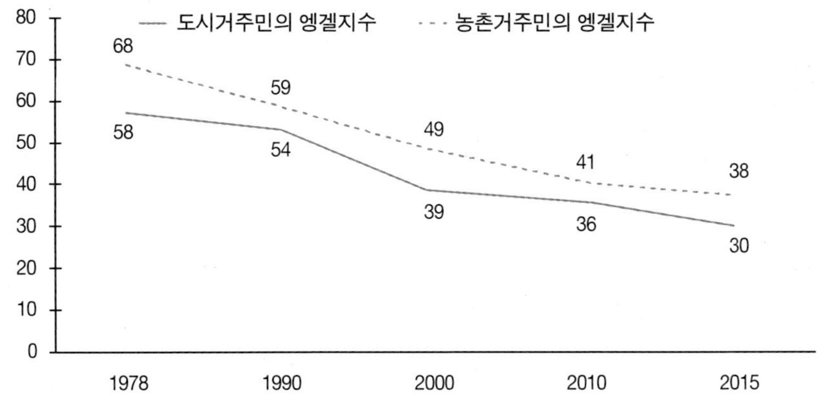

자료: 中国国家统计局(http://www.stats.gov.cn/)에서 필자 정리 작성.

그림 9-15 2015년 중국 도시주민의 1인당 평균 소비지출 구성

(단위: 위안)

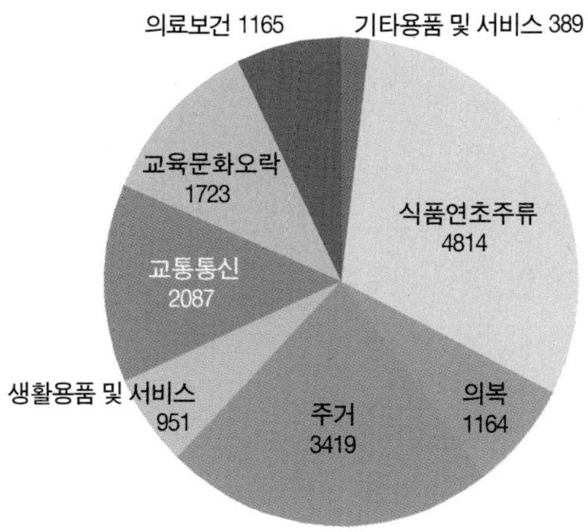

자료: 中国国家统计局(http://www.stats.gov.cn/)에서 필자 정리 작성.

그림 9-16 중국 가정의 100가구당 주요 내구재 보유 현황(2012)

(단위: 대)

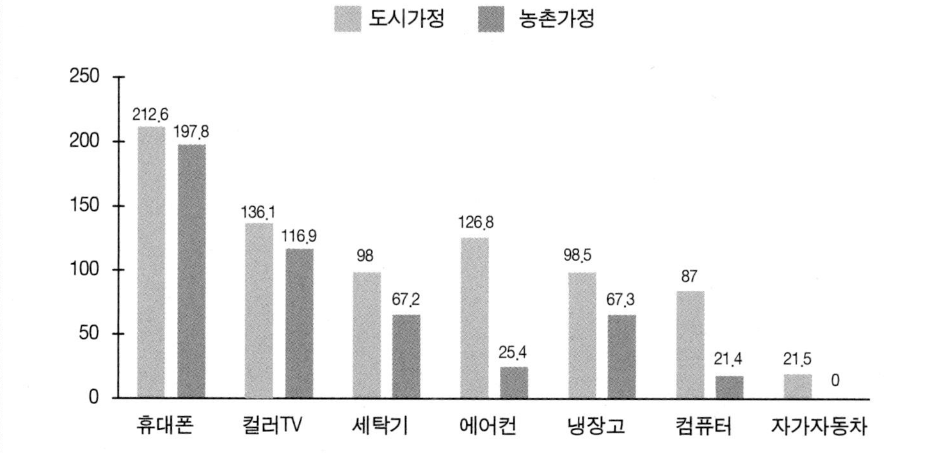

주: 중국 농촌의 자동차 보유 현황은 파악되고 있지 않음.

자료: 中国国家统计局(http://www.stats.gov.cn/)에서 필자 정리 작성.

그림 9-17 중국의 자가용 보유량 증가 추이

(단위: 만 대)

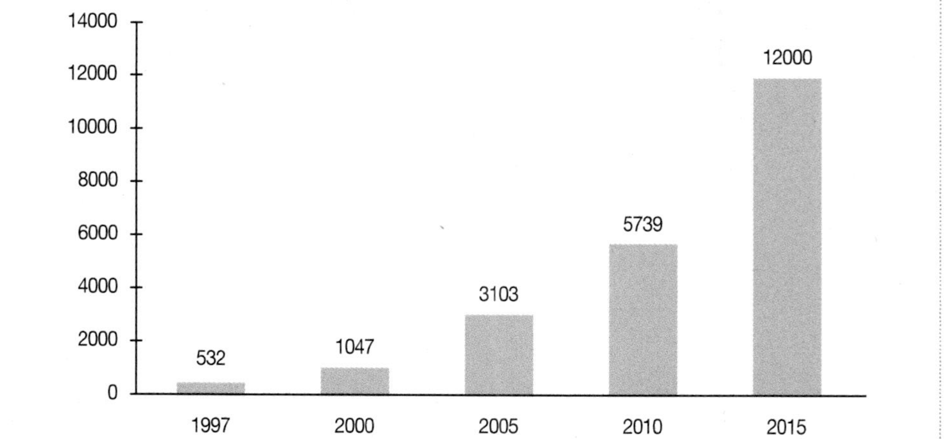

자료: 中国国家统计局(http://www.stats.gov.cn/)에서 필자 정리 작성.

그림 9-18 중국인의 해외여행 추이

(단위: 만 명)

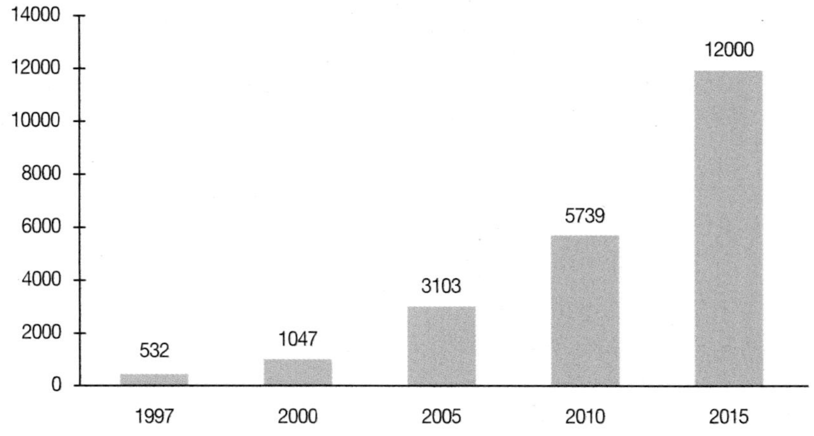

자료: 中国国家统计局(http://www.stats.gov.cn/)에서 필자 정리 작성.

2) 교육과 보건복지수준의 개선

(1) 교육수혜수준의 제고

1949년 신중국 성립 당시 중국의 교육은 대단히 낙후되어 있었다. 대략 80% 이상의 인구가 문맹이었고, 취학적령아동의 입학률은 20%에 불과하였다. 이러한 문제를 해결하기 위하여 중국은 교육부를 설치하고, 초·중·고와 대학교육의 교육체계를 갖추기 시작했다. 동시에 직업교육과 여가교육(业馀教育)도 실시하였다. 하지만 1966년부터 1976년까지 발생한 문화대혁명기간에 대학교육(高等教育)체계는 파괴되었고, 대학은 4년간 학생을 모집하지 못하였다. 그 후 중국은 대학입학추천제를 도입하여 정치적인 요소가 가미된 평가기준에 따라 노동자, 농민, 군인 중에서 적합한 사람을 추천선발하는 입시제도를 실시하였다. 그러나 중국의 교육은 1977년에 대학입학시험제도(高考制度)를 부활하고, 개혁개방 이후 대대적인 교육개혁을 추진하면서 새로운 전기를 맞게 되었다.

구체적으로 중국은 1986년에 '의무교육법'을 반포하고 9년 의무교육을 실시하여 청장년의 문맹률을 4%대로 낮추었고, 교육의 기회 또한 대대적으로 확대되었다. 대

학의 경우, 학교수와 학생수 모두 대폭 증가하여 대학교육의 보편화 시대를 열게 되었다. 그림 9-19

그림 9-19 중국대학(전문대학 포함)과 학생수의 증가 추이

(단위: 개/만 명)

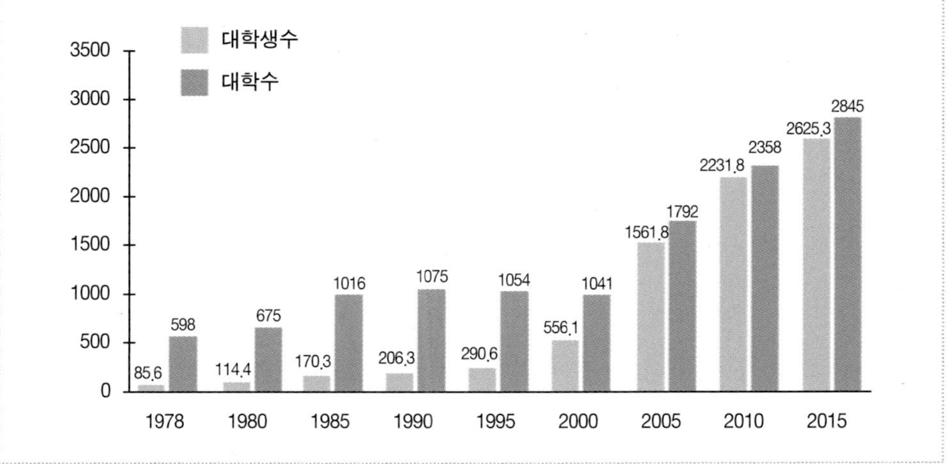

자료: 中国国家统计局(http://www.stats.gov.cn/)에서 필자 정리 작성.

(2) 의료보건환경의 개선

개혁개방 이후 중국의 의료서비스체계와 보건관리체계에는 상당한 발전이 있었다. 2015년 말 기준 중국의 의료보건기구는 99만 248개(그중 병원 27,215개, 향진(乡镇)보건소 36,869개, 사구(社区) 보건서비스 중심 34,588개, 진료소 195,866개, 촌(村)보건실 644,751개, 질병예방통제 중심 3,049개, 보건관리소 3,097개 포함)로 1978년의 16만 9,732개보다 6배 가까이 증가하였고, 의료보건관리요원도 1978년의 246.3만 명보다 4배 가까이 증가한 803만 명(그중 의사와 인턴의사 300만 명, 등록간호사 328명 포함)으로 늘어났다. 또한 병원과 보건소(卫生院)의 병상도 1978년의 204만 개보다 3배 이상 증가한 708만 개 병상(그중 병원병상 534만 병상과 향진보건소 121만 병상 포함)을 가지고 있다. 특히 중국은 1,000명당 1.5명의 의사와 2.6개의 병상을 보유하고 있는 등 개발도상국의 중상위 의료수준을 유지하고 있는 것으로 평가되고 있다.

한편 중국의 영아사망률은 1991년에 50.2%였으나 2015년에는 4.5%로 낮아졌고, 기대수명은 1978년의 68세에서 2015년에는 76세로 늘어났다. 그림 9-20

그림 9-20 중국의 영아사망률과 평균기대수명

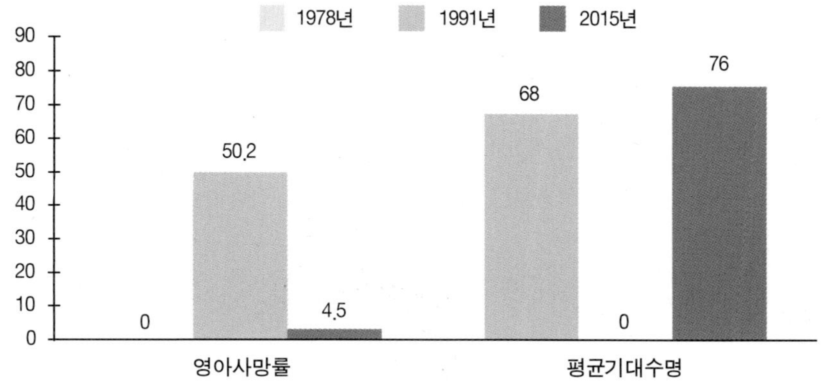

자료: 中国国家统计局(http://www.stats.gov.cn/)에서 필자 정리 작성.

(3) 사회보장제도의 개선

1978년 개혁개방 이후 중국의 사회보장제도는 1980년 10월 7일 국무원이 발표한 〈원로간부 퇴직요양에 관한 잠정규정(关于老干部离职休养的暂行规定)〉으로부터 시작되었다. 그러나 사회보장제도가 사회제도로 본격 발전한 것은 2000년 이후부터이다. 특히 2004년 3월 10차 전인대 제2차 회의에서 통과된 헌법수정안에서 경제발전에 상응하는 사회보장제도를 건설한다는 내용을 삽입하면서부터이다. 그 후 중국은 2007년에 농촌의 최저생활보장을 건립하였고, 2009년에는 새로운 농촌양로보험을 시험 추진하였다.[45] 그리고 2010년에는 '중화인민공화국 사회보험법(中华人民共和国社会保险法)'을 통과시켜 정부주도, 책임분담, 사회화, 다양화 등으로 발전할 수 있게 하였다.

그러나 중국의 사회보장제도는 경제발전수준만큼 발전하지 못하고 많은 문제점을 드러내고 있다. 예컨대 광범위하게 실시되지 못하고 있을 뿐만 아니라 도농 양극화 현상도 두드러지고 있다. 또한 법적·제도적 장치도 미흡한 실정이다.

한편 지금까지 실시되고 있는 중국의 사회보장제도는 크게 두 가지로 운영되고 있다. 하나는 완전히 국가재정으로 운영되는 프로그램으로 사회적 약자, 군인 및 그

45) 중국의 최저생활보장제도는 1999년에 도시에서 처음 실시했고 농촌에서는 2007년부터 실시하였다. 중국은 최저생활보장제도로 2015년 말 기준 1,708.0만 명의 도시주민이 최저생활보장을 받고 있고, 농촌에서는 4,903.2만 명이 보장받고 있다.

가족, 무의탁자(고아, 노인, 장애인, 어린이), 장애인 및 사회대중이 설립한 사회복지와 유관 서비스센터 등의 지원을 포함하며, 국민소득의 재분배 차원에서 사회적 공평을 목적으로 운영하고 있다. 또 다른 하나는 고용자 단위와 직공 개인 그리고 국가의 적당한 보조 등 3주체가 공동으로 운영되는 프로그램으로 양로보험, 의료보험, 실업보험, 산재보험(工伤保险), 양육보험(生育保险) 등을 포함하는 것으로 사회보험 범주에 속한다.[46] 그림 9-21

그림 9-21 중국의 주요 사회보험 가입 추이

(단위: 만 명)

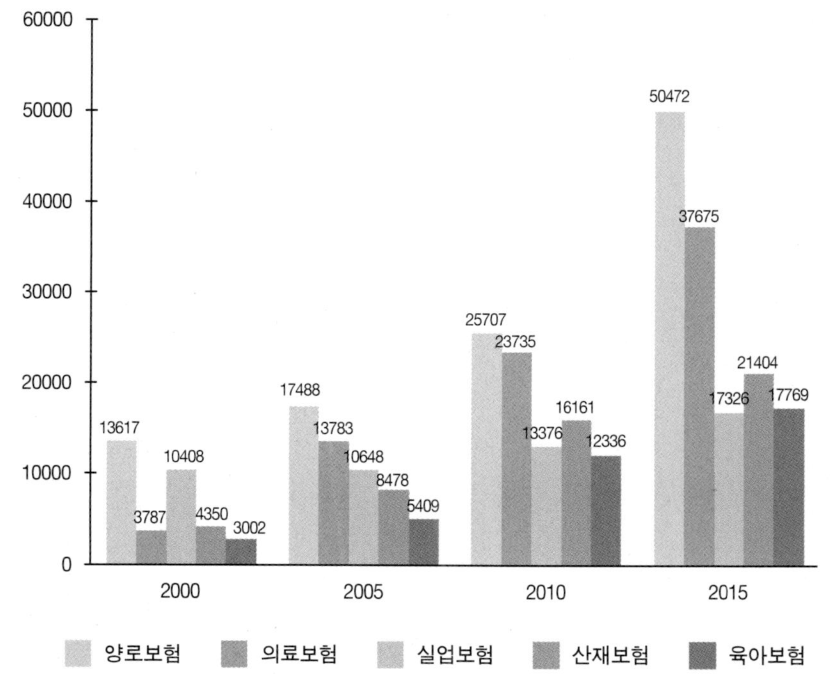

자료: 中国国家统计局(http://www.stats.gov.cn/)에서 필자 정리 작성.

46) 현재 중국의 사회보험 관련 법령규정에서는 고용자 단위와 직공 개인 그리고 국가가 공동으로 보험료를 지불하는 프로그램은 양로보험, 의료보험, 실업보험 등이며, 양육보험(生育保险)과 산재보험(工伤保险)은 사용자 단위가 부담하는 가운데 정부가 일정부분을 보조하도록 하고 있다.

6. 도시화수준의 제고

1978년 중국의 도시화(城镇化, Urbanization)수준은 17.9%에 불과하였다. 그러나 2015년 말 기준 56.1%로 1978년보다 38.2%p 증가하였다.그림 9-22 이는 같은 기간 세계 평균 도시화 발전수준보다 2배 이상 빠른 성장이다. 2015년 말 기준 중국은 660개 도시(그중 직할시 4개, 지급도시 293개, 현급 도시 363개)와 20,401개의 진(镇)이 있으며, 7억 7,116명의 인구가 살고 있다.[47)]

중국의 이처럼 빠른 도시화는 다양한 요인이 작용하였으나 무엇보다 첫째, 농업생산성의 증가로 성진(城镇)의 공업화와 서비스업을 성장시켜 도시화의 물질적 기초를 제공했기 때문이며, 둘째, 일부 농민들이 아르바이트(打工) 형식으로 성진(城镇)에 들어가 성진의 인구 증가와 건설규모를 확대시켰기 때문이다. 그리고 셋째는 지역과 자원의 우위를 상호 보완적 입장에서 향(乡)과 진(镇)을 합병하여 진(镇)의 수를 증대시켰기 때문이며, 넷째는 분산되어 있던 향진기업(乡镇企业)이 점진적으로 성진에 집중되었기 때문이다.

그림 9-22 중국의 도시화 추이

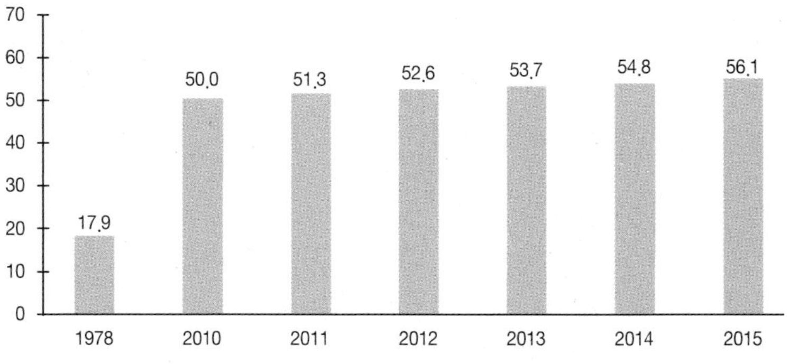

자료: 中国国家统计局(http://www.stats.gov.cn/)에서 필자 정리 작성.

47) 중국의 성진(城镇)은 성시(城市)와 집진(集镇)으로 나누어지는 용어로, 성시는 도시지만 집진은 도시가 아닌 농촌과 도시의 중간단계 거주지이다. 중국은 현(县) 및 현 이상의 기관소재지 혹은 상주인구 2천 명 이상 10만 명 이하인 지역 중 비농업인구가 50% 이상인 거주지역을 성진으로 규정하고 인구와 취업률 등을 계산할 때 성진의 개념을 사용한다. 따라서 성진은 엄밀히 말해 도시와 비도시를 구분하는 개념이 아니며, 도시화는 성진화(城镇化)를 의미한다.

하지만 중국의 도시화수준은 최근 들어 세계평균 도시화수준인 54.9%보다 1.2%p 높은 수준을 나타내고 있지만, 선진국 수준인 75%에는 아직 훨씬 못 미치고 있다. 또한 중국의 도시화는 지역적 차이가 현저하게 나타나고 있고, 공업화에 비해 늦어졌다.

중국의 경제발전은 전반적으로 동고서저의 계단적 상황을 나타나고 있다. 서부지역은 전 국토의 71%를 차지하고 있지만, GDP는 전국의 20% 수준에 불과하다. 중국의 이러한 지역발전격차는 도시화수준에도 영향을 주어 2015년 말 기준 중국은 660개의 도시 가운데 43.5%가 동부지역에 위치하고, 중서부의 두 지역에는 56.5%가 있다.

제2절 중국경제의 도전

개혁개방 이후 지금까지 중국경제는 세계역사에서 전례가 없는 성과를 거두었다. 하지만 중국경제가 향후에도 지속적으로 발전하기 위해서는 해결해야 할 문제와 도전 또한 만만치 않다. 특히 에너지자원의 부족과 환경오염 문제 그리고 지역 및 계층 간의 발전격차와 소득격차 문제 등은 중국의 지속적 경제발전에 상당한 걸림돌이 될 것으로 보인다.

1. 에너지자원의 부족

중국의 에너지자원은 총량적 규모에서 볼 때 비교적 풍부한 편이다. 세계 1위의 수력자원과 세계 3위의 석탄매장량 그리고 세계 11위의 석유매장량과 세계 11위의 천연가스매장량 등 풍부한 자원을 보유하고 있다. 그러나 중국의 1인당 에너지자원은 세계 평균수준에 훨씬 못 미치고 있다. 예컨대 석탄과 수력자원의 1인당 보유량은 세계 평균의 50% 수준이고, 석유와 천연가스의 1인당 보유량은 세계 평균의 1/15 수준에 불과하다.

개혁개방 이후 중국의 에너지 생산은 괄목할 만한 발전을 이룩하였다. 개혁개방 초기인 1978년도의 에너지 총생산량은 6억 2,770만 톤(표준석탄 기준)에 불과하였으나,

2015년 말 기준 36조 2천만 톤으로 5.7배 이상 증가하였다. 하지만 중국의 에너지 생산 발전은 빠른 공업화 등으로 인해 수급을 맞추기 어려웠다. 중국의 에너지 수급은 1992년부터 문제가 되기 시작하였으며, 2015년 말 기준 6조 8천만 톤이 부족한 실정이다. 그림 9-23

그림 9-23 중국의 에너지 생산총량과 소비총량 추이

(단위: 표준석탄 만 톤)

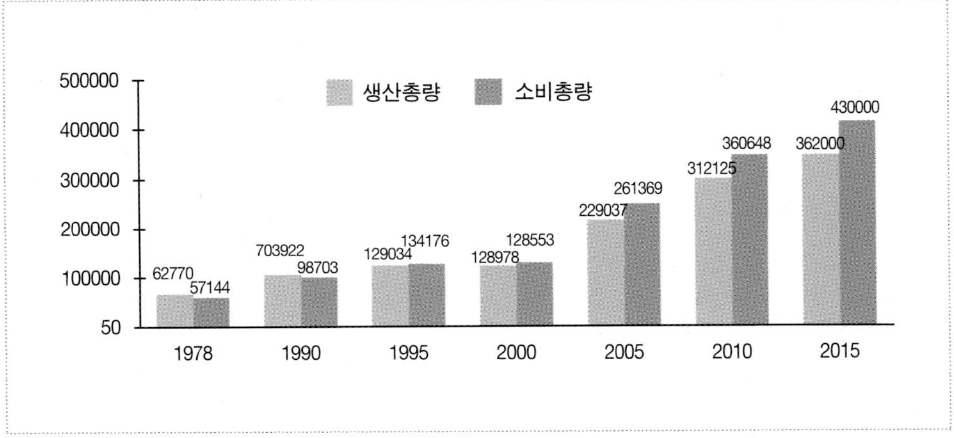

자료: 中国国家统计局(http://www.stats.gov.cn/)에서 필자 정리 작성.

중국은 이러한 에너지 부족을 수입에 의존할 수밖에 없었다. 중국의 에너지 수입은 석유자원이 중심이었다. 중국의 석유자원 수입은 석유순수입국이 된 1993년부터 빠르게 증가하였다. 2000년도 중국의 원유수입량은 70.3백만 톤이었으나 2015년 말 기준 335.5백만 톤으로 증가하였으며, 중국의 이러한 석유수입 증가 추세는 석유의 대외의존도를 대폭 증가시켰다. 2000년도 중국의 석유 대외의존도는 33.1%에서 2015년에는 59.9%로 중국 석유소비량의 절반 이상을 수입에 의존하고 있다. 중국의 이러한 석유 대외의존도는 국제유가가 지속적으로 상승하는 상황에서 경제발전의 병목으로 작용할 수밖에 없는 상황이다. 그림 9-24

그림 9-24 중국의 원유 대외의존도 변화 추세

(단위: 백만 톤/%)

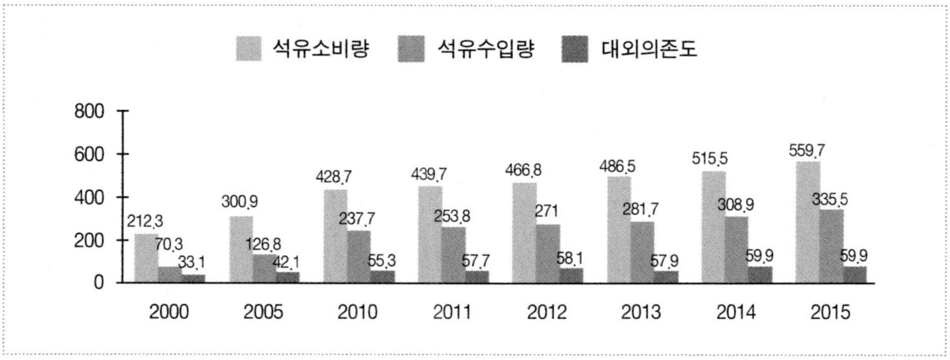

자료: 中国国家统计局(http://www.stats.gov.cn/)에서 필자 정리 작성.

한편 중국의 에너지 생산과 소비구조는 석탄 중심의 특징을 가지고 있다. 그림 9-25 그림 9-26 중국의 석탄 생산과 소비는 2015년 말 기준 전체 에너지 생산과 소비의 72.9%와 64.0%를 차지하고 있다. 이는 세계에서 석탄 생산과 소비 비중이 가장 많은 것으로 세계 평균 석탄소비수준인 26.5%보다 훨씬 높은 비중이다. 중국의 이처럼 과도한 석탄소비는 에너지의 효율 저하와 환경오염의 주원인으로 지적되고 있다. 중국의 에너지 이용효율은 2008년 기준으로 선진국보다 10%p 이상 낮은 36.81%로 에너지의 낭비 현상이 심각한 상황이다. 그림 9-27

그림 9-25 중국의 에너지 생산구조 변화 추이

(단위: %)

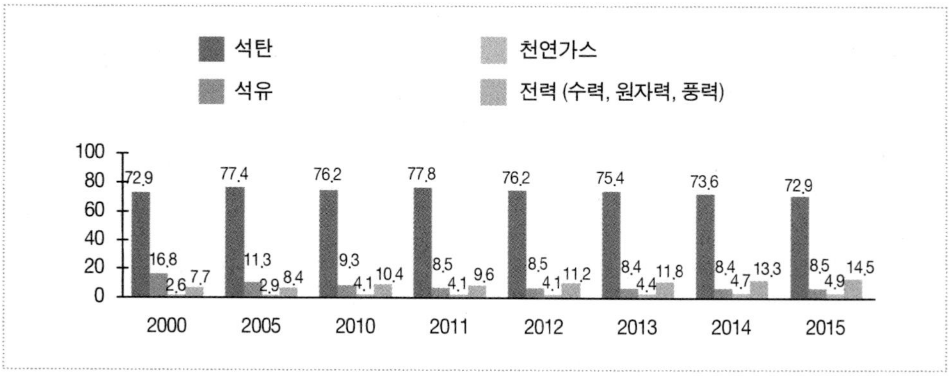

자료: 中国国家统计局(http://www.stats.gov.cn/)에서 필자 정리 작성.

그림 9-26 중국의 에너지 소비구조 변화 추이

(단위: %)

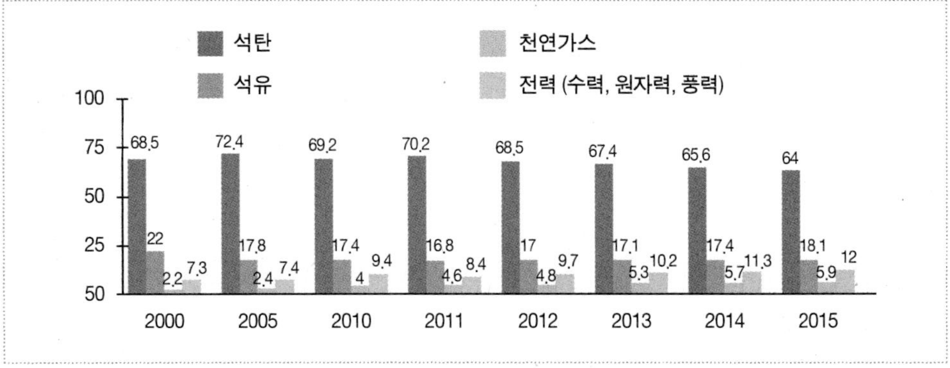

자료: 中国国家统计局(http://www.stats.gov.cn/)에서 필자 정리 작성.

그림 9-27 주요 국가의 에너지 이용효율 비교(2008)

(단위: %)

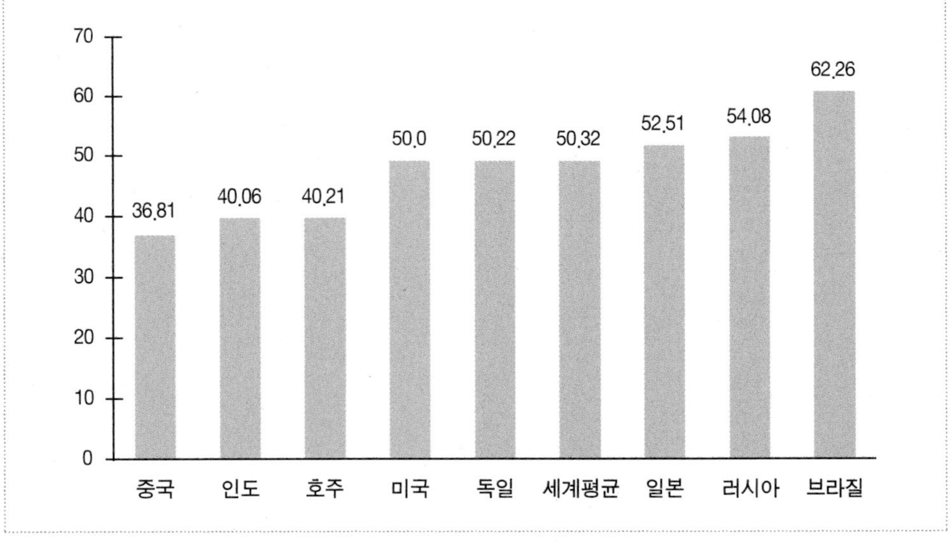

자료: 中国能源研究会(http://www.cers.org.cn/)

2. 환경오염 문제

중국의 환경오염은 세계 10대 환경오염 도시 중 중국의 도시가 절반을 차지할 정도로 심각하다. 특히 놀라운 사실은 중국 전체의 1/3지역에서 산성비가 내린 적이 있으며, 중국의 7대 하천 중 절반이 오염되어 있다는 사실이다. 그뿐만 아니라 중국 전체 주민의 1/4 정도가 청정 식수원이 없는 가운데 생활하고 있고, 도시주민의 1/3이 오염된 공기를 흡입하며 생활하고 있다는 것이다.

중국의 환경문제는 수질환경 문제, 쓰레기처리 문제, 토지사막화와 황사 문제, 토지 유실 문제, 가뭄과 수재 문제, 생태환경의 파괴 문제 등 다양한 문제가 있지만, 그중 환경오염과 관련된 수질오염과 대기오염이 가장 심각하다.

우선 수질오염은 도시인구의 급속한 증가와 빠른 공업화의 발전에 따라 대량의 오수가 적절하게 처리되지 않은 상태에서 배출된 원인이 가장 크다.표 9-14

표 9-14 중국의 폐수 중 주요 오염물질 배출량

오염물질 항목 \ 연도	2015	2014	2013	2012	2011
폐수 총배출량(만 톤)	7,353,226.8	7,161,750.5	6,954,432.7	6,847,612.1	6,591,922.4
화학적 산소요구량 배출량(만 톤)	2,223.5	2,294.6	2,352.7	2,424.0	2,499.9
수산화암모니아 배출량(만 톤)	229.9	238.5	245.7	253.6	260.4
질소 총배출량(만 톤)	461.3	456.1	448.1	451.4	447.1
인 총배출량(만 톤)	54.7	53.5	48.7	48.9	55.4
석유류 배출량(톤)	15,192.0	16,203.6	18,385.4	17,493.9	21,012.1
휘발성 페놀 배출량(톤)	988.2	1,378.4	1,277.3	1,501.3	2,430.6
납 배출량(kg)	79,429.5	73,184.7	76,112.0	99,358.9	155,242.0
수은 배출량(kg)	1,080.0	745.9	916.5	1,223.4	2,829.2
카드뮴 배출량(kg)	15,819.9	17,251.1	18,435.7	27,249.9	35,899.0
크롬 배출량(kg)	105,288.0	132,797.4	163,117.7	190,079.1	293,166.3
비소 배출량(kg)	112,101.3	109,729.9	112,230.0	128,493.8	146,616.0
6가크롬 배출량(kg)	23,597.6	34,925.3	58,291.5	70,533.6	106,395.4

자료: 中国国家统计局(http://www.stats.gov.cn/)에서 필자 정리 작성.

개혁개방 이후 중국의 수질오염 문제는 지속적으로 악화되어 최근에는 전국 1,200개의 조사하천 중 850개 이상의 하천이 오염된 것으로 조사되고 있다. 특히 중국의

7대수계 중 라오허(辽河), 하이허(海河), 화이허(淮河)가 가장 심각하며, 이들 하천이 지나는 138개의 도시유역 중 133개의 유역이 정도의 차이는 있으나 오염된 것으로 조사되고 있다.[48] 전국적으로 78%의 하천유역에서 식수가 부적합하고, 50%의 지하수가 오염된 것으로 조사되고 있다. 이러한 오염에 따라 중국은 매년 수질오염으로 인한 경제적 손실이 400억 위안에 이르는 것으로 추정하고 있다. 한편 중국의 대기오염은 세계에서 가장 심각한 상황이다. 그림 9-28 중국의 대기오염은 공업과 교통운수 등의 신속한 발전 그리고 화학연료의 대량 사용으로 분진, 이산화황과 아황산, 질소산화물, 이산화탄소, 오존 등의 물질이 대기층에 배출되어 대기물질을 악화시키는 매연성 오염이 중심을 이루고 있다. 특히 석탄을 주원료로 한 산업생산구조가 가장 큰 영향을 주고 있는 것으로 알려지고 있다.

그림 9-28 중국의 대기오염 지도

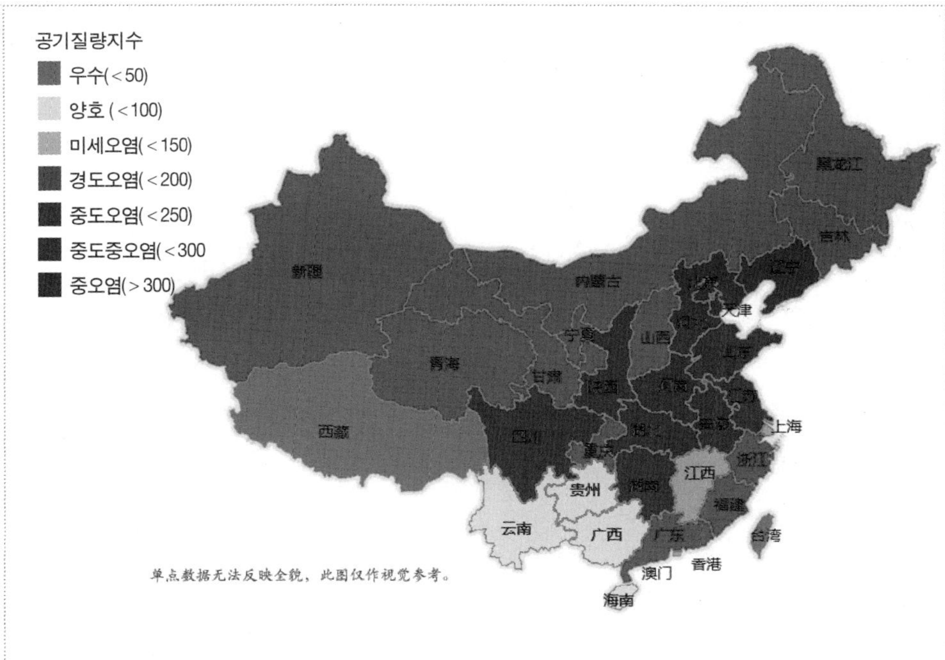

자료: 百度图片(http://image.baidu.com/)

48) 중국의 7대 수계는 주장(珠江), 창장(长江), 황허(黄河), 화이허(淮河), 랴오허(辽河), 하이허(海河), 송화장(松花江) 등으로 삼강사하(三江四河)라 불린다.

중국은 2015년 말 기준 이산화황이 1,859억 톤, 질소산화물질 1,851억 톤, 매연분진 1,538억 톤 이상이 배출되는 등 심각한 상황이다.표 9-15 이로 인해 중국 대부분의 도시는 중국이 자체적으로 정한 기준을 초과하고 있는 상태이다. 중국의 47개 중점도시 중 약 70% 이상이 중국이 정한 2급기준에 못 미치고 있는 실정이다. 중국의 이러한 대기오염은 경제적 부담은 물론 온실효과와 오존층의 파괴를 일으켜 인류의 생존을 위협하는 직접요인이 되고 있다.

표 9-15 중국의 대기오염물질 배출량

연도 / 대기오염물질	2015	2014	2013	2012	2010
이산화황 배출량(톤)	18,591,194	19,740,000	20,439,000	21,180,000	22,179,082
질소산화물 배출량(톤)	18,510,242	20,780,015	22,273,587	23,377,617	24,042,745
매연분진 배출량(톤)	15,380,133	17,407,508	12,781,411	12,357,748	12,788,255

자료: 中国国家统计局(http://www.stats.gov.cn/)에서 필자 정리 작성.

3. 경제발전격차와 소득격차 문제

개혁개방 이후 중국은 세계역사상 전무후무한 경제발전을 이룩하였다. 그러나 중국의 이러한 발전 이면에는 지역 간의 발전격차와 소득격차라는 문제가 있었다. 중국의 지역발전격차와 소득격차 문제는 중국의 지속적인 경제발전은 물론 정치 및 사회안정에까지 적잖은 영향을 미칠 것으로 예상된다. 우선 경제적으로 지역 간의 발전격차 확대는 지역 간의 소득격차에 영향을 주게 되고, 이것은 다시 지역 및 계층 간의 소득분배에까지 영향을 주게 되어 결국에는 지속적인 경제발전에 상당한 부담이 될 것이다. 또한 정치 및 사회적으로는 낙후된 서부지역의 주민, 특히 이 지역에 집거하고 있는 소수민족들의 불만을 야기시켜 분리독립운동 등 사회불안을 일으킬 가능성도 있다. 특히 소수민족의 불만은 중국이 중시하고 있는 민족의 단결과 국가통합을 저해하는 직접적 요인이 될 것으로 보인다.

1) 지역발전격차와 소득격차 추이

중국의 지역발전격차는 지역별로 다양하게 나타나고 있지만, 동부와 중서부지역 간과 도·농지역 간에서 두드러지게 나타났다.[49] 우선 동부와 중서부지역 간의 발전격차는 중국정부가 1990년대 후반 이후부터 동부지역과 중서부지역 간의 발전격차를 해소하기 위하여 '서부대개발'과 '중부굴기(中部崛起)' 등을 대대적으로 추진하였음에도 불구하고 동부지역의 GDP비중은 오히려 상승하였다. 즉 1978년 중국 동부지역의 GDP는 1,798억 위안으로 중국 전체 GDP의 53%를 차지했었으나, 개혁개방을 추진한 지 40년이 다 되어가는 2015년도에는 40조 1,652억 위안으로 1978년보다 3%p 증가한 56%를 차지하고 있다. 반면에 중부지역의 GDP는 1978년에 1,060억 위안으로 중국 전체 GDP의 31%를 차지했었으나, 2015년에는 오히려 7%p 줄어든 24%를 차지하고 있다. 서부지역은 1978년보다 4%p 상승한 20%를 차지하고 있다. 전반적으로 볼 때 개혁개방 이후 중국의 동부지역과 중서부지역 간의 발전격차는 서부지역이 줄어들었지만 큰 차이는 없이 유지되어 왔다. 표 9-16

동부와 중서부지역 간의 발전격차는 해당지역의 경제발전수준을 가늠할 수 있는 지표인 1인당 GDP에서도 그대로 나타났다. 예컨대 표 9-16에서 보여주는 바와 같이 1978년 세 지역 간의 1인당 GDP는 동부지역을 1로 하였을 경우 중부지역과 서부지역은 각각 0.66과 0.55였으나 2015년에는 1 : 0.40 : 0.58로 동부지역과 중부지역은 확대되고, 서부지역은 약간 줄어들었다.

49) 중국의 지역구분은 분류의 목적과 내용에 따라 다양하게 구분되고 있으나, 가장 보편적으로 분류되는 지역구분은 동부와 중부 그리고 서부 등 3개의 지역이다. 중국의 이러한 3개의 지역구분은 7·계획 이후부터 실시하였으며, 동부지역은 베이징(北京), 톈진(天津), 허베이(河北), 랴오닝(辽宁), 상하이(上海), 장쑤(江苏), 저장(浙江), 푸젠(福建), 산둥(山东), 광둥(广东), 광시(广西), 하이난(海南) 등 12개 성시이고, 중부지역은 산시(山西), 네이멍구(内蒙古), 지린(吉林), 헤이룽장(黑龙江), 안후이(安徽), 장시(江西), 허난(河南), 후베이(湖北), 후난(湖南) 등 9개 지역이다. 그리고 서부지역은 쓰촨(四川), 충칭(重庆), 꾸이저우(贵州), 윈난(云南), 시짱(西藏), 샨시(陕西), 깐쑤(甘肃), 칭하이(青海), 닝샤(宁夏), 신장(新疆) 등 10개 지역이다. 한편 서부대개발에서 지칭되는 서부지역은 이러한 지역적 구분에 동부지역의 소수민족자치구이며 경제적으로 낙후된 광시좡족자치구(广西庄族自治区)와 중부지역의 네이멍구자치구(内梦古自治区)를 포함시키고 있다.

표 9-16 1978년 이후 중국의 지역별 경제지표의 변화

지표	지역	1978	1990	2000	2005	2010	2011	2012	2013	2014	2015
GDP (억 위안)	동부	1,798 (53)	4,225 (52)	57,413 (58)	118,596 (60)	250,488 (57)	293,582 (56)	320,739 (56)	351,978 (55)	378,728 (55)	401,652 (56)
	중부	1,060 (31)	2,608 (32)	24,004 (24)	46,545 (23)	105,146 (24)	127,625 (24)	141,909 (25)	155,411 (24)	167,522 (24)	176,097 (24)
	서부	559 (16)	1,369 (16)	17,276 (18)	34,087 (17)	81,409 (19)	100,235 (20)	113,905 (19)	126,956 (21)	138,100 (21)	145,019 (20)
	합계	3,417 (100)	8,202 (100)	98,693 (100)	199,228 (100)	437,042 (100)	521,441 (100)	576,552 (100)	634,345 (100)	684,350 (100)	722,768 (100)
1인당 GDP (위안)	동부	457 (1)	1,960 (1)	155,150 (1)	292,777 (1)	548,196 (1)	630,116 (1)	681,978 (1)	740,336 (1)	789,401 (1)	829,956 (1)
	중부	310 (0.66)	1,265 (0.65)	48,165 (0.31)	91,590 (0.31)	204,170 (0.37)	247,183 (0.39)	273,897 (0.40)	298,020 (0.40)	318,043 (0.40)	330,719 (0.40)
	서부	251 (0.55)	1,079 (0.55)	60,809 (0.39)	117,930 (0.40)	281,497 (0.51)	345,399 (0.54)	389,114 (0.57)	430,913 (0.58)	465,582 (0.59)	484,923 (0.58)
	전국 평균	339	1,435	88,041	167,432	344,621	407,566	448,330	489,756	524,342	548,533

주: GDP의 괄호 안은 중국의 전체 GDP 중 차지하는 비중이고, 1인당 GDP의 괄호 안은 동부지역을 1로 기준한 비율임.
자료: 中国国家统计局(http://www.stats.gov.cn/)에서 필자 정리 작성.

한편 중국의 동부와 중서부지역 간의 발전격차는 주민의 소득에서도 확대되는 양상을 보여왔다. 우선 도시주민의 소득은 개혁개방 이전에는 서부지역의 소득이 동부나 중부지역보다 오히려 높았었다. 이는 개혁개방 이전 중국이 삼선전략(三线战略)을 추진하면서 서부지역으로 인구유동을 유도하고, 이 지역에 고임금정책을 추진했기 때문으로 알려지고 있다. 그러나 개혁개방 이후 동부 연해지역 우선발전정책을 추진함에 따라 동부지역과 중서부지역의 도시주민 소득격차는 반전되었다. 특히 연해지역의 개혁개방이 본격적으로 추진되기 시작한 1990년대 이후부터 동부지역의 도시주민 소득이 급상승하면서 서부지역과의 격차가 확대되기 시작하였다. 구체적으로 1978년도 동·중·서 세 지역 간의 도시주민 가처분소득은 동부지역을 1로 하였을 경우 중부지역과 서부지역은 각각 0.83과 0.89 수준이었으나 최근 들어서는 세 지역 간의 임금 비율이 1 : 0.71 : 0.70 수준으로 확대되었다. 농촌의 소득격차는 도시의 소득격차보다 더 현격하게 차이가 나고 있다. 1978년 동·중·서 세 지역의 1인당 가처분소득의 비율은 동부지역을 1로 하였을 경우 각각 1 : 0.78 : 0.69이었으나 2015년에는 1 : 0.69 : 0.56으로 도시격차보다 더욱 확대되었다. 한편 도시지역과 농촌지역의 소득

격차는 동·중·서 세 지역 모두 농촌가처분소득이 도시가처분소득의 절반에도 못 미치고 있다. 표 9-17

표 9-17 중국의 지역 간 도농주민의 가처분소득 변화

연도	동부		중부		서부		동·중·서 세 지역의 비율	
	도시	농촌	도시	농촌	도시	농촌	도시	농촌
1978	367	172	307	135	329	119	1:0.83:0.89	1:0.78:0.69
1990	1,714	943	1,160	653	1,394	553	1:0.67:0.81	1:0.69:0.58
2000	7,829	2,999	4,516	2,028	5,677	1,556	1:0.57:0.72	1:0.67:0.51
2013	31,183	13,090	22,263	9,091	21,878	7,285	1:0.71:0.70	1:0.69:0.55
2014	33,947	14,498	24,267	10,119	23,853	8,134	1:0.71:0.70	1:0.69:0.56
2015	36,729	15,790	26,229	10,941	26,088	8,914	1:0.71:0.71	1:0.69:0.56

주: 동·중·서 세 지역의 비율은 동부지역을 1로 기준한 수치임.
자료: 中国国家统计局(http://www.stats.gov.cn/)에서 필자 정리 작성.

2) 지역발전격차 확대의 원인

일반적으로 한 나라의 지역 간 발전격차는 어느 특정한 요인에 의한 것보다 역사적 배경과 자연 지리적 환경 그리고 사회경제적 요인 등 다양한 요소가 복합적으로 작용하면서 나타났다. 이는 중국도 예외가 아니었다. 하지만 개혁개방 후 중국의 지역 간 발전격차는 이러한 요인 외에 개혁개방에 따른 경제발전정책과 체제적인 요인이 중요하게 작용하였다.

우선 경제발전정책과 관련된 요인을 살펴보면, 먼저 동부지역에 대한 편향적 투자를 들 수 있다. 개혁개방 후 중국은 동부 연해지역 우선발전정책을 추진해 왔으며, 이에 따라 국가의 투자도 동부 연해지역에 집중되었다. 예컨대 고정자산투자의 경우 동부지역은 2000년대 중반까지 줄곧 50% 이상 투자되었으나 중서부지역은 이에 훨씬 못 미치는 20%대의 투자가 이루어졌다. 표 9-18 중국의 이러한 동부 연해지역 중심의 투자집중은 동부 연해지역 경제발전의 기초적 환경을 조성하는 역할이 되었으나 중서부지역은 국가의 재분배 중 얻을 수 있는 이익이 감소될 수밖에 없었기 때문에 국유기업의 비중이 높은 서부지역의 경제성장이 제한받을 수밖에 없었다.

표 9-18 중국 동·중·서부지역의 고정자산투자 변화 추이

(단위: 억 위안/%)

연도	중국 전체	동부지역	중부지역	서부지역
1985	2,342.8(100.0)	1,275.3(54.4)	703.8(30.1)	363.7(15.5)
1990	3,987.2(100.0)	2,345.4(58.8)	1,048.2(26.3)	593.6(14.9)
1995	18,570.0(100.0)	12,226.3(65.8)	4,097.2(22.1)	2,246.6(12.1)
2000	31,896.7(100.0)	18,752.5(58.8)	7,033.5(22.1)	6,110.7(19.1)
2005	87,095.7(100.0)	49,826.7(57.2)	19,623.9(22.5)	17,645.0(20.3)
2010	271,362.7(100.0)	131,897.0(48.6)	77,573.5(28.6)	61,892.2(22.8)
2011	305,833.8(100.0)	147,989.2(48.4)	85,740.7(28.0)	72,103.9(23.6)
2012	368,588.3(100.0)	173,758.8(47.2)	105,821.0(28.7)	89,008.5(24.1)
2013	440,638.8(100.0)	204,205.3(46.3)	127,172.6(28.9)	109,260.9(24.8)
2014	505,752.3(100.0)	231,142.5(45.7)	145,418.4(28.8)	129,191.4(25.5)
2015	556,447.5(100.0)	250,025.1(44.9)	166,005.8(29.8)	140,416.6(25.3)

자료: 中国国家统计局(http://www.stats.gov.cn/)에서 필자 정리 작성.

둘째는 외자유치를 위한 동부지역의 우대조치를 들 수 있다. 중국은 경제발전에 필요한 부족자금을 국외로부터 도입하기 위해 다양한 우대조치를 실시하였는데, 대부분 동부 연해지역을 중심으로 실시하였다.[50] 그 결과 중국의 동부지역은 지리적 우위 요인과 함께 외국인 자본을 집중적으로 유치하게 되었다. 즉 개혁개방 이후부터 2015년 말까지 중국의 외자유치는 줄곧 동부지역이 중심이었다. 즉 중국이 사회주의시장경제를 표방하면서 경제개혁을 본격적으로 추진한 1992년의 동부지역 외자유치는 825억 5,900만 달러로 중국 전체 외자도입액의 83.1%를 차지했으나, 중부지역은 114억 8,700만 달러로 11.6%를 차지했고, 서부지역은 53억 2,400만 달러로 5.3%를 차지했다. 이러한 동부지역 중심의 외자도입 추세는 지금까지 지속되어 2015년 말 기준 동부지역은 3조 6,693억 250만 달러로 여전히 80% 이상을 차지하고 있지만, 중부지역은 4,877억 910만 달러로 10.8%를 차지하고 있고, 서부지역은 3,819억 30만 달러로 8.4%를 차지하고 있다. 다만 서부지역의 외자유치 비중이 5.3%에서 8.4%로 3.1%p 증가한 것으로 나타나고 있다. 표 9-19

50) 예컨대 세수우대의 경우, 개혁개방의 첨병인 경제특구에서 생산형 외자기업은 법인세율에서 15%의 세율을 적용하였으나 서부지역을 포함한 일반지역은 30%의 세율을 적용하였다.

표 9-19 중국 동·중·서부지역의 외자유치 변화 추이

(단위: 100만 달러/%)

연도	중국 전체	동부지역	중부지역	서부지역
1992	99,370(100.0)	82,559(83.1)	11,487(11.6)	5,324(5.3)
1995	613,734(100.0)	531,354(86.6)	56,435(9.2)	25,945(4.2)
2000	804,198(100.0)	681,722(84.8)	72,187(9.0)	50,289(6.2)
2005	1,463,805(100.0)	1,241,240(84.8)	135,610(9.3)	86,955(5.9)
2010	2,595,173(100.0)	2,144,017(82.6)	252,182(9.7)	198,974(7.7)
2011	2,879,580(100.0)	2,367,766(82.2)	287,265(10.0)	224,549(7.8)
2012	3,140,597(100.0)	2,568,945(81.8)	314,915(10.0)	256,737(8.2)
2013	3,401,945(100.0)	2,779,635(81.7)	342,767(10.1)	279,543(8.2)
2014	3,797,698(100.0)	3,079,851(81.1)	394,337(10.4)	323,510(8.5)
2015	4,539,019(100.0)	3,669,325(80.8)	487,791(10.8)	381,903(8.4)

자료: 中国国家统计局(http://www.stats.gov.cn/)에서 필자 정리 작성.

이처럼 외국인 투자자본의 동부 연해지역 집중은 외국인 투자기업이 중국의 공업 생산총액 중 33%를 차지하고 있다는 점과 중국경제 성장의 실질적인 역할을 하고 있는 수출에서 50%에 육박하는 비중을 차지하고 있다는 점 그리고 중국의 재정증대 및 선진기술 도입에 중요한 역할을 해왔다는 점에 비추어 볼 때 동부지역과 중서부지역 간 발전격차의 중요한 요인이었음을 알 수 있다.

한편 체제적인 요인에 의한 동부지역과 중서부지역 간의 발전격차는 시장화개혁이 점진적으로 추진되는 과정 중 아직 존재하고 있는 계획경제체제의 요소가 원인이 되고 있다. 그중 대표적인 것으로 우선 가격제도를 들 수 있다. 사회주의 중국의 가격제도는 사회주의 이념과 가치에 따라 결정되는 형식이었다. 따라서 사회주의체제하에서 모든 상품의 가격은 시장의 수요공급에 근거하기보다는 정부가 결정하였으며, 그 과정에서 중국은 원재료와 에너지 등의 생산재부문에 대하여 이윤을 낮게 억제시켜 동부문 생산제품의 가격을 상대적으로 낮게 책정하는 정책을 추진해 왔다. 이러한 조치는 생산비용의 절감을 위한 조치이지만 결국에는 자원과 원재료가 주로 생산되는 중서부지역의 생산품가격을 낮게 만드는 요인이 되었고, 반면 중서부지역의 자원과 원료를 사용하여 생산활동을 하는 동부지역은 가격개방으로 가공제품과 완제품의 가격

을 높게 책정할 수 있었다. 따라서 이러한 원재료와 생산제품 간의 이중적 가격구조는 상품교환관계의 가격불평등을 야기시켜 동서부지역 간 경제발전의 격차와 확대생산에 영향을 줄 수밖에 없었다.

둘째는 소유구조의 요인이다. 개혁개방 후 중국의 경제발전은 소유구조에 따라 많은 영향을 받아왔다. 즉 비국유기업의 발전정도가 빠른 지역일수록 경제성장이 빨랐다. 예컨대 경제성장이 빨랐던 동부 연해지역은 비국유기업이 공업생산액에서 차지하는 비중이 79.8%로 높았으나 경제성장이 더뎠던 서부지역은 52.7%에 불과한 실정이다. 이는 동서부지역 간의 발전격차가 비국유기업의 발전정도에 따라서도 적지 않은 영향을 받고 있음을 나타낸다고 볼 수 있다.

이 밖에도 개혁개방 이후 중국의 동부지역과 중서부지역 간의 발전격차에 영향을 미치는 요소로는 동부지역 우선개방에 따른 선점의 효과와 이로 인해 발전된 동부 연해지역에 서부지역의 자금과 인재의 유입도 지적될 수 있다.

/참/고/문/헌/

국문자료

고정식(2003). "중국의 사회주의 시장경제 시스템은 지속될 수 있을 것인가?", 『21세기 아시아의 변화와 발전』(한국동북아경제학회 춘계공동학술세미나 발표논문, 2003년 5월 30일).

_____(2015). 도표와 통계로 배우는 중국경제(신아사).

곽복선·김동하·서창배·김형근·장정재 저(2012). 중국경제론(박영사).

김동하(2013). 중국지리의 이해(부산외대출판부).

김시중(1993). 중국 국영기업 개혁의 전개와 전망(서울: 대외경제정책연구원).

김용준(2012). 차이나마케팅(박영사).

김익수(1999). 중국투자론(박영사).

_____(2004). 중국시장 마케팅(박영사).

나카가네 카즈치 저, 이일영·양문수 역(2001). 중국경제발전론(도서출판 나남).

卢哲和·金昌洙·徐锡兴 공저(1998). 中国企业의 所有形态别 经营特性(서울: 集文堂).

对外经济政策研究院(1994). 中国便览(对外经济政策研究院地域情报센터).

린이푸 저, 서봉교 역(2012). 중국경제입문(도서출판 오래).

박문각 시사상식 편집부(2014). 최신시사상식핵심용어사전(박문각).

박은태(2010). 경제학사전(경연사).

배리노턴 저, 이정구·전용복 역(2010). 중국경제: 시장으로의 이행과 성장(서울경제경영).

서석흥, "中国의 国有, 集体, 私营企业의 经营特性에 관한 比较研究," 『중소연구』(한양대학교 중소연구소), 제24권 제4호.

안석교·허흥호(2001). 中国의 地域经济协力 认识과 东北亚 经济统合可能性(대외경제정책연구원).

오용석(2004). 현대 중국의 대외경제정책(나남출판).

유희문 외(2004). 현대중국경제(교보문고).

이원호(2011). "중국 채권시장 대외개방 동향과 시사점", 글로벌경제이슈(산은경제연구소).

이일영(1997). 중국의 농촌개혁과 경제발전(서울대학교 출판부).

이재유·허흥호(2003). 中国의 西部大开发과 韩国企业의 进出展望(국제무역경영연구원).

이재유 편(1999). 대중화 경제권과 21세기 아태경제(한양대학교 출판부).

이창영(2009). 중국의 금융제도(한국금융연수원).

정치학대사전편찬위원회(2002). 21세기정치학대사전(아카데미아리서치).

정현준(2007). "중국보험시장의 현황과 전망", 『손해보험』, 7월호.

지만수(2000). "1990년대 중국 국유기업의 생산성과 수익성에 관한 실증연구"(서울대학교 박사학위논문).

한동훈(2003). "중국의 기업인수합병의 유형 및 기업지배구조에서의 의미", 『경제발전연구』, 제9권 1호.

허흥호(1998). "중국 국유기업개혁 환경-제한요인을 중심으로", 『중소연구』(한양대학교 아태지역연구센터), 제22권 4호.

_____(2004A). "중국의 보험시장개방과 시장환경", 『신아세아』(신아세아질서연구회), 제11권제2호.

_____(2004B). "중국의 지역발전격차와 서부대개발", 『신아세아』(신아세아질서연구회), 제11권제4호.

_____(2012). "중국 장강삼각주지역의 경제통합 추진과 발전 전망", 『중소연구』(한양대학교아태지역 연구센터), 제36권 1호.

_____(2013). "중국 '범주강삼각주 경제권'의 형성과 발전", 『산업경제연구』(한국산업경제학회), 제26권 제1호.

_____(2013). "중국 환발해경제권의 형성과 발전-주강삼각주경제권과 장강삼각주경제권과의 비교", 『중소연구』(한양대학교아태지역연구센터), 제37권 제3호.

허흥호·이재유(2001). "중국기업의 국제화 전략과 구조", 『한국관세학회지』(한국관세학회), 제2권1호.

허흥호·정윤세(2009). "한중 FTA에 대한 한중 양국의 입장", 『경영사학』(한국경영사학회), 제24권제4호.

영문자료

Aglietta, Micel, and Guo Bai(2012). *China's Development: Capitalism and Empire*, London: Routledge.

Benjamin, Dwayne and Loren Brandt(1999). "Markets and Inequality in Rural China: Parallels with the Past", *American Economic Review,* 89(2).

Bramall, Chris(2009). *Chinese Economic Development.* London: Routledge.

Brandt, Loren and Thomas Rawski eds(2008). *China's Great Transformation: Origins, Mechanisms, and Consequences of the Post-Reform Economic Boom*, New York: Cambridge University Press.

Brandt, Loren(1990). *Commercialization and Agricultural Development: Central and Eastern China 1870-1937*, Cambridge: Cambridge University Press.

Breslim, Shaun G(1996). "China: Developmental State or Dysfunctional Development?", *Third World Quarterly,* 17(4).

Byrd, William(1991). *The Market Mechanism and Economic Reforms in China,* New York: M.E. Sharpe.

Cai, Yongshun(2003). "Collective Ownership or Cadres' Ownership? The Nonagricultural Use of Farmland in China", *China Quarterly,* no.175.

Clarke, Donald(2003). "Corporate Governance in China: An Overview", *China Economic Review*, 14(4).

Green, Stephen(2004). *The Development of China's Stock Market*, 1984-2002, London: Routledge Curzon.

Gunter, Frank R.(2004). "Capital Flight From China, 1984-2001", *China Economic Review,* 15.

Holz, Carsten(2005). "China's Economic Growth 1978-2025: What We Know Today about China's Transnational Relations", *Hong Kong University of Science and Technology*, Working Paper no.8.

Huang, Ho-fung(2015). *The China Boom: Way China Will Not Rule the World*, Columbia University Press.

Keister, Lisa A., and Jin Lu(2001). *The Transformation Continues: The Status of Chinese State-Owned Enterprises at the Millennium*, National Bureau of Asian Research(NBR) Analysis vol.12, no.3.

Knight, John, and Lina song(1999). *The Rural-Urban Divide: Economic Disparities and Interactions in China,* Oxford: Oxford University Press.

Knight, John, and Lina song(2005). *Towards Labour Market in China,* Oxford: Oxford University Press.

Knight, John, Li Shi, and Lina Song(2006). "The rural-Urban Divide and the Evolution of Political Economy in China," In James K. Boyce, Stephen Cullenberg, Prasanta K. Pattanaik, and Robert Pollin, eds., *Human Development in the Era of Globalisation. Essays in Honor of Keith B. Griffin*, 44-63. Northamption, Mass: Edward Elgar.

Kuznets, Azizur, and Carl Riskin(2005). "China's Household Income and Its Distribution, 1995 and 2005", *China Quarterly*, No.182.

Lady, Nicholas(1998). *China's Unfinished Economic Revolution*, Washington, D.C.: Brookings Institution Press.

Lardy, Nicholas(1983). *Agriculture in China's Modern Economic Development,* New York: Cambridge University press.

Laurenceson, J and Chai(2000). "The Economic performance of China's state-owned industrial enterprises", *Journal of Contemporary China,* No.23.

Lee, Keun and Donghoon Hahn(2004). "Form Insider-Outsider Collusion to Insider Control in China's SOEs", *Issues and Studies,* 40(2).

Li, Hongbin, and Scott Rozelle(2003). "Privatizing Rural China: Insider Privatization, Innovative Contracts and the Performance of Township Enterprises", *China Quarterly*, No.176.

Linden, Greg(2004). "China Standard Time: A Study in Strategic Industrial Policy", *Business and Politics*, 6(3).

Liu, Xielin(2005). "China's Development Model: An Alternative Strategy for Technological Catch-Up", Hitotsubashi University, *Institute of Innovation Research Working Paper*, March 22.

Naughton, Barry(2007). *The Chinese Economy: Transitions and Grow*, MIT.

Nolan, P.(2002). "China and the Global Business Revolution", *Cambridge Journal of Economics*, 26(1).

Nyberg, Albert, and Scoot Rozelle(1999). *Accelerating China's Rural Transformation,* Washington, D.C: World Bank.

Qian, Yingyi, and Jinglian Wu(2003). In Dani Rodrink(ed), *In search of Prosperity: Analytic Narratives on Economic Growth,* NJ: Princeton University Press.

Ren Ruoen(1997). *China's Economic Performance in an International Perspective,* Development Centre of the Organization For Economic Co-operation and Development, Paris: OECD.

Riskin, Carl(1991). *China's Political Economy: The Quest for Development since 1949*, New York: Oxford University Press.

Schurmann, Franz(1996). *Ideology and Organization in Communist China,* Berkeley: University of California Press.

Segal, Adarm(2003). *Digital Dragon: High-Technology Enterprises in China,* Ithaca and London: Cornell University Press.

Shirk, Susan L.(1993). *The Political Logic of Economic Reform in China,* Berkeley: University of California Press.

Smil, Vaclav(2003). *China's Past, China's Future: Energy, Food, Environment,* London: Routledge

Tsui, Kai Yuen(2007). "Forces Shaping China's Interprovincial Inequality", *Review of Income and Wealth,* 53(1).

Wang, Feng(2005). "Can China Afford to Continue Its One-Child Policy?" *Asia Pacific Issues,* No77.

World Bank(1997). *China 2020: Development Challengers in the New Century.* Washing, DC: World Bank.

Wu, Kang and Ian Storey(2005). "China's Energy Dependence, Security Policies, and Oil Diplomacy", *Paper Prepared for Second Conference on China's Capitalist Transition*, Honolulu: East-West Centre, August 10.

중문자료

贾斌(1995). 中国社会结构与劳动力流动研究(中国经济出版社).

江金权(2007). "中国模式"研究(人民出版社).

江永红·李华锋(2005). "基于科学发展观的百年三农问题再考虑,"『农业经济研究』, 第10期.

高新才(2008). 中国经济改革30年(重庆大学出版社).

曲如晓(2016). 中国对外贸易概论(机械工业出版社).

孔诰烽/沈莉译(2016). 中国为何不会统治世界(中信出版集团).

国务院国资委宣传工作局·国务院国资委新闻中心编(2016). 国企热点面对面(中国经济出版社).

金泉编(2008). 图说中国改革开放(五洲传播出版社).

谭乃漳(1989). 经济体制改革六大问题研究(春秋出版社).

谭晓靖(2002). "论'三个代表思想'对'三个有利于'标准的新发展", 『求实』, 第2期.

唐旭英(2010). "我国商业银行不良资产现状, 『法制与社会』, 第7期.

罗仲伟(2000). "中国工业企业制度变迁50年,"『中国工业50年研讨会』(中国社会科学院工业经济研究所).

梁国勇(2017). 中国经济2040(中国人民大学出版社).

厉以宁(2013).中国经济双重转型之路(中国人民大学出版社).

刘德林(2010). "三农问题困境与出路,"『南方论刊』, 第10期.

刘少奇(1985). "关于土地改革问题的报告,"『刘少奇选集(下卷)』(人民出版社).

陆学艺(2004). "中国'三农'问题的由来和发展,"『当代中国史研究』, 第3期.

李庆刚(2006). "十年来'大跃进'研究若干问题综述", 『当代中国史研究』, 第2期.

李端祥(2006). 城市人民公社运动研究(湖南人民出版社).

李邦君(2007). 中国经济概论(中国商务出版社).

李成勋主编(2005). 中国经制发展战略-发展观与战略(社会科学文献出版社).

李扬(1999). 中国金融改革研究(江苏人民出版社).

李翀等著(2016). 加快推进中国对外经济发展方式转变研究(北京师范大学出版社).

林毅夫(2003). 中国经济(中国财政经济出版社).

林毅夫(2012). 解读中国经济(北京大学出版社).

马方方, 王少国, 张锦冬主编(2016). 中国经济论(首都经济贸易大学出版社).
马勇(2010). "金融结构, 银行发展与经济增长,"『财经科学』, 第2期.
马骏·张文魁·张永伟·袁东明等著(2016). 国企改革路线图探析(中国发展出版社).
武力·隋福民·郑磊著(2001). 中国经济(五洲传播出版社).
门洪华主编(2004). 中国: 大国崛起(浙江人民出版社).
庞春驰·徐向军(2002). "国有独资商业银行竞争力问题与对策,"『商业研究』, 第13期.
樊纲(1993). "两种改革成本与两种改革方式,"『经济研究』,第1期.
樊杰(2013). "主体功能区战略与优化国土空间开发格局,"『中国科学院院刊』, 第2期.
沙健孙(2005). "关于社会主义改造问题的再评价",『当代中国史研究』, 第1期.
史万里·李玉珠(1998). 中国农村改革20年(中州古籍出版社).
谢伏瞻(2007). "中国经济发展的现状, 动力和前景,"『管理世界』, 第6期.
薛暮桥(1986). 中国社会主义经济问题研究(广东经济出版社).
邵宁·周放生·熊志军(2002). 中国企业脱困报告(经济管理出版社).
孙祁祥(2000). 中国保险业: 矛盾,挑战与对策(中国金融出版社).
孙立建(2015). "2015年中国经济展望-'新常态'发展模式如何改变中国经济下行的压力,"『新金融』, 第2期.
杨瑞龙(2008). 社会主义经济理论(中国人民大学出版社).
杨盛昌(2011). "国有商业银行不良资产体制性成因探究,"『云南民族大学学报』, 第1期.
吴江·张艳丽(2008). "家庭联产承包责任制研究30年回顾,"『经济理论与经济管理』, 第11期.
吴敬琏(2004). 当代中国经济改革(上海远东出版社).
吴敬琏·刘鹤·樊纲·易纲·吴晓灵·许善达·蔡昉主编(2016). 走向"十三五"中国经济新开局(中信出版集团).
吴敬琏·马国川著(2016).重启改革议程-中国经济改革二十讲(三联书店).
伍聪(2016). 人民币崛起(北京时代光华图书有限公司).
吴晓灵(2008). 中国金融体制改革30年回顾与展望(社会科学文献出版社).
王建(1987). "选择正确的长期发展战略: 关于国际大循环经济发展战略的构想,"『光明日报』, 1987. 12. 30.
王德培(2016). 中国经济2016(中国友谊出版公司).
王立国·赵婉妤(2015). "我国金融发展与产业结构升级研究,"『财经问题研究』, 第1期.
王梦奎(1999). 中国经济转轨二十年(外文出版社, 1999).
王梦奎等著(2006). 中国经济(五洲传播出版社).
王保安(2005). 转型经济与财政政策选择(经济科学出版社).
王勇华·解蕴慧(2016). 国企改革(社会科学文献出版社).
王伟(2016). 看懂世界格局的第一本书②(贵州人民出版社).
王一鸣(1993). "中国对外开放的区域格局:进程和展望",『未来与发展』, 第2期.
王河(1994). "'文化大革命'的反思",『党史研究与教学』. 第4期.
于而立(2012). 民营企业内部控制研究(经济管理出版社).
魏礼群(2008). 中国经济体制改革30年回顾与展望(人民出版社)
李文龙·魏国振编(2005). 国有大中型企业改革操作指导(中国税务出版社).
林毅夫·李志䶮(2003). "中国的国有企业与金融体制改革,"『北京大学中国经济研究中心讨论稿系列(Working Paper Series)』, No. C2003027(2003. 10).
张健华(2010). 中国金融体系(中国金融出版社).
张桂芳(2005). "社会主义市场经济体制的发展与创新,"『郑州大学学报』, 第4期.
张国(2015). "中国经济新常态的问题, 挑战和对策研究综述,"『财政科学』,第5期.
张雪芹·,孙杨·毛炜峄·刘芸芸·任雨(2010). "中国干旱区气温变化对全球变暖的区域响应",『干旱区研究』, 第4期.
张宇,卢获主编(2012). 当代中国经济(中国人民大学出版社).
张宇主编(2008). 中国模式:改革开放三十年以来的中国经济(中国经济出版社).
张维迎(2012). 什麽改变中国(中信出版社).
张卓元(1999). 论争与发展: 中国经济理论50年(云南人民出版社).
张平(1995). "国有企业和乡镇企业行为比较: 产权和市场,"『改革』, 第1期.
程连升(2002). 中国反失业政策研究(社会科学文献出版社).
郑瑛琨(2012). "我国社会主义市场经济体制的历程与创新完善,"『辽宁行政学院学报』, 第1期.
郑志国(2006). 中国区域经济政策历史演变与制度变迁(重庆工商大学出版社).
赵海均(2007). 30年: 1978-2007年中国大陆改革的个人观察(世界知识出版社).
周群力(2016). 我国农业规模经济的变化与政策含意(中国发展出版社).
中国产业地图编委会·中国经济景气监测中心编(2008). 数读中国30年(社会科学文献出版社).

中国证券监督管理委员会(2016). 中国资本市场发展报告(中国金融出版社).
中华人民共和国民政部(2012). 2012中华人民共和国行政区划简册(中国地图出版社).
曾国平·王燕飞(2007). "中国金融发展与产业结构变迁,"『财贸经济』, 第8期.
陈凯(2011). "经济发展与国有商业银行利润效率,"『上海经济研究』, 第10期.
陈东陵(1996). "中国经济现状和未来发展若干问题探讨,"『经济改革与发展』, 第10期.
陈砺(2012). "霍尔果斯经济特区口岸建设与发展,"『对外经贸实务』, 第2期.
陈炎兵(2009). "论社会主义市场经济体制形成和发展的四个阶段,"『党的文献』, 第1期.
蔡昉·林毅夫(2004). 中国经济(中国财政经济出版社).
毕吉耀·丁刚·吴润生等著(2016). 中国对外经济发展研究报告(电子工业出版社).
贺耀敏(2014). 中国经济发展的轨迹(中国人民大学出版社).
韩琪编著(2007). 中国经济概论(清华大学出版社).
韩岫岚编(1989). 乡镇企业经营(新时代出版社)
胡鞍钢·鄢一龙·吕捷(2010). "从经济指令计划到发展战略规划: 中国五年计划转型之路(1953-2009)",『战略与决策』, 第8期.
黄梅波·陈娜(2015). "AIIB的运营空间及竞争力分析,"『东北亚论坛』, 第4期.
黄速建(2008). "国有企业改革30年: 成就, 问题与趋势,"『首都经济贸易大学学报』, 第6期.
黄志钢,刘霞辉著(2013). 中国经济可持续增长机制研究(经济管理出版社).
邱宏辉(1992). "对中共建立'社会主义市场经济'之研究,"『中共研究』(台北). 第26卷11期.
林长盛(1995). "中共国有企业改革,"『中共研究』(台北). 第38券第6期.
冯艺鸿(1992). "中共发展股份制之研究,"『中国大陆研究』(政治大学国际关系研究中心). 第35卷第9期.
行政院经济建设委员会(1990). 中共经济发展策略之评估(行政院经济建设委员会).

인터넷 사이트

KOTRA(http://www.kotra.or.kr/)
对外经济政策研究院(http://www.kiep.go.kr/)
데일리한국(http://daily.hankooki.com/)
한국무역협회(http://www.kita.net/)
한국수출입은행(https://www.koreaexim.go.kr/)
한국은행(http://www.bok.or.kr/)
经济观察研究院(http://www.cfci.org.cn/)
百度(https://www.baidu.com/)
百度图片(http://image.baidu.com/)
北京证券网(http://www.bjzq.com.cn/)
新华网(http://www.xinhanet.com)
人民网(http://www.people.com.cn/)
人民日报(http://paper.people.com.cn/)
财经杂志(http://finance.sina.com.cn/)
中国国家统计局(http://www.stats.gov.cn/)
中国国土资源部(http://www.mlr.gov.cn/)에서 필자 정리
中国农业部(http://www.moa.gov.cn/)
中国能源研究会(http://www.cers.org.cn/)
中国网(http://www.china.com.cn/)
中国保险监督管理委员会(http://www.circ.gov.cn/)
中国商务部(http://www.gov.cn/)
中国银行业监督管理委员会(http://www.cbrc.gov.cn/)
中国人民共和国工业和信息化部(http://www.miit.gov.cn/)
中国人民银行(http://www.pbc.gov.cn/)
中国政府网(http://www.gov.cn/)
中国投资指南(http://www.fdi.gov.cn/)
中国海关总署(http://www.customs.gov.cn/)
中保网(http://www.sinoins.com/)
振兴东北网(http://www.chinaneast.gov.cn/)

台湾统计局(https://www.stat.gov.tw/)
AIIB(https://www.aiib.org/)
FORTUNE global 500(http://beta.fortune.com/fortune500)
IBRD(http://www.worldbank.org)
IMF(http://www.imf.org/)
OECD(http://www.oecd.org/)
UN(http://www.un.org/)
WTO(https://www.wto.org/)

/찾/아/보/기/

국문

(ㄱ)

(ㄴ)

(ㄷ)

許興鎬

목원대학교 사회과학대학 중국학과 교수
대만 국립대만대학 대학원 박사(중국경제)

주요 논저

화교기업과 중국경제(공저)
현대중국경제론(공저)
중국의 서부대개발과 한국기업의 진출전략(공저)
중국의 지역경제협력과 중화경제권의 발전(공저)
중국 환발해경제권의 형성과 발전-주강삼각주경제권과 장강삼각주경제권과의 비교
중국 범주강삼각주 경제권의 형성과 발전
중국 장강삼각주 지역의 경제통합 추진과 발전 전망
대만기업의 대중국 투자: 변화와 전망
중국기업의 국제화전략과 구조
중국 국유기업개혁 환경-제한요인을 중심으로 외 다수

저자와의
협의하에
인지생략

중국경제의 이해

2017년 8월 24 초판 인쇄
2017년 8월 30 초판 1쇄 발행

저 자 : 許 興 鎬
발행인 : 정 광 식

발행처 : **비앤엠북스**
서울시 금천구 가산디지털1로 70 B1-103
등 록 2004. 12. 29. / 제313-2004-00298호
전 화 2627-5710~3, 팩스 2627-5720
홈페이지 www.대학교재.net
이 메 일 bnmbook@daum.net

정가 20,000원 ISBN 978-89-6821-068-6